BAEDEKER SMART

London

MairDumont – 🌐 www.baedeker.com

Wie funktioniert der Reiseführer?

Wir präsentieren Ihnen Londons Sehenswürdigkeiten in fünf Kapiteln. Jedem Kapitel ist eine *spezielle Farbe* zugeordnet. Um Ihnen die Reiseplanung zu erleichtern, haben wir alle wichtigen Sehenswürdigkeiten in jedem Kapitel in drei Rubriken gegliedert: Einzigartige Sehenswürdigkeiten Londons sind in der Liste der *TOP 10* zusammengefasst und zusätzlich mit zwei Baedeker Sternen gekennzeichnet. Ebenfalls bedeutend, wenngleich nicht einzigartig, sind die Sehenswürdigkeiten der Rubrik *Nicht verpassen!* Eine Auswahl weiterer interessanter Ziele birgt die Rubrik *Nach Lust und Laune!*

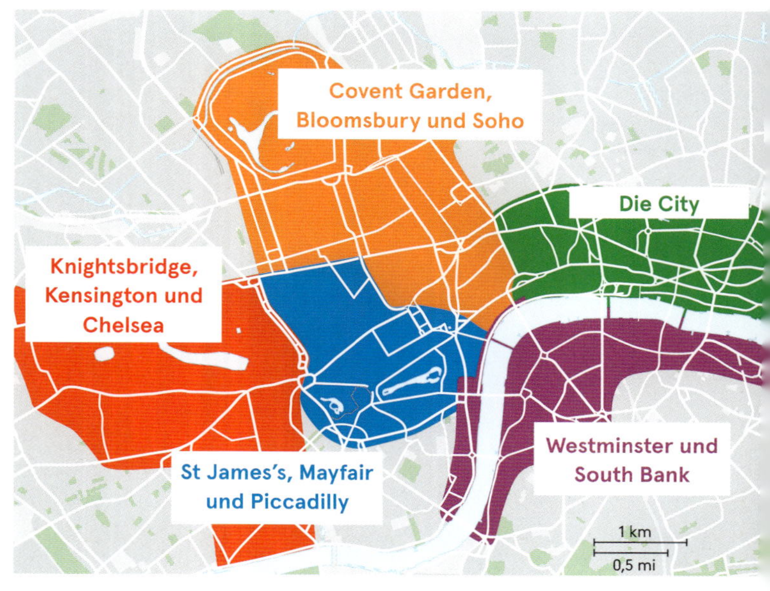

Ausflüge

Spaziergänge

Praktische Informationen

Anhang

Magische Momente

Kommen Sie zur rechten Zeit an den richtigen Ort
und erleben Sie Unvergessliches.

INHALT

Den belebten Piccadilly Circus wird man beim Besuch in London des Öfteren überqueren, ist er doch ein Knotenpunkt der Stadt.

Unvergleichlich: die freundliche Atmosphäre in britischen Pubs wie dem Fox and Anchor

★★ Baedeker Topziele

Unsere TOP 10 helfen Ihnen, von der absoluten Nummer eins bis zur Nummer zehn, die wichtigsten Sehenswürdigkeiten einzuplanen.

❶ ★★ Westminster Abbey

Die Pracht und Geschichte dieser ehrwürdigen Krönungskirche in unmittelbarer Nähe von Big Ben und den Houses of Parliament macht sie zu unserem Top-Ziel Nummer eins in London (S. 98).

❷ ★★ Buckingham Palace

Das Tor, der Palast und dann der Blick hinunter auf The Mall – hier residiert die Monarchie, und das bereits seit 250 Jahren (S. 42).

❸ ★★ London Eye

Es ist ein wahrlich bewegtes Vergnügen, sich dieser faszinierenden Stadt von oben zu nähern und das Nebeneinander von historischen Gebäuden und moderner Architektur zu entdecken (S. 102).

❹ ★★ Covent Garden

Der ehemalige Großmarkt hat sich zum quirligen Mix aus Straßenmusik, Theatern, Restaurants und Läden gewandelt (S. 156).

❺ ★★ St Paul's Cathedral

Unter der einzigartigen Kuppel der Kathedrale zu spazieren, ist ein besonderes Erlebnis (S. 70).

❻ ★★ Kensington Palace

Der elegante Stadtpalast von Prinzessin Diana, wo jetzt Sohn William arbeitet, blickt auf Kensington Gardens und Hyde Park und lädt zum Lustwandeln ein (S. 128).

❼ ★★ National Gallery

Auch abseits der Highlights wie der »Felsengrottenmadonna« von da Vinci oder »Venus und Mars« von Botticelli ist diese Gemäldesammlung von Weltrang einfach nur überwältigend (S. 44).

❽ ★★ Victoria & Albert Museum (V & A)

4000 Jahre Geschichte und Exponate aus Design, Mode, Fotografie, Plastik, Keramik- und Möbelkunst – eine umfassende Kunstsammlung von großer Vielfalt, die kaum jemanden unberührt lässt (S. 131).

❾ ★★ British Museum

Sechs Millionen Touristen können sich nicht irren: ein kulturhistorischer Schatz – vom Stein von Rosette bis zu feinstem Silber –, der in der Welt seinesgleichen sucht (S. 158).

❿ ★★ Tower Bridge

Das architektonisch-technische Wunderwerk, das den Tower of London mit dem Südufer der Themse elegant verbindet, fasziniert immer wieder aufs Neue (S. 74).

Ein Gefühl für London bekommen ...

Erleben, was die Stadt ausmacht, ihr einzigartiges Flair spüren. So, wie die Londoner selbst.

Picknick im Park

Suchen Sie sich wochentags in einem der vielen Sandwichläden wie Pret a Manger eine leckere Kleinigkeit aus, lassen Sie sie einpacken und schlendern Sie damit in den nächsten Park, z. B. am Soho Square. Ob Sie sich mit Ihrem Snack nun auf eine Bank oder mitten auf den Rasen setzen, Sie werden sicher ein Stück typisches London erleben: Vom Anzugmenschen bis zum Bauarbeiter – alle machen hier Pause, genießen die Sonne oder einen schattigen Platz unterm Baum.

Pret a Manger
✠ 217 E2 ✉ Wardour St. (und weitere Filialen)
⊕ www.pret.co.uk/en-gb

Soho Square
✠ 217 E2

Per pedes am Fluss

Wenn Sie einen Spaziergang von der Tate Britain (S. 103) über die Vauxhall Bridge nach Süden machen, so können Sie das Treiben auf dem Fluss und am Ufer gegenüber verfolgen und erleben, wie die Themse mit dem Stadtleben verbunden ist. Das festungsartige MI6-Hauptquartier am Brückenkopf hatte Auftritte in den James-Bond-Filmen »Spectre« und »Skyfall«. Rechts der Themse geht es am Ufer nach Norden. Mit Blick auf Lambeth Palace, den Sitz des Erzbischofs, überqueren Sie die Lambeth Bridge und erreichen auf der linken Flussseite über den Thames Path die Houses of Parliament (S. 105), wo die wichtigen politischen Entscheidungen fallen.

Lambeth Palace
✠ 220 B1 ⊕ www.archbishopofcanterbury.org/lambeth-palace/visit-lambeth-palace
🕐 Palace: Führungstermine (nach Renovierung ab 2024) auf der Website; Gardens: Termine auf der Website

Tea Time mit Stil

Ein nachmittägliches Vergnügen Londons sollten Sie sich unbedingt gönnen: den Afternoon Tea in stilvollem Ambiente. Einer der schönsten Orte ist das Orangery Café in Kensington Palace (S. 128). Während der Renovierungszeit der Orangery

Von Scones bis Sandwiches: Die stilvoll
arrangierte Etagere lässt beim Afternoon Tea im
Hotel The Ritz keine Wünsche offen.

nimmt man im nahen Pavillon Platz
mit Blick auf den Garten, schlürft
guten englischen Tee und lässt sich
klassische Sandwiches und Scones
mit Clotted Cream schmecken.

Im wilden Osten

Jung und wild geht es im Osten
Londons zu: In Shoreditch haben
sich schräge Modeläden angesiedelt,
im Old Spitalfields Market bieten
Designer im »Style Market« ihre
eigenen Labels an und zeigen damit,
dass London offen ist für kreative
Köpfe. Augen auf auch beim weiteren Streifzug: Von der Fournier
Street biegen Sie links in die Brick
Lane: Hier und in den Seitenstraßen
entdecken Sie mit wachsamem Blick
spannende Street-Art!

Old Spitalfields Market
⚓ 222 C5 ✉ Brushfield St. ⏺ Sa 11–17 Uhr

Fournier Street
⚓ 222 C5

Ruhe im Trubel

Eine Ruheinsel im trubeligen London findet sich gegenüber den Royal
Courts of Justice mit dem Eingang
zu den Inns of Court sowie Inner
Temple und Middle Temple (S. 83).
Sobald Sie durch die schmalen Kopf-
steinpflastergassen schlendern, ver-
ebbt der Verkehrslärm. Tipp: Rasten
Sie vor der Temple Church (S. 83) ein
wenig, bevor es weitergeht.

London auf dem Lande

Ländliches London? Ja, das gibt es:
Mit der District Line geht es nach
Richmond (gleich hinter Kew Gardens, S. 178). Ein sommerlicher
Bummel durch den kleinen mondä-
nen Ort lässt vergessen, dass man
soeben aus der Millionenmetropole
angereist ist. Man fühlt sich wie auf
einem englischen Landsitz. Genießen Sie vom Richmond Hill aus den
wunderbaren Ausblick auf den
Fluss oder unternehmen Sie eine
Bootsfahrt auf der Themse (S. 111).

Gentleman-like

Edel gibt sich das St James's-Viertel
(S. 32 ff.). Die Schaufenster auf der
St James's Street zeigen extravagan-
tes Rasierzubehör bei Truefitt and
Hill (Nr. 71), edlen Wein bei Berry
Bros. & Rud (63 Pall Mall/Ecke St
James's) und edle Kopfbedeckung
bei Lock & Co. Hatters (Nr. 6). Zum
Schluss wagt man noch einen Blick
in die berühmten Auktionshallen
von Christie's (8 King St), eine Lon-
doner Institution.

Militärisch und berühmt

Ein Besuch in der Kapelle und dem
kleinen Museum des Royal London
Hospital, seit 1692 Heim für pensio-
nierte britische Soldaten, gibt Einblick in die militärische Vergangenheit Großbritanniens. Der Garten
weist auf die Themse. Die Royal
Hospital Rd. führt südwestlich auf
den Cheyne Walk, wo blaue Plaket-
ten an den Häusern (S. 26) auf berühmte Bewohner wie Mick Jagger
verweisen.
⚓ 218 A/B1 🌐 www.chelsea-pensioners.co.uk

Schon William Turner schätzte die Szenerie im Richmond Park.

n Wochenende ist es Zeit für den Besuch des aßenmarkts auf der Brick Lane.

Spitz ragt The Shard in den Himmel und prägt die sich
verändernde Silhouette der Stadt ganz wesentlich.

Das Magazin

London gibt sich ein modernes Gesicht mit spektakulä-
ren Bauten – und lebt inten-
siv in den vielen Vierteln mit
großen Parks und Pubs.

Seite 12–31

Leben im Fluss – an der Themse

Gemächlich bahnt sich die altehrwürdige Themse ihren Weg durch London und teilt die Stadt in zwei Teile. Wo einst Handelsschiffe und Schlepper verkehrten, schippern heute Ausflugsdampfer und trendige Hausboote.

Fernab des Großstadttrubels: am Hafenbecken der St. Catherine Docks

Mit einer Länge von 346 km von Gloucestershire zur Mündung hinter Canvey Island ist die Themse (nach dem Severn) der zweitlängste Fluss im Vereinigten Königreich. Seine Route führt ihn, den Gezeiten unterworfen, durch das Herz von London, bevor er sich Richtung Greenwich schlängelt. In der Geschichte Londons hat die Themse stets eine große Rolle gespielt. Aus ihrem Wasser sind neolithische Siedlungen ausgegraben worden; der Fluss erlebte Wikingerangriffe und glanzvolle Tage unter den Tudors und Stuarts, und veranlasste den Parlamentarier John Burns 1929 zu dem Ausspruch, der Fluss sei »flüssige Geschichte« (*liquid history*). Im 18. und 19. Jh. blühte der Hafen dank des expandierenden britischen Empire – die

Themse bildete den wichtigsten Handelsweg nach Südengland. Der Ausbau des britischen Zug- und Straßennetzes im 20. Jh. und die Containerschiffe, die Tiefwasserhäfen benötigten, machten die Londoner East Docks unrentabel. Der Hafen wurde Richtung Mündung nach Tilbury verlegt.

Berühmtheiten am Fluss

Beim Spaziergang in Chelsea entdeckt man nahe der Albert Bridge Hausboote – Lifestyle pur direkt am Wasser in der City. Östlich stehen sich zu beiden Seiten der Westminster Bridge zwei der bekanntesten Wahrzeichen der Stadt gegenüber: Die grandiosen Houses of Parliament beherbergen in ihrem Glockenturm Londons berühmten Big Ben (S. 106). Auf der anderen Seite des Flusses reckt sich seit dem Jahrtausendwechsel das Riesenrad London Eye (S. 102) in die Höhe.

Gut geschützt

Kurz hinter Greenwich (S. 188) erreicht die Themse die Thames Barrier (Abb. unten). 1982 fertiggestellt, schützt sie London vor hohen Fluten. Die Bedrohung durch steigende Meeresspiegel im Zuge des Klimawandels bedeutet allerdings, dass die Themse trotz Flutschranke für London eine große Gefahr werden kann.

Thames Barrier – eine der größten beweglichen Sturmflutbarrieren weltweit

DIE WILDE THEMSE

Die Themse ist heute einer der saubersten urbanen Wasserwege der Welt, sie bietet Lachs, Seezunge, Meerforelle und Seebarsch sowie dem einen oder anderen Seehund, Delfin oder Schweinswal ein Zuhause. An der Wasseroberfläche können Sie schwarze Kormorane, Reiher und Schwäne beobachten.

Pub Life

Pubs haben in Londons Geschichte, Kunst- und Literaturszene eine lange Tradition und sind aus dem sozialen Leben nicht wegzudenken. Ob historisch verbrieft, einfaches Refugium oder zweites Wohnzimmer, auf ein Pint trifft man sich hier früher wie heute in gemütlicher Atmosphäre!

Pub-Etikette

Ein Besuch im Pub ist bei einem Aufenthalt in London beinahe ein Must. Bier wird hier in *half pints* und *pints* ausgeschenkt, Wein im Glas. Wer mag, erhält auch alkoholfreie Getränke. Für den Ausschank an der Theke müssen Sie kein Trinkgeld geben.

Drinks bestellen und zahlen Sie im Pub grundsätzlich an der Theke, ebenso das meist einfache Essen, das aber an den Tisch gebracht wird. Manche Pubs schließen donnerstags, freitags und samstags erst um 1 Uhr morgens. Für Pubs gilt wie für andere Restaurants: Raucher müssen draußen bleiben.

Die guten alten Zeiten ...

Einer der ältesten Pubs Londons ist das Lamb and Flag (s. Kasten) in

Pub-Tipps

The Antelope: 22 Eaton Terrace, SW1, U-Bahn: Sloane Square
Guinea: 30 Bruton Place, W1, U-Bahn: Bond Street
Lamb and Flag: 33 Rose St., WC2; U-Bahn: Covent Garden
Old Bank of England: 194 Fleet St., EC4, U-Bahn: Temple
Princess Louise: 208–209 High Holborn, WC1, U-Bahn: Holborn
Star Tavern: 6 Belgrave Mews West, SW1, U-Bahn: Knightsbridge

Tasting-Touren: www.liquidhistorytours.com, tgl. ab 14 Uhr
Besichtigungen von Mikrobrauereien: https://londonbrewerytour. com (in East London, Southwark und Greenwich)

Soho (oben) ist ein gutes Viertel für eine Pub-Tour – hier treffen sich gern Kreative aus der Medienbranche auf ein Pint (rechts).

einer kleinen Gasse im Stadtzentrum. Mit seinen Nischen und niedrigen Deckenbalken verströmt der Pub aus dem Jahre 1623 authentischen Charme. Ein klassisch viktorianisches Schmuckstück ist das rundum erneuerte Princess Louise mit schönen Holz- und Glasarbeiten.

In einem Wohnhaus in Belgravia ist die Star Tavern zu finden. Dieser Pub verfügt über Buntglasfenster, Kamin und Kieferntische. Intimes Flair bietet The Antelope mit einer bis ins 17. Jh. reichenden Historie.

Manche Pubs sind Nachbildungen in historischen Gebäuden. Unweit der Law Courts stößt man auf Old Bank of England. Die einstige Bankfiliale wurde in einen Pub im edwardianischen Stil verwandelt – mit Tresor und Innenhof.

Kulinarische Freuden

In der Regel werden deftige Gerichte wie Fish & Chips, Bangers & Mash (Würstchen mit Kartoffelbrei) oder Pies angeboten, aber es gibt auch ambitionierte Köche, die mehr als Hausmannskost auf den Teller bringen. Den ersten Rang in der Liste der besten Gastropubs hat sich Guinea in Mayfair erkocht, ein Pub, der seit 1423 besteht. Die meisten Gastropubs sind um die Innenstadt (wie City, Soho, Holborn, Smithfield etc.) angesiedelt.

Stadt des Wandels

Die Entwicklungen in London sind schnelllebig, nicht erst seit heute. Krieg und Frieden, Hungersnöte und Blütezeiten haben ihre Spuren hinterlassen, doch jedes Mal ist die Stadt wie Phönix aus der Asche wieder auferstanden.

Bereits mit der Invasion der Römer vor 2000 Jahren begann die Stadtentwicklung. Kaiser Claudius ernannte London nicht nur zu seiner Provinzhauptstadt, er errichtete auch die erste hölzerne London Bridge. Der steinerne Tower of London, erbaut von den Normannen, steht heute noch. Die Menschen zu jener Zeit wohnten sonst in Stroh- und Holzhütten und heizten mit Holz. Da war eine Feuersbrunst fast programmiert und schnell brannten ganze Straßenzüge nieder.

Verheerend waren der Brand von 1666, das »Great Fire«, und die Bombenangriffe des »Blitz« im Zweiten Weltkrieg fast 300 Jahre später. Beide legten die Stadt in Schutt und Asche und beide veränderten das Stadtbild und den Alltag der Überlebenden von Grund auf.

London in Flammen

Am 2. September 1666 brach in der königlichen Backstube in der Pudding Lane ein Feuer aus, das in der Folge 13 200 Häuser verschlang. Offizielle Zahlen sprechen von nur vier Toten, doch 100 000 Menschen wurden obdachlos. Auch fielen unfassbare 84 Kirchen den Flammen zum Opfer, einige wenige überstanden den Brand. Zu den schönsten »Überlebenden« gehören St Botolph-without-Bishopsgate, St Ethelburga, St Helen's sowie

St Bartholomew-the-Great. Als Folge der Katastrophe wurden die Bauvorschriften geändert: Neue Bauten mussten fortan aus Ziegel oder Stein sein, Straßen wurden breiter angelegt, damit Löschwagen schneller vorankamen. Die Baumaßnahmen gingen den Londonern aber nicht schnell genug, und so breitete sich die Stadt außerhalb

Das Stadtbild wurde während der Blütezeit des britischen Empire im frühen 19. Jh. geprägt. Architekt John Nash (1752–1835) präsentierte ein ehrgeiziges Stadterneuerungsprogramm, das weite öffentliche Plätze, breite Straßen und attraktive

Vereint in der City: die Beständigkeit ausstrahlende St Paul's Cathedral mit großartiger Kuppel – und die hektische Geschäftigkeit in der Regent Street

ihrer alten Mauern aus: jenseits des Flusses bei Southwark und im Westen in Westminster.

Kulturelle Blüte

Herausragender Architekt der Gebäude der neuen Stadtsilhouette war Sir Christopher Wren (1632–1723). Neben St Paul's Cathedral entwarf er 50 weitere Kirchen.

Reihenhäuser vorsah. Sein schönstes Erbe ist die Regent Street (S. 50). Die den technischen und kulturellen Neuerungen gewidmete Weltausstellung von 1851 bescherte London mit dem Victoria & Albert Museum, dem Science Museum, dem Natural History Museum und der Royal Albert Hall ein harmonisches Gebäudeensemble nahe der U-Bahn-Station South Kensington.

1940 fielen 75 Nächte lang Bomben
aus deutschen Flugzeugen auf die
Stadt. 1 Mio. Häuser wurden zer-
stört, Millionen weitere beschädigt.
Erneut bauten die Londoner ihre
Stadt langsam wieder auf. Die

Architekten geben den Ton an

Unter der »Eisernen Lady« Margaret
Thatcher (Premierministerin 1979–
1990) wandelte sich Londons Gesicht
ein weiteres Mal. Die Stadtentwicklung durch Privatinvestoren kon-

So unterschiedlich sie sind,
prägen sie das Bild von
London: Sky Garden im
»Walkie-Talkie« (oben) und
das Albert Memorial an
den Kensington Gardens
(Mitte).

Gebäude waren eher auf praktische
Aspekte ausgerichtet, viele klobige
Bürokomplexe und billige Wohn-
blöcke entstanden.

Festivalfieber

Im Jahr 1951, 100 Jahre nach der
Weltausstellung, sorgte das Festival
of Britain für frischen Mut nach
dem Zweiten Weltkrieg. Ehemalige
Dockanlagen in South Bank verwandelten sich zur Ausstellungs-
fläche mit der neu errichteten Royal
Festival Hall als Herzstück, die bis
heute erhalten ist.

zentrierte sich in der City
of London, dem Herzen der britischen Finanzwelt, und in den
Docklands, dem einstigen Hafen.
Das 1985 entstandene Lloyd's Building von Richard Rogers sorgte mit
seinem von innen nach außen
gekehrten Design für Fassungs-
losigkeit und Begeisterung gleichermaßen. Der Canary-Wharf-Komplex

MAGAZIN

verkörpert mit 235 m Höhe und 55 Etagen hingegen das Credo jener Zeit: »Je größer, desto besser«.

Das Jahr 2000 wurde mit atemberaubender Architektur wie dem Millennium Dome, dem umgebauten Innenhof des British Museum, dem London Eye und auch den Stationen der U-Bahn-Verlängerung der Jubilee-Linie gefeiert. Seitdem

nen Scalpel (Skalpell, 192 m) und dem 202 m hohen Heron Tower. Nahe der London Bridge steht das markante Gebäude 20 Fenchurch Street (kurz: »Walkie-Talkie«) auf. The Shard (dt.: Glasscherbe), ein 310 m hoher Glasturm am Südufer, überragt alle.

Im Osten wurde das Lea Valley für die Olympischen Spiele 2012 um-

Altes und Neues in trauter Eintracht: Strahlend präsentiert sich »The Gherkin« vor der St Andrew Undershaft Church.

hat sich das Stadtbild in der City of London verändert: mit Bürotürmen wie dem Gherkin (dt.: Gewürzgurke, 30 St Mary Axe), dem bogig gefältelten Willis Building, dem abgeschrägten Leadenhall Building (Spitzname dt.: »Käsereibe«), dem überragenden The Twentytwo (22 Bishopsgate, 278 m), dem gläser-

gestaltet, das nun eine riesige Parklandschaft ist. Die Spielstätten werden von Vereinen genutzt. Für eine bessere Verkehrsverbindung sorgt seit Mai 2022 die Elizabeth Line, die neue Ost-West-Verbindung quer durch die City. Ob nach dem Brexit in der Stadt weiter so viel gebaut wird, bleibt abzuwarten.

Der richtige Platz für eine Pause mit musikalischer Begleitung: The Green Park

Urbanes Grün

London ist eine der grünsten Städte der Welt. Dafür sorgen nicht nur die acht Royal Parks, die sich auf rund 2000 ha erstrecken. Wälder, Wiesen oder anheimelnde Gärten mit Fontänen und Teichen: Sie alle sind ein hervorragender Ort für ein Picknick oder einen Spaziergang, im Sommer für Konzerte und Theater unter freiem Himmel.

Hyde Park

Hyde Park (S. 140) zwischen Kensington Palace und Park Lane ist vielleicht der typischste der Londoner Parks. Der riesige und großzügig angelegte Park, durchzogen von wunderschönen Spazierwegen, wird von dem Serpentine-Fluss in zwei Hälften geteilt. Im Sommer können Sie im Serpentine Lido sogar schnell zum Abkühlen ins Wasser springen. In den 2004 eingeweihten Diana Princess of Wales Memorial Fountain aus Granit fließt das Wasser in zwei Richtungen, um sich dann in einem ruhigen Becken zu sammeln. Wer immer mal frei seine Meinung sagen will, ist bei der legendären Speakers' Corner am richtigen Ort.

Holland Park

Holland Park, einer der hübschesten und abgeschiedensten Parks (www.rbkc.gov.uk), ist sehr beliebt bei den Bewohnern von Kensington und Notting Hill. Wildnis und kultivierte Natur stehen sich hier gegenüber. Zu viktorianischen Zeiten zog der Park eine Kolonie reicher Künstler an. Heute finden Kunstausstellungen im Ice House oder der Orangery Gallery statt. Während sich Familien im Park Café treffen und Eichhörnchen das Waldgebiet der nördlichen Hälfte erkunden, wachen Kindermädchen auf dem Spielplatz über ihre Schützlinge.

Green Park

Der königliche Park (www.royalparks.org.uk) wird einerseits vom St James's Park und andererseits vom Hyde Park begrenzt. Bei gutem Wetter nutzen Angestellte der umliegenden Büros das grüne Dreieck als beliebtes Plätzchen für eine Pause abseits der Hektik um Piccadilly. Im Frühling wiegen sich rund 250 000 Narzissen im Wind, im Sommer lässt es sich auf einem der Liegestühle gut aushalten.

St James's Park

Im Vergleich zu Londons anderen Grünflächen ist St James's Park (S. 48) mit knapp über 23 ha zwar klein, dafür aber umso schöner. Der Park schmiegt sich an Buckingham Palace (S. 42), entlang seines nördlichen Randes verläuft die Parade-straße The Mall mit St James's Palace und Clarence House. Spazier-wege winden sich um den bezaubernden kleinen See mit dem charmanten Duck Island. Der Park war ein besonderer Favorit von König Karl II., der hier stundenlang

Meerjungfrau des Triton Fountain in Queen Mary's Garden im Regent's Park

mit den Enten spielte. Um das Inselchen herum lassen sich Pelikane und viele andere Wasservögel erspähen. Für den besten Blick auf Buckingham Palace spazieren Sie einfach auf der Blue Bridge über den See.

Regent's Park

Der nördlichste der königlichen Parks (S. 166) ist das Werk von John Nash, »einem dicklichen, gedrungenen Zwerg mit rundem Kopf, Stupsnase und kleinen Äuglein« (so seine Selbsteinschätzung).

Dieser visionäre Architekt schuf den Prototypen für Englands Garten-vororte und -städte, indem er mit einer Verbindung aus urbanen und ländlichen Vorzügen den Adel in die Gegenden lockte, die damals als viel zu nördlich vom modischen West End gelegen galten. Der Park wird vom Outer Circle mit seinen Stuck-Residen-zen begrenzt. Innerhalb liegt der Inner Circle mit botanischen Attraktionen, Rosengärten und einem Open-Air-Theater (S. 167).

Hampstead Heath

Hampstead Heath, die ursprünglichste der Londoner Parklandschaf-ten, ist ein Paradies für Naturlieb-haber (www.cityoflondon.gov.uk). Dieses »Heideland« zwischen Hampstead und Highgate, nur 6,5 km nördlich von Trafalgar Square gelegen, ist sehr beliebt bei Londoner Spaziergängern und Joggern. Es heißt, der Name »Parlia-ment Hill« habe seinen Ursprung darin, dass Guy Fawkes von hier auf die Stadt herunterblickte, um die von ihm unter dem Parlament montierten Sprengsätze zünden zu sehen. Seine Erwartung wurde enttäuscht. Der Hügel bietet einen Panoramablick über London. Der Heath beherbergt um die 30 Teiche, Waldgebiete, Wiesen und viele alte Bäume sowie Hecken, die einer vielfältigen Flora und Fauna Schutz bieten, unter ihnen Eisvögel, Rohrsänger und Störche.

Greenwich Park

Auf einem steilen Hügel über der Themse und dem National Mariti-me Museum angelegt, ist dieser der älteste der Royal Parks (www.royalparks.org.uk) und UNESCO-Welterbe. 2012 wurden hier olympische Wettbewerbe ausgetragen. Hauptattraktion des Parks ist das von Wren 1675 entwor-fene Observatorium – eine der weltweit bedeutendsten histori-schen Stätten der Wissenschaft!

Weiteres Grün zum Ausspannen

Und dann gibt es ja u. a. noch Hampton Court (www.hrp.org.uk/hampton-court-palace), Chiswick House (http://chiswickhouseand gardens.org.uk) und die Kew Gardens (S. 178).

Im Zeichen des Ruhmes

Häuser, in denen berühmte und illustre Menschen wohnten, gibt es in der ganzen Stadt. Zu erkennen sind sie an den blauen Gedenkplaketten – das »Blue Plaque«-Programm startete bereits 1867. So wird Literaten, Künstlern, Musikern, Politikern, Wissenschaftlern oder Philosophen gedacht ...

Kreative Londoner

Im Lauf der Jahrhunderte hat London Tausende von Schriftstellern inspiriert. Populäre Gegenden für die Literaten der Stadt sind die nördlichen Distrikte Hampstead, Camden Town und Islington. Manche Häuser hatten sogar schon mehr als einen berühmten Bewohner, so z. B. Fitzroy Road Nr. 23, Primrose Hill (U-Bahn: Chalk Farm), wo erst der irische Lyriker und Dramatiker W. B. Yeats und später die US-amerikanische Dichterin Sylvia Plath wohnten – beim Vorbeigehen von Yeats' blauer Gedenktafel angezogen, war Plath wenig später schon beim Makler und verhandelte den Mietpreis.

Der Schriftsteller Charles Dickens lebte in der Doughty Street Nr. 48 (heute Museum).

Seinen soziopolitischen Überzeugungen entsprechend lebte George Orwell (1903–1950) am Puls der weniger (bildungs-)bürgerlichen Straßen und pendelte zwischen Camden Town und mietfreien Zimmern über einem Buchladen in South End Green, wo er arbeitete. Später zog er an den Canonbury Square Nr. 27 in Islington, zu der Zeit alles andere als eine gute Adresse.

H. G. Wells (1866–1946), ein weiterer sozial engagierter Autor, der u. a. durch seine Sciene-Fiction-Romane bekannt ist, lebte zunächst in Hampstead und später dann sehr stilvoll mit Blick über Regent's Park in Hanover Terrace Nr. 13.

Künstlermagnet Chelsea

Exotik und Skandal gingen in Chelsea immer schon Hand in Hand, aber erst in viktorianischer Zeit manifestierte sich Chelseas Ruf, als maßgefertigte Künstlerstudios chic wurden und Oscar Wilde (1854–1900) in der Tite Street Nr. 34 Stücke schrieb. Obwohl Oscar Wildes Frau und Kinder hier lebten, führte er mit seinem Freund

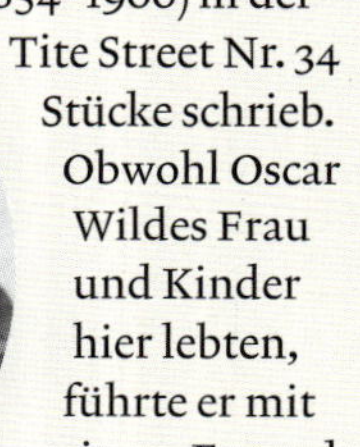

Der Ire Oscar Wilde kam nach dem Studium nach London.

»Bosie« (Alfred Douglas) ein Doppelleben als Boheme – perfekt reflektiert ist es in seinem Buch »Das Bildnis des Dorian Gray«.

Berühmt-berüchtigt

Für ein Foto von der 2010 von Yoko Ono enthüllten blauen Gedenktafel strömen zahlreiche Beatles-Fans nach Marylebone. Die Souterrainwohnung am Montagu Square Nr. 34, W1 besitzt eine bewegte Geschichte. Einst von Ringo Starr 1965 erworben, wurde sie später an Paul McCartney und Jimi Hendrix vermietet. 1968 bezog sie John Lennon gemeinsam mit Yoko Ono. In dieser ersten gemeinsamen Bleibe des Paares entstand das für Furore sorgende Nacktfoto, das »Two Virgins«, das erste ihrer drei Alben mit experimenteller Musik, zierte. Außerdem arbeitete Lennon dort auch am einzigen Doppelalbum der Beatles, dem »White Album«.

Im Oktober desselben Jahres wurden John Lennon und Yoko Ono wegen Besitzes von Marihuana verhaftet, woraufhin Lennon ein Bußgeld in Höhe von £ 150 zahlen musste. Wohl kaum ein anderes Haus in London repräsentiert die Kultur der Swinging Sixties besser.

Politische Exilanten

Politiker auf der Flucht machten London zu ihrem Stützpunkt. Napoleon III. (1808–1873), Bonapartes Neffe, fand sich zweimal im Londoner Exil wieder und lebte 1848 in der King Street Nr. 1, St James's. So inspirierend fand er die Parks der englischen Hauptstadt, dass er nach seiner Krönung zum Kaiser seinen städtischen Präfekten beorderte, diese in Paris zu kopieren. Ein weiterer französischer Exilant, General Charles de Gaulle (1890 bis 1970), war bekanntermaßen weit weniger anglophil, wählte aber später eine genauso feine Adresse: 4 Carlton Gardens.

Kommunistische Autoren

Am anderen Ende des politischen Spektrums ließ sich Karl Marx (1818–1883) nach seiner Ausweisung aus Deutschland in London nieder, um einer unsteten, oft mittellosen Existenz zu frönen. Er wohnte in der Dean Street in Soho.

Den Hauptteil von »Das Kapital« verfasste er im Lesesaal des British Museum. Beerdigt wurde Marx auf dem High Gate Cemetery unter einer großen Büste mit der Inschrift »Workers of the World Unite« (Proletarier aller Länder, vereinigt euch). Marx' Unterstützer, der Philosoph und Sozialtheoretiker Fried-

Händel zog 1712 nach London, wo er den Rest seines Lebens verbrachte.

Karl Marx schrieb im Lesesaal des British Museum.

rich Engels (1820–1895), brachte einen Großteil seines Lebens in London zu und wurde ebenfalls in Highgate bestattet. Von 1870 bis 1892 lebte Engels in der Regent's Park Road 121, einer gefragten Adresse mit Blick über den Park.

Und niemand Geringerer als Wladimir Iljitsch Lenin (1870–1924) lebte 1905 am Percy Circus Nr. 16 (heute Travelodge London Kings Cross Royal Scot Hotel, U-Bahn: King's Cross), nahe seinem Arbeitsplatz, der London Patriotic Society. Dieses Gebäude von 1737 beherbergt heute die sehenswerte Marx Memorial Library (37a Clerkenwell Green).

Die Bloomsbury-Gruppe

Londons berühmteste literarische Gruppe des 20. Jhs. war die Bloomsbury Group. Zu ihren Mitgliedern zählten Virginia Woolf, E. M. Forster wie auch der Ökonom John Maynard Keynes. Als Virginia und ihr Mann Leonard 1924 ihren Verlag Hogarth Press von Richmond an den Tavistock Square in Bloomsbury verlegten, befand sich die Gruppe auf dem Zenit ihres Ruhmes. Zu den um Fitzroy Square (U-Bahn: Warren Street) wohnenden Mitgliedern zählten Roger Fry (Nr. 33) und Virginia Woolf (Nr. 29 mit blauer Gedenkplakette).

Das Beste von London –
for free!

London mag eine der teuersten Städte der Welt sein. Die britische Hauptstadt bietet aber auch ein überraschend reiches Angebot an spannenden Aktivitäten, die Sie gratis genießen können – von Konzerten und Kunstgalerien bis zu Marktbesuchen oder aufwendigen Festen.

Eine solche Farbenpracht lockt die Schaulustigen: Notting Hill Carnival

Die beste Musik

Viele Kirchen wie St Martin-in-the-Fields am Trafalgar Square (S. 49) oder St Olave's (S. 82) in der City bieten hin und wieder kostenfreie Lunchtime-Konzerte an, bei denen Sie spirituelle Energie tanken können. Mit Gratisveranstaltungen unterschiedlicher Genres – von Jazz- und Klassikkonzerten bis zu Kunstausstellungen und Dichterlesungen – wartet das South Bank Centre (S. 114) auf. Pubs und Clubs, in denen kostenlos Musikaufführungen gelauscht werden kann, sind u. a. The Lock Tavern (35 Chalk Farm Road, NW1, U-Bahn: Camden Town) und Ain't Nothin but Blues

Bar (20 Kingly St., W1, So–Di,
U-Bahn: Piccadilly Circus).

Nicht nur für Regentage

An die 70 Museen und Galerien
bieten freien Zutritt, so z. B. die
National Gallery (S. 44), Tate Britain
(S. 103), Tate Modern (S. 109), das
V & A Museum (S. 131) oder das
British Museum (S. 158) sowie
– etwas außerhalb – die Museen in
Greenwich (S. 188). Kostenlos ist es,
auch hier und da mit Experten ein
Gemälde oder das Werk eines
Künstlers genauer zu betrachten.
Das lohnt sich allemal.

Oder aber Sie greifen sich einen
Goldbarren im Museum der Bank
of England (S. 82) – und spüren für
diesen Augenblick das wertvolle
Gewicht.

Das muss gefeiert werden!

Kostenlos sind auch viele Feste, die
im Zentrum, oft rund um den
Trafalgar Square, gefeiert werden.
Am Neujahrstag paradieren rund
10 000 Musiker und Sänger aus
20 Ländern von Piccadilly über den
Trafalgar Square bis zum Parliament Square. Es heißt, früh da zu
sein, denn zur New Year's Day
Parade werden jeweils ca. 500 000
Zuschauer erwartet (https://lnydp.
com).

Tanzende Drachen, Löwen und
Akrobaten mischen sich mit Musik
und Feuerwerk, um das chinesische
Neujahrsfest zu zelebrieren. Die
chinesische Community feiert süd-

Der imposante Erweiterungsbau des Victoria &
Albert Museums (V & A): Eintritt frei

lich von Shaftesbury Avenue, am
Leicester Square, Trafalgar Square
und in Chinatown (S. 169). Die Daten stehen schon fest (2024: 10. Feb.;
2025: 29. Jan.; 2026: 17. Feb.; www.
london.gov.uk).

Der irische Nationalheilige wird
am St Patrick's Day (17. März) am
Trafalgar Square gefeiert. Besonders
schön ist ein Blaskapellen-Umzug
(www.london.gov.uk).

Eid in the Square, die Feier für
Eid al-Fitr (www.london.gov.uk),
das Ende des muslimischen Fasten-
monats Ramadan, findet auf dem
Trafalgar Square (S. 48) statt. Den
ganzen Tag über gibt es Livemusik,
traditionelle Gerichte und asiatische
Kunsthandwerksstände. Die Daten
wechseln über die Jahre hinweg
(2023: 21. April; 2024: 9. April; 2025:
30. März; 2026: 19. März).

Karibischer Straßenkarneval ist
das Sommerevent am Bank-Holi-

day-Weekend im August in Notting Hill. Überschäumend wird seit 1964 gefeiert, inzwischen finden sich hier über 1 Mio. begeisterte Zuschauer ein. Spektakulär sind die Umzüge (https://nhcarnival.org).

Diwali, das Lichterfest der Hindu-, Sikh- und Jain-Community feiert den Sieg des Lichts über die Finsternis im Oktober, wiederum auf dem Trafalgar Square, mit Tanzgruppen, indischer Musik, vegetarischem Essen und zahlreichen Lichtern (www.diwaliinlondon.com).

Großstädtisches Markttreiben

Das Stöbern auf einem der vielen Märkte in London gehört zu den besonderen Erlebnissen in dieser Stadt. Ob Trödel- und Antikmarkt, ob Streetfood- oder Gemüsemarkt, ob Flohmarkt oder Vintagekleidung, in jedem Viertel gibt es vor allem am Wochenende Faszinierendes zu entdecken und zu probieren.

Die Camden Markets (S. 166) bieten täglich urbane Mode, Handarbeiten, Schmuck, Möbel und viele Variationen von Streetfood an. Kulinarisch geht es auf dem Borough Market (S. 116) in Southwark zu. Ein überbordendes Angebot an allem Essbaren und was man daraus zaubern kann, wird hier feilgeboten.

Freitags glänzt der Bermondsey Market mit Silber, Gemälden und skurrilem Mobiliar. Samstags ist das Angebot auf dem Portobello Road Market (S. 141) am größten: nicht nur echte Antiquitäten und Porzel-

lan, sondern auch frisches Obst, Gemüse und Klamotten.

In den Hallen von Old Spitalfields Market (S. 87) kann man täglich in junger Designmode stöbern, recht flippig teilweise, samstags beim Style Market gibt's noch mehr. Sonntag ist der Markttag schlechthin: Ergattern Sie Schnäppchen auf dem Petticoat Lane Market (S. 87), dann geht es weiter zum Brick Lane Market. Dort finden Sie Trödel, Vintagemode und jede Menge Streetfood.

Frische Blumenpracht und ausgefallene kleine Shops erwarten Sie auf dem Columbia Road Flower Market (S. 87).

Und sonst …

Die beeindruckenden Silberschätze in den historischen unterirdischen London Silver Vaults (53–64 Chancery Lane), ausgestattet mit dicken Wänden und schweren Tresortüren, versetzen ihre Besucher in Staunen. Oder aber Sie reihen sich ein in die Schlange vor dem Besuchereingang Cromwell Green, um einer Debatte in den Houses of Parliament (S. 105, im Unter- und Oberhaus, meist Mo–Do) beizuwohnen. Planen Sie aber eine bis zwei Stunden Wartezeit ein.

In der British Library (S. 164) finden sich wertvolle, sehenswerte Schriftstücke wie die Magna Charta, eine Gutenberg-Bibel, Notizbücher von Leonardo da Vinci und auch Originalhandschriften der Beatles.

Dieser Duft! Kein Zweifel, es gibt köstliche Back-
waren im Borough Market (links). In der Brick Lane
bieten am Wochenende Marktstände internationale Snacks und Erfrischungen (rechts).

Die British Library gewährt freien Eintritt
zu ihren über 170 Mio. Werken; sie besitzt
den weltweit größten Medienbestand aller
Bibliotheken. Auf der Plaza begrüßt die
Bronzeskulptur »Newton« von Paolozzi
die Besucher (unten). Kaum ein anderer
Bau in London dauerte so lange und war
so umstritten.

Ganz nah dran an der Parade der Guards zu Ehren
von Queen Elizabeth II.

St James's, Mayfair und Piccadilly

Der Exklusivität um Buckingham Palace setzen die um-
liegenden Straßen und Parks
ihren Charme entgegen.

Seite 32–59

Erste Orientierung

Hier wohnt der Monarch, hängen bedeutende Bilder in großen Museen, sind die Parks besonders grün und Geschäfte verkaufen mit Tradition. Das Flair des exklusiven London spüren Sie hier am deutlichsten.

Es fällt nicht schwer, sich in diesem Teil der Stadt von den gepflegten, baumbestandenen Plätzen, den prächtigen Wohnhäusern in Mayfair, den exklusiven Herrenclubs in St James's und den alteingesessenen Geschäften und Hotels entlang Piccadilly, einer von Londons Hauptverkehrsadern, einnehmen zu lassen. Das Herz des Empire schlägt im Buckingham Palace, der offiziellen Residenz von König Charles III. Am östlichen Rand liegt Trafalgar Square samt National Gallery, dem besten Kunstmuseum des Landes.

Der Einfluss des Königshauses ist im gesamten Viertel sichtbar. Im 17. Jh. machte Karl II. den herrlichen St James's Park der Öffentlichkeit zugänglich. Bis zum 18 Jh. hatten sich zahlreiche Mitglieder der Aristokratie, die in der Nähe des Hofes residieren wollten, hier prachtvolle Herrenhäuser errichtet. Und noch heute versprühen Mayfair und St James's den Charme längst vergangener Tage, gehen

Maßschneidereien, Designerboutiquen und die besten Hotels der Stadt hier ihren Geschäften nach. Machen Sie es wie die Londoner: Schlendern Sie durch den Green Park oder St James's Park und halten Sie, wenn das Wetter Ihnen wohlgesinnt ist, inne für ein Picknick auf der Wiese.

<u>TOP 10</u>
2 ★★ Buckingham Palace
7 ★★ National Gallery

<u>Nicht verpassen!</u>
11 The Mall/Trafalgar Square

<u>Nach Lust und Laune!</u>
12 Churchill War Rooms
13 Royal Academy of Arts
14 Piccadilly & Regent Street
15 Piccadilly Circus
16 National Portrait Gallery
17 Banqueting House
18 Whitehall

Charing Cross Rd
Oxford Street
Leicester Square
200 m
200 yd
Piccadilly & Regent Street
14
Royal Academy of Arts
13
Regent Street
15 Piccadilly Circus
Piccadilly Circus
Piccadilly
National Portrait Gallery
16
St-Martin-in-the-Fields
National Gallery
7
Trafalgar Square
Charing Cross Station
Green Park
Admiralty Arch
Northumberland Ave
Clarence House Terrace
Pall Mall
Parliament St
Banqueting House
17
Green Park
Clarence House
11 The Mall/ Trafalgar Square
St James's Park
Downing Street
18 Whitehall
Churchill War Rooms
12
Westminster
Westminster Bridge
2
Buckingham Palace
Birdcage Walk
Thames
Buckingham Gate
St. James's Park
Victoria
Victoria Street
Victoria Station

Mein Tag
im Glanz
der Aristokratie

Was passiert bei der Wachablösung vor dem Buckingham Palace? Mit welcher Kutsche fährt Camilla? Wo lässt König Charles seine Rasierpinsel kaufen? Und welches edle Geschäft liefert Lebensmittel für die Royal Family? Kommen Sie mit und genießen Sie einen »königlichen« Tag.

9 Uhr: Full English Breakfast

Für den Start in eine royale Entdeckungstour braucht man eine gute Grundlage. Das Restaurant 45 Jermyn St (S. 54) bietet den passenden Rahmen für ein echtes englisches Frühstück. Schlemmen Sie kalorienreich mit Würstchen, Eiern und Bacon oder löffeln Sie einen gesunden bunten Obstsalat. Dazu wird ein guter Tee, Kaffee oder ein Green Smoothie serviert. So sind Sie wunderbar für die nächste Etappe an diesem Tag gewappnet.

11 Uhr: Changing of the Guard

Flattert auf dem Dach des ❷★★ Buckingham Palace die königliche Standarte, ist Charles III. zu Hause. Zeit, die Zeremonie der Wachablösung (S. 43) mitzuerleben, die bereits unter Heinrich VII. stattfand, also seit über 500 Jahren. Von April bis Juli täglich, sonst wechseln sich dabei alle zwei Tage die Gardisten mit den Wachsoldaten ab.

Wie immer ist das Gedränge groß. Am besten sichern Sie sich daher eine halbe Stunde vorher

14.30 Uhr: Shopping beim Hoflieferanten
19.30 Uhr: Musikalischer Tagesabschluss
16 Uhr: Besuch bei Prinzessin Di und den Beatles
9 Uhr: Full English Breakfast
Piccadilly Circus
Start
16 Uhr
Ende
19.30 Uhr
St-Martin-in-the-Fields
Fortnum & Mason
14.30 Uhr
45 Jermyn St
9 Uhr
7
Charing Cross Station
Green Park
Trafalgar Square
Northumberland Ave
St. James's St
Pall Mall
The Mall
Parliament St
11 Uhr: Changing of the Guard
Green Park
11
St James's Café
Duck Island Cottage
11 Uhr
2
Victoria Memorial
St James's Park
13 Uhr
Westminster
Birdcage Walk
Westminster Bridge
Buckingham Gate
St. James's Park
Royal Mews
12 Uhr
Thames
Victoria
Victoria Street
Victoria Station
12 Uhr: Könlgliche Gefährte
13 Uhr: Frischluft tanken – grüne Pause

Welch ein Start in den Tag: Full English Breakfast und im Anschluss die Parade der Bärenfellmützen in perfekter Choreografie – der St James's Park sorgt für naturnahe Kontraste.

einen Platz unterhalb des Victoria Memorial, um von dort das Spektakel zu beobachten. Dann sehen Sie Punkt 11 Uhr die Wachsoldaten in kleinen Abteilungen in den Hof des Palastes marschieren, in dem sich die Wachablösung in der nächsten halben Stunde vollzieht – mal unterlegt von Marschmusik, mal von Film- oder Popmusik. Bald öffnet sich das Mitteltor – jetzt schnell die Kamera zücken und den Moment festhalten, wenn die rot befrackten Gardisten mit ihren hohen Bärenfellmützen vorbeiziehen.

Ist aristokratische Prominenz in der Stadt, wird sie in einer offenen Kutsche von berittenen Soldaten mit Helmen und glänzenden Brustpanzern begleitet. Vielleicht haben Sie ja Glück, und Charles und Camilla fahren vorbei … ?

12 Uhr: Königliche Gefährte

Nicht weit von hier, in der Buckingham Gate, passieren Sie den unscheinbaren Eingang in der Mauer und stehen im Innenhof zu den Royal Mews (S. 43), dem königlichen Marstall. Nicht nur die Pferde für die offiziellen Anlässe der Royals haben hier ihre Boxen, auch Kutschen und royale Autos stehen in der Remise, darunter elegante Wagen wie drei Rolls-Royce, zwei Bentley und zwei Jaguar. Am eindrucksvollsten

Über den Trafalgar Square geht es zum abendlichen Konzertgenuss in die Kirche St Martin-in-the-Fields, die durch einen imposanten Säulenportikus heraussticht.

jedoch ist die über und über mit Gold belegte, vier Tonnen schwere und über sieben Meter lange Staatskutsche, die König Georg III. 1762 in Auftrag gab. Nur zu ganz besonderen Anlässen kommt die prunkvolle Kutsche zum Einsatz, denn um sie ans Tageslicht zu holen, muss eine komplette Wand der Stallung ausgebaut werden.

13 Uhr: Frischluft tanken – grüne Pause

Nach so viel Pferdedung und Motorenöl atmen Sie im nahen St James's Park (S. 23) tief durch. Der einst königliche Park diente mit seinen Hirschen als Jagdrevier, später gab es hier sogar Krokodile und Kamele. Heute kreuzen zutrauliche Eichhörnchen Ihren Weg. Beliebt sind die drei Pelikane, die nachmittags um 14.30 Uhr beim Duck Island Cottage gefüttert werden. Ihre Vorfahren kamen 1664 als Geschenk des russischen Botschafters an König Karl II. nach London.

Zeit für einen Kaffee im städtischen Grün? Ein schöner Weg führt am Teich entlang und über die Brü-

cke zum St James's Café (S. 56), wo Sie möglichst auf der Terrasse Platz nehmen und einfach die Aussicht aufs Grün genießen.

14.30 Uhr: Shopping beim Hoflieferanten

Über ⓫ The Mall hinweg stehen Sie bald vor den feinen Schaufenstern in der St James's Street und Jermyn Street. Richtig königlich wird es nun, denn hier kauft die reiche Kundschaft Rotwein und Käse. Alles vom Feinsten – viele Läden zählen zu den Hoflieferanten. Der König ersteht hier seine Rasierpinsel.

Auch das mintgrüne Kaufhaus Fortnum & Mason (S. 57) liefert Köstlichkeiten in den Palast. Beim Schlendern von Etage zu Etage können Sie sich mühelos im verlockenden Angebot verlieren. Vielleicht entdecken Sie ein verführerisches Parfüm? Oder Sie gönnen sich einen exquisiten Afternoon Tea im Diamond Jubilee Tea Salon mit Sandwiches, Scones und Kuchen. In der edlen Burlington Arcade (S. 51) lässt sich das Shoppingvergnügen fortsetzen.

16 Uhr: Besuch bei Prinzessin Di und den Beatles

Die Nordseite des Trafalgar Square nimmt die ❼ ★★ National Gallery (S. 44) ein. Den Besuch des riesigen Kunsttempels sparen Sie sich für einen anderen Tag auf. Werfen Sie lieber einen Blick auf Babyfotos von Queen Elizabeth II., einen Schnappschuss von Prinzessin Diana mit ihren Söhnen oder das Verlobungsfoto von William und Kate – in der ⓰ National Portrait Gallery (S. 52),

Man kann gar nicht anders, als majestätisch über die geschwungenen Treppen des Kaufhauses Fortnum & Mason schreiten (oben). Vis-à-vis mit Maria Stuart und anderen royalen und weniger royalen Briten in der National Portrait Gallery (rechts)

die direkt neben der National Gallery liegt. Hunderten britischen Berühmtheiten können Sie hier ins Antlitz blicken: Königin Viktoria und Alfred Hitchcock – und tatsächlich auch dem Sänger Ed Sheeran.

Beim Bummel hungrig geworden? An manchen Tagen lockt das Museumsrestaurant in der oberen Etage geradezu mit seiner herrlichen Aussicht: Im Portrait Restaurant (S. 54) speist man mit Blick über Londons Dächer. Das bleibt ganz sicher in Erinnerung!

19.30 Uhr: Musikalischer Tagesabschluss

Auf das leibliche Wohl folgt noch ein sinnlicher Genuss – in der Kirche St Martin-in-the-Fields (S. 49), der Pfarrkirche der königlichen Familie. Der barocke Kirchenraum bietet mit sanfter Kerzenbeleuchtung den stimmungsvollen Rahmen für Konzertabende. Lassen Sie sich von Mozarts »Requiem« oder einem Violinkonzert von Bach verzaubern und den royalen Tag in schönsten Tönen ausklingen.

❷ ★★ Buckingham Palace

Warum?	Einen Blick in die Lebenswelt der Royals erhaschen
Was?	Pompöse Staatsgemächer und königlicher Garten
Wie lange?	Mindestens zwei bis zweieinhalb Stunden
Wann?	Am besten morgens
Was noch?	Goldkutschen und schnelle Karossen in den Royal Mews
Was nehme ich mit?	Ein wenig königlichen Glanz und vielleicht ein schön kitschiges Souvenir

Über 70 Jahre – einmalig in der Geschichte des Landes – regierte Königin Elisabeth II., länger als ihre Ururgroßmutter Queen Victoria. Im Juni 2022 wurde dies vier Tage lang gefeiert. Nach dem Tod von Elisabeth II. im September des gleichen Jahres übernahm ihr Sohn das Amt, als König Charles III. Weilt er im Palast, weht die rot-blau-goldene »Königliche Flagge« vom Dach des Buckingham Palace.

Drinnen und draußen

Die Pracht im Palastinnern darf man jedoch weiterhin nur im August und September bewundern, traditionell die Zeit des Sommerurlaubs der Royals in Schottland. Leise gleitet man dann über rote Teppiche, lässt sich vom prunkvollen Treppenhaus und funkelnden Kronleuchtern blenden, von kostbaren Wandteppichen, Porzellan von unschätzbarem Wert oder erlesenem Mobiliar. Auch wenn man nur die 19 Staatsgemächer der insgesamt 775 königlichen Räume besichtigen darf – unter den strengen Augen des Wachpersonals, versteht sich –, so zeugt doch alles von Reichtum und Geschichte. Private Räume der königlichen Familie sind tabu, nur die »Arbeitsräume« für Empfänge,

Hände hoch: festgehaltene Erinnerung während der Wachablösung vor dem Buckingham Palace

Bankette und Staatsveranstaltungen dürfen betreten werden: Hell und frisch sind die Farben im White Drawing Room, blau-golden empfängt der Blue Drawing Room seine Gäste und goldrot schimmert alles im Thronsaal, wo unter einem Baldachin zwei Sessel für das Königspaar bereitstehen. Nach der »Wohnungs-besichtigung« ist es ein Vergnügen, sich durch den großen Garten führen zu las-sen, wo König George VI. Tennis spielte, die Queen mit ihren Hunden spazierte und die zahmen Bienen ihren Honig produzieren.

Blank poliert die Helme, gold verziert die Uniform: Horse Guards bei der Parade

Gemaltes und Fahrbares

Die Wechselausstellungen der Royal Collection in der Queen's Gallery im Palast sind eine der bedeutendsten priva-ten Kunstsammlungen der Welt, u. a. sehen Sie hier Werke von Rembrandt. Die Royal Mews mit Pferden, Kutschen, Nobelkarossen sowie goldener Staatskutsche gehören zur königlichen Reiseflotte.

✠ 219 D4
✉ SW1A 1AA

Staatsgemächer
🌐 www.rct.uk
🕐 Aug.–Ende Sept. Do–Mo 9.30–18.30/19.30 Uhr; letzter Einlass 16.15/17.15 Uhr; am besten mit Garten-führung
🎟 Ticket am besten im Voraus mit Zeitfenster online buchen; Staatsgemächer: £ 30; mit Garten-Highlight-tour: £ 41.50; Royal

Mews: £ 14; Queen's Gallery: £ 17; Clarence House: £ 11.30; Preise inkl. Audioguide; Sicherheitscheck am Eingang; keine Fotos in den Staatsgemächern

Royal Mews, Queen's Gallery
🕐 Royal Mews: Mai–Okt. Do–Mo 10–17, Nov. und Feb.–April 10–16 Uhr, letzter Einlass 45 Min. vor Schließung, an einigen Tagen im Jahr geschl.; Queen's Gallery: Do–Mo

10–17.30 Uhr, letzter Einlass 16.15 Uhr
🚇 Green Park, Hyde Park, St James's Park, Victoria

Changing of the Guard/ Königliche Wachablö-sung
🌐 www.household division.org.uk/changing-the-guard-calendar
🕐 Mai–Juli tgl. 11 Uhr, Aug.–März jeden 2. Tag (außer bei Regen) als Spektakel mit Musik vorm Palast

❼ ★★ National Gallery

Warum?	Eine der bedeutendsten Gemäldesammlungen der Welt
Was?	Da Vincis »Felsgrottenmadonna« und Monets »Seerosen«
Wie lange?	Zwei Stunden oder den ganzen Tag
Wann?	Nicht nur bei Regenwetter
Was noch?	In Turners »Regen, Dampf und Geschwindigkeit« nachempfinden, wie einst Geschwindigkeit erfahren wurde
Was nehme ich mit?	Den Kunstdruck des Lieblingsbildes aus dem Museumsshop

National Gallery: Hier hängt das Beste, was britische Kunst zu bieten hat.

Nahezu jeder bekannte westeuropäische Künstler aus der Zeit von 1250 bis 1900 ist in dem schönen Gebäude mit dem Säulenportikus und den Kuppeln vertreten.

Natürlich ziehen berühmte Gemälde wie die »Sonnenblumen« von Vincent van Gogh die Besucher in großer Zahl an. Aber das Museum hat ja zum Glück noch mehr: An die 2300 Werke darf man hier kostenfrei betrachten! Also besorgen Sie sich am besten gleich einen *floor plan* (£ 2, Eingang Getty, rechts am Trafalgar Square), suchen sich eine bestimmte Epoche oder einen Maler aus, nehmen einen Audioguide mit oder an einer Führung teil und entdecken auf diese Weise

das Museum allein oder mit anderen. Haben Sie sich trotz
Plan verirrt? – Kein Problem, die freundlichen Mitarbeitenden helfen gerne weiter.

»Das Bild möchte ich mal im Original sehen!«

Solch einen Wunsch kann das Nationalmusem für viele Werke erfüllen. Der Rundgang im Westflügel führt zunächst zu
Raffael und Lucas Cranach d. Ä. Auf
dem Bild »Die Gesandten« (1533,
Abb. rechts) von Hans Holbein d. J.
können Sie viele Symbole und
Anspielungen vor allem auf die
Vergänglichkeit entdecken. Im Vordergrund unten wirkt ein Trompe-l'œil auf den ersten Blick wie
eine weiße Scheibe. Blicken Sie von
rechts auf das Bild, können Sie erkennen, dass es sich dabei um die
perspektivische Darstellung eines
Totenschädels handelt.

Diplomat und Gelehrter: Das Werk »Die Gesandten« von Hans Holbein hängt in Saal 4.

Auf dem weiteren Weg begegnen Sie großen venezianischen Namen aus der Zeit um
1500–1530: Giorgione und Tizian, Correggio und Parmigianino sowie Michelangelos Grablegung.

Der nächste Saal (9) führt Venedigs Malerei bis 1600 fort.
Hier berühren v. a. die riesigen Leinwände von Tizian und
Tintoretto, dessen frische, ungestüme Technik zu seiner Zeit
recht gewagt war.

Schön wie die Venus

Zum Sainsbury-Flügel, dem jüngsten Anbau des Museums,
gelangen Sie durch eine Reihe von Torbögen. Dieser Teil des
Museums rühmt sich des kleinen, filigranen Wilton-Diptychons (Künstler unbekannt), das im späten 14. Jh. als Altarbild von Richard II. in Auftrag gegeben worden war.

Paolo Uccellos »Die Schlacht von San Romano« (15. Jh.,
Saal 54), eine Tafel von großem Format und mit einer intensiven Atmosphäre, zieht auch wegen der Perspektive die Blicke auf sich. Schmuckstücke in diesem Flügel sind »Venus
und Mars« von Botticelli (Saal 58) und die »Arnolfini-Hoch

zeit« von Jan van Eyck mit der lateinischen Signatur »van Eyck war hier« über dem Spiegel (Saal 56). Berührend und meisterhaft ausgeführt ist die große Kohle- und Kreidezeichnung auf Karton von Leonardo da Vinci: »Jungfrau und Kind, mit der hl. Anna und Johannes dem Täufer« (1499, Saal 66, Abb. links). Mystisch wirkt seine »Felsgrottenmadonna«.

Im »Portrait des Dogen Leonardo Loredan« (1501/2) von Giovanni Bellini zeigt sich der Doge streng in seiner Amtstracht.

Jetzt erst recht: große Kunst

Im Nordflügel begegnen Sie den bekannten Malern des 16. und 17. Jh., Peter Paul Rubens, Rembrandt, Anthonis van Dyck, Diego Velázquez, Jan Vermeer van Delft. Beeindruckend der Lichteinfall auf Rubens' Werk »Samson und Delila« (1609/10). Die »Venus vor dem Spiegel« von Velázquez (1647–51, Saal 30) fasziniert als Rückenansicht, bei der das Gesicht der Göttin im Spiegel eingefangen ist. Da es sich um einen Akt handelt, der als Bildthema während der Inquisition in Spanien verpönt war, konnte es erst 1651 vollendet werden.

Very British

Die nächste Abteilung ist der meistbesuchte Bereich des Museums. Berühmte britische Namen sind hier versammelt: Porträts von Thomas Gainsborough und Sir Joshua Reynolds, »Rennpferde« von George Stubbs neben John Constables Der »Heuwagen« (Saal 34) aus dem 18. und 19. Jh. Dazu gesellen sich die Zeitgenossen John Constable und J. M. W. Turner. Besonders bei seinen großartigen Bildern »Das Kriegsschiff Téméraire« (1838) und »Regen, Dampf und Geschwindigkeit« (1844) können Sie leicht nachvollziehen, wie durchdacht der Maler Licht für die Dramatik der Szenerie und die Gestaltung der Atmosphäre einsetzt.

Die sechsteilige Gemäldeserie »Heirat nach der Mode« (1743) des Briten William Hogarth umfasst eine moralische

Erzählung vom Aufstieg und Fall einer Familie. Ein paar Schritte weiter lächelt sein bald 280 Jahre altes »Krabbenmädchen«; ein Spätwerk, das er mit frischem Pinselstrich aufs Papier gebracht hat.

Größte Werke aus feinsten Tupfen

Impressionistische und post-impressionistische Meisterwerke des frühen 20. Jhs. glänzen in den Sälen 41–46: Immer noch betören Claude Monets »Seerosen« (Saal 41), Edgar Degas' »Strandszene« (1869/70, Saal 42) und die »Sonnenblumen« von Vincent van Gogh (1888, Saal 43). Auch George Seurats »Badeplatz in Asnières« (1884, Saal 43) hat hier seinen Platz.

So viel Kunst braucht seine Zeit. Kommen Sie noch mal wieder? Wenn nicht, für die Pausen gibt es eine Reihe von Cafés – und den gut bestückten Museumsshop.

Ein großartiger Rahmen für große Kunst: National Gallery

KLEINE PAUSE

... ist schön in den **National Dining Rooms** (Sainsbury-Flügel), dem **National Café** oder der **Espresso Bar** (jeweils am Getty-Eingang).

✛ 217 F1

🚇 Charing Cross, Leicester Square

✉ Trafalgar Sq., WC2

☎ 020 77 47 28 85

🌐 www.nationalgallery.org.uk

🕐 Sa–Do 10–18, Fr bis 21 Uhr

🎟 frei, aber ein Zeitfenster-Ticket vorzubuchen wird empfohlen; Sonderausstellungen ab £ 24

ℹ Es gibt verschiedene Touren, die man vorab als PDF herunterladen kann. Mit der kostenlosen Smartify-App erhält man über einen Scancode neben dem Gemälde Informationen zum Werk. Kostenlose Führungen ab Infoschalter im Sainsbury Wing: Di–Do 15 Uhr (60 Min.), Fr 19.15 (45 Min.); Mittags 30-Min.-Vorträge zu einem Bild (verschiedene Termine); Fr 16 Uhr: Talk and Draw – einstündige Zeichenstunde mit einem Künstler

⓫ Trafalgar Square/The Mall

Warum?	Seit mehr als 100 Jahren *die* Straße für Paraden und ein Denkmal für Britanniens Seehelden
Was?	The Mall entlangwandern und dem Blick Nelsons auf die Stadt folgen
Wie lange?	Etwa eine Stunde
Wann?	Am besten ganz früh oder spätabends
Was noch?	Toll ist ein Besuch im Dachgartenrestaurant (Kuppelperspektive ohne Wartezeit)
Was nehme ich mit?	Sich ein bisschen königlich fühlen während des Spaziergangs auf der Prachtstraße

An den meisten Tagen des Jahres donnert vierspurig der Verkehr über die breite, baumgesäumte Straße zwischen Buckingham Palace und Trafalgar Square. Sonn- und feiertags bleibt sie autofrei, dann können Sie hier in Ruhe spazieren – so wie es auch das Ansinnen von König Karl II. war, als er diesen Boulevard in Auftrag gab. Damals wurde hier dem französischen *palle-maille,* einem dem Krocket ähnlichen Spiel, mit Ball und Hammer nachgegangen. Der Name stand Pate für die parallel verlaufende Pall Mall. Sportlich geht es auch heute zu: Die Marathonläufe der Leichtathletik-Weltmeisterschaften 2017 wurden hier ausgetragen.

In majestätischer Pracht

Ist Staatsbesuch oder royale Prominenz zu Gast, säumen Fahnen die Straße. Zur Geburtstagsparade von Königin Elisabeth II. im Juni wurde die Straße 100-fach jedes Jahr mit Union Jack beflaggt, von rot befrackten Gardisten und Tausenden Besuchern bevölkert. In nordwestlicher Richtung grenzt der Green Park an, der während der Frühlingsblüte besonders schön ist. Rechts daneben sieht man das im 19. Jh. errichtete Clarence House, den ehemaligen Londoner Wohnsitz der 2002 verstorbenen Queen Mum. Seither leben Charles und Camilla dort und werden nach Abschluss der Renovierungen am Buckingham Palast in diesen umziehen. Nach Süden breitet sich der St James's Park aus (S. 23). Der Weg am See entlang ist besonders schön und führt am Ende

Um den Trafalgar Square stehen vier Sockel. Den im Nordwesten ziert wechselnd ein Kunstwerk. Die anderen präsentieren (Reiter-)Standbilder.

zum weitläufigen Paradeplatz <u>Horse Guards Parade</u>, wo bisher im Juni *Trooping the Colour,* die Geburtstagsparade für Königin Elisabeth II., stattfand.

Oberhalb der Treppen baute der Architekt John Nash im 19. Jh. den eleganten Bau <u>Carlton House Terrace</u>. Flanieren Sie auf der Mall weiter, kommen Sie zum dreibogigen <u>Admiralty Arch</u>. Hier entsteht bis Ende 2023 ein Luxushotel. Von hier gelangen Sie zum ebenfalls von Nash entworfenen <u>Trafalgar Square</u>, in dessen Mitte die Säule (1843) mit einer fünf Meter hohen <u>Skulptur von Admiral Nelson</u> ihren Platz hat.

Der Trafalgar Square wurde um 1840 zur Erinnerung an den Sieg Admiral Nelsons angelegt.

✝ 219 D–F 4/5 ☒ Charing Cross

The Mall
Queen Victoria Memorial: ✝ 219 D4
Clarence House: ✝ 219 D/E5
⊕ www.royalcollection.org.uk
❶ Aug. Mo–Fr 10–16.30, Sa/So bis 17.30 Uhr

🎟 Eintritt nur mit Führung (im Preis enthalten) £ 11.30; Dauer: 45 Min.

Horse Guards
✉ Durchgang Whitehall oder östl. Seite St James's Park
❶ Wachablösung: Mo–Sa 11, So 10 Uhr, außer bei schlechtem Wetter

Nach Lust und Laune!

12 Churchill War Rooms

Fast riecht man Churchills Zigarre, so wie man dank der Audioguides seine raue Stimme hört, während draußen die Bomben fallen und die Sirenen ertönen. Dieses Untergrund-Labyrinth bot dem Kriegskabinett und den militärischen Beratern im Zweiten Weltkrieg eine sichere Zuflucht und wurde mehr als 100-mal benutzt. Heute ist es eine Zeitkapsel, in der die Uhren am 16. August 1945 um 16.58 Uhr angehalten wurden. Man kann den Kartenraum besuchen, den Raum mit dem transatlantischen Telefon, den Kabinettsraum, Churchills Schlafzimmer und ein Museum, das dem großen britischen Staatsmann gewidmet ist.

✝ 219 F4
🚇 Westminster, St James's Park
✉ Clive Steps, King Charles St., SW1
☎ 020 74 16 50 00
🌐 www.iwm.org.uk/visits/churchill-war-rooms
🕐 tgl. 9.30–18 Uhr; letzter Einlass 17 Uhr   🎫 £ 26.35 (online vorbuchen)

13 Royal Academy of Arts

Burlington House aus dem 18. Jh. ist eines der wenigen erhaltenen Herrenhäuser an Piccadilly. Heute beherbergt es ein berühmtes Londoner Kunstmuseum, die Royal Academy. Von Juni bis August findet die jährliche Sommerausstellung statt – und jeder aufstrebende Künstler im Land hofft, dass eines seiner Werke dafür ausgewählt wird. Denn die Royal Academy ist *die* Kunstinstitution schlechthin; seit ihrer Gründung im Jahr 1768 setzt sie sich aus Künstlern und Architekten zusammen. Heute nennen sich ihre auserwählten Mitglieder, die nach wie vor diesen Berufszweigen angehören, Academicians (Akademiker). Zu ihnen gehören derzeit u. a. Antony Gormley, David Chipperfield, Tracey Emin, Wolfgang Tilmans und Thomas Heatherwick.

Am besten finden Sie bei einem Besuch selbst heraus, hinter welchen Exponaten von Studenten der Royal Academy School sich der große Meister von morgen verbirgt.

✝ 217 D1
🚇 Piccadilly Circus, Green Park
✉ Burlington House, Piccadilly, W1
☎ 020 73 00 80 00
🌐 www.royalacademy.org.uk
🕐 Di–So 10–18 Uhr   🎫 £ 10–18

14 Piccadilly & Regent Street

Wenn Sie ein wenig Abwechslung zu den Besichtigungstouren brauchen, nehmen Sie sich Zeit und besuchen Sie einige von Londons exklusivsten Geschäften: Sie finden sie an Piccadilly, St James's und Regent Street (S. 57). Schön altmodisch an Piccadilly sind die Buchhandlung Hatchards und das erstklassige Warenhaus Fortnum & Mason (S. 57). Rechts und links zweigen überdach-

Edles Windowshopping

Wie es schimmert und edel lockt aus all den Auslagen: kostbare Juwelen, handgewebte Kaschmirschals, edle Parfüms – Window-shopping *at its best*! Beim Betreten der ehrwürdigen Einkaufspassage Burlington Arcade (S. 52) umhüllt die Flaneure sogleich Luxus. Warum nicht mal dem wohligen Gefühl nachgeben, sich hier als eine »Grande Dame« zu bewegen, geschützt von den höflichen Herren in Frack und Zylinder?

te Einkaufspassagen ab. Keinesfalls auslassen sollten Sie die Burlington Arcade (S. 51). Die Einkaufsmeile Piccadilly wurde übrigens nach einem Schneidermeister benannt, der im 17. Jh. sein Vermögen mit der Anfertigung von Krägen machte, den sogenannten *picadils*. Heute sind die meisten der hier früher zahlreich ansässigen Schneidereien in den Norden von Piccadilly, in die Savile Row, und nach Süden in die Jermyn Street (S. 57) abgewandert. In dieser Straße sind viele Geschäfte über zwei Jahrhunderte alt. Außerdem finden Sie auf der Regent Street typisch britische Geschäfte wie Burberry und Liberty.

✠ 217 E1
⊕ www.regentstreetonline.com

15 Piccadilly Circus

Während Piccadilly Circus auf der Beliebtheitsskala der Touristen ganz oben steht, wird er von den meisten Londonern als zu belebt und laut abgetan. Piccadilly Circus war Teil des 1819 u. a. nach Plänen des Architekten John Nash verwirklichten, ambitionierten Modernisierungsprojekts dieses Stadtteils und ursprünglich eine runde, von Häuserreihen entsprechend eingekreiste Fläche.

Die Eros-Statue (Abb. S. 182), die eigentlich christliche Nächstenliebe personifiziert und nicht den griechischen Liebesgott darstellt, wurde 1893 zum Gedenken an Anthony Cooper, den siebten Grafen von Shaf-

tesbury (1801–1885), aufgestellt, der sich für die Arbeiter, Armen und geistig Behinderten einsetzte. Diesem ist auch die Shaftesbury Avenue gewidmet, die heute mit mehreren Theatern eine der bedeutendsten Adressen in Londons Theaterwelt darstellt.

Die bekannten dramatischen Effekte der Leuchtreklamen am Platz kommen erst richtig zur Geltung, wenn es dunkel ist.

✠ 217 E1

16 National Portrait Gallery

Eine faszinierende und einzigartige Sammlung von Gemälden, Skulpturen und Fotografien wichtiger Briten aus Gegenwart und Vergangenheit. Die ältesten Ausstellungsstücke stammen aus dem frühen 16. Jh. Monarchen wie Richard III., Heinrich VIII., Elisabeth I. sind hier repräsentiert und viele Mitglieder der heutigen Royal Family, darunter Harry und William. Es sind jedoch Porträts der einfachen Leute, die am meisten beeindrucken. Nehmen Sie

Zeitgenossen in der National Portrait Gallery

sich etwas Zeit für die Bilder von Shakespeare, Jane Austen (von ihrer Schwester gezeichnet) und den Brontë-Schwestern (von ihrem Bruder Patrick) sowie wunderbare Fotografien von Oscar Wilde, Virginia Woolf, Salman Rushdie und Iris Murdoch. Einen Blick verdienen Porträts von Tony Blair und der ehemaligen Premierministerin Margaret Thatcher, aber auch das des Physikers Stephen Hawking.

✠ 217 F1
🚇 Charing Cross, Leicester Square
✉ St Martin's Place, WC2
☎ 020 73 06 00 55
🌐 www.npg.org.uk ● wg. Renovierung geschl. Wiedereröffnung 2023

Decke im Banqueting House: eine Allegorie

17 Banqueting House

Das Banqueting House ist der einzige Teil des alten Whitehall Palace, der nicht dem Feuer von 1698 zum Opfer fiel. Der frühere offizielle Wohnsitz des Monarchen war im frühen 17. Jh. von dem Architekten Inigo Jones gebaut worden; das brillante Deckengemälde des Banqueting House, das Peter Paul Rubens als dekorativen Mittelpunkt schuf, hatte König Karl I. in Auftrag gegeben und es war 1636 fertiggestellt worden. Er zahlte dem Künstler dafür £ 3000, eine zur damaligen Zeit astronomische Summe.

Von einem Fenster des Banqueting House aus bestieg Karl I. am 30. Januar 1649 das davor errichtete Schafott. Er war wegen Hochverrats verurteilt worden.

✠ 220 A2
🚇 Westminster, Embankment
✉ Whitehall, SW1
🌐 www.hrp.org.uk
● bei Redaktionsschluss geschl.; ob 2023 wieder geöffnet wird, ist noch unklar

18 Whitehall

Die von Platanen gesäumte Straße wird von den Regierungsgebäuden flankiert und führt vom Trafalgar Square in südlicher Richtung durch das Herz des Regierungsviertels. In Downing Street, einer Seitenstraße, die durch ein mächtiges Gitter abgeriegelt wird, hat der/die britische Premierminister/-in seinen/ihren offiziellen Wohnsitz, traditionell in Nr. 10. Nr. 11 ist dem Schatzkanzler vorbehalten.

Am Cenotaph in der Mitte von Whitehall, einem Mahnmal für die gefallenen Soldaten, legt König Charles III. am Remembrance Day (11. November) einen Kranz nieder.

✠ 220 A2/3

Wohin zum ...
Essen und Trinken?

Preise für ein Hauptgericht ohne Getränke und Service.

£	unter £ 25
££	£ 25–50
£££	über £ 50

RESTAURANTS

1707 Wine Bar, Fortnum & Mason £

Das Kaufhausrestaurant bietet mehr, als nur die vom vielen Bummeln strapazierten Beine zu entlasten. Hier erwarten Sie neben verschiedenen kleinen Barsnacks britische Austern, gebackene Muscheln, spanischer Schinken und eine gute Auswahl an Käse. Oder Sie genießen einfach einen guten Tropfen an der stylishen Weinbar. Darüber hinaus haben Sie dort die Möglichkeit, einen beliebigen Wein aus der angrenzenden Weinhandlung gegen eine Entkorkungsgebühr (£ 15) zu wählen. Ideal, um vor einem Theaterbesuch zu Abend zu essen.

✢ 217 D1 ⊠ Piccadilly Circus, Green Park
✉ 181 Piccadilly, W1 ☎ 020 77 34 80 40
⊕ www.fortnumandmason.com
⏲ Mo–Sa 12–20, So 12–18 Uhr

45 Jermyn Street £–££

Das Restaurant befindet sich in einer günstigen Lage, will man wichtige Sehenswürdigkeiten erreichen, und verströmt eine moderne, zugleich elegante Atmosphäre. Die Karte wechselt je nach Tageszeit und bietet mal britische Klassiker wie Ei auf Toast, Porridge oder ein Full English Breakfast zum Frühstück, Beef Wellington oder Fisherman's Pie dann am Abend.

✢ 219 D5 ⊠ Piccadilly Circus, Green Park
✉ 45 Jermyn St., SW1
☎ 020 72 05 45 45 ⊕ www.45jermynst.com
⏲ Mo–Fr 7–23, Sa/So ab 8 Uhr

Al Duca £–££

In einer Seitenstraße von St James's serviert man in dieser heiteren, gut besuchten, eleganten und sehr italienischen Oase Mittag- und Abendessen. Der Geschmack Italiens kommt in preisgünstigen Menüs auf den Tisch, z. B. stehen gebratene Kalbsleber mit Salbei auf der Karte, auch Ricotta-Birnen-Tarte mit Schokoladensoße. Ausländische Weine werden hier zu fairen Preisen ausgeschenkt!

✢ 217 E1 ⊠ Piccadilly Circus
✉ 4–5 Duke of York St., SW1
☎ 020 78 39 30 90
⊕ www.alduca-restaurant.co.uk
⏲ Mo–Fr 12–23, Sa 12.30–23 Uhr

Brasserie Zedel £

Etwas versteckt liegt dieses französische Restaurant, das mit Ambiente und Interieur etwas Paris nach London zaubert. Die Speisekarte lockt mit Avocado-Krabbencocktail, Kaninchen in Rotwein, Steak und für Vegetarier mit Pilz-Crêpes. Die Weine kommen aus Frankreich. Verlockend sind auch die Preise: das Zwei-Gänge-Menü für £ 13.

✢ 217 E1 ⊠ Piccadilly Circus
✉ 20 Sherwood St., W1 ☎ 020 773 44 88
⊕ https://www.brasseriezedel.com/brasserie-zedel ⏲ Mo–Sa 12–23, So bis 16 Uhr

Kitty Fishers ££

Das kleine intime Restaurant, schön gelegen am Sheperd Market, bietet britisch inspirierte Küche mit saisonalen Zutaten. Die Kombinationen sind kreativ, wie Schweinekotelett mit Salsa Verde, gegrillte Rotzunge mit Grapefruit und Kohlrabi. Die Desserts, Zitronen-Thymian-Sorbet oder Schokoladentrüffel, möchte man auch probieren. Dazu gibt es eine gut sortierte Weinauswahl und als Aperitif einen frisch gemixten Cocktail. Reservierung empfohlen.

✢ 218 C5 ⊠ Green Park
✉ 10 Shepherd Market, W1
☎ 020 33 02 16 61 ⊕ www.kittyfishers.com
⏲ Di–Sa 12–14.30 und 18–21.30 Uhr

Portrait Restaurant £–££

Das Portrait, 30 m über Trafalgar Square im Obergeschoss der National Portrait Gallery, gehört in puncto Abendessen zu den angesagtesten Adressen Londons. Während Sie über die Houses of Parliament und das London Eye blicken, können Sie u. a. Lammkoteletts mit Ratatouille, Aprikosen-

Cranberry-Couscous und Zitronentarte mit Beerensorbet genießen. Traditionelle Winterklassiker der saisonal wechselnden Karte sind der *shepherd's pie* (Hackauflauf mit Kartoffelbrei) oder Perlhuhn mit Senf-Kartoffelpüree. Für Theatergänger: *pre theatre menu* (Do–Sa 17.30–18.30 Uhr).
✝ 217 F1 🚇 Leicester Square, Charing Cross
✉ St Martin's Place, WC2
🌐 www.npg.org.uk
🕐 wg. Renovierung geschl. Wiedereröffnung voraussichtlich Frühjahr 2023

Sotheby's Restaurant ££
Im Restaurant in der Lobby des Auktionshauses Sotheby's kann man nicht nur lecker frühstücken, sondern sich auch ein Gläschen Wein zum Lunch gönnen oder traditionellen Nachmittagstee einnehmen. Das Publikum aus »Ladies who lunch«, Auktionsbesuchern und Künstlern macht den Ort interessant.
✝ 216 C2 🚇 Bond Street
✉ New Bond St., W1
☎ 020 72 93 50 77 🕐 Mo–Fr 9–17 Uhr

The Ritz £££
Im ehemaligen Ballsaal des Hauses wird der Afternoon Tea serviert. Nicht anders als opulent ist die creme- und goldfarbene Einrichtung im Stil Ludwigs XVI. zu bezeichnen. Aus 18 Sorten Tee wählen die Genießer. Angemessene Kleidung ist erforderlich – wer wäre hier schon gerne underdressed? Eine Reservierung ist notwendig.
✝ 219 D5 🚇 Green Park
✉ Piccadilly, W1
☎ 020 73 00 23 45 🌐 www.theritzlondon.com
🕐 tgl. 11.30–19.30 Uhr, alle 2 Std.

The Wolseley £–££
Der reich verzierte Art-déco-Bau einer früheren Bank bietet ein wunderschönes Ambiente zwischen Marmorsäulen und Kronleuchtern. Selbst fürs leckere Frühstücksmenü sollte man einen Tisch reservieren. Mittags und abends kann man wählen zwischen Hummer oder Steak, Muscheln oder Burger – selbst Schnitzel gibt es auf Wiener oder Holsteiner Art. Auch für Vegetarier ist gesorgt, z. B. mit einem Soufflé Suisse, einem Rote-Beete-Tartar mit Brot oder einem Auberginen-Schnitzel mit Mayfield-Käse.
✝ 219 D5 🚇 Green Park
✉ 160 Piccadilly, W1 ☎ 020 74 99 69 96
🌐 www.thewolseley.com
🕐 Mo–Fr 7–23, Sa 8–23, So 8–22 Uhr

Ein Afternoon Tea im Ritz ist erheblich mehr als schnödes »Teetrinken« …

CAFÉS

Café in the Crypt £–££
Ungewöhnlicher kann ein Ort kaum sein für
ein Restaurant: Die Krypta (18. Jh.) der Kirche St Martin-in-the-Fields zählt wohl zu
den besten Selbstbedienungsrestaurants
der Umgebung. Ihr Augenmerk richtet sie
auf britische Klassiker, wie Pie mit Hühn-
chen oder Gemüse, Backkartoffeln, Sandwiches, Salate. Lecker ist auch der *apple
crumble* (Apfelauflauf). Freitags bis sonntags
kann man nun auch Afternoon Tea bestellen. Reservierung empfohlen. Ausgezeichne-
ten traditionellen englischen Tee gibt es
obendrein. Mittwochs Jazznight ab 19 Uhr.
✛ 220 A3 ☖ Charing Cross, Leicester Square
✉ St Martin-in-the-Fields, Trafalgar Sq.,WC2
☎ 020 77 66 11 58
⊕ www.stmartin-in-the-fields.org
◑ Mo–Sa ab 10, Di, Do, Sa bis 19.30, Mo, Mi,
Fr bis ca. 16, So 11–17 Uhr
✦ Jazznight: £ 14–22

St James's Café £
Das Café liegt sehr schön im Zentrum des
St James's Park mit Blick über den gleichnamigen See, den St James's Lake. Die Karte
verspricht einige herzhafte britische Klassiker, viele Frühstücksvariationen und Kuchen.
Auf der überdachten Terrasse kann man
entspannt seinen Kaffee trinken und die
grüne Landschaft auf sich wirken lassen.
✛ 219 E5
☖ St James's Park, Green Park, Charing Cross
✉ St James's Park, SW1
☎ 020 78 39 11 49 ⊕ www.royalparks.org.uk/
parks/st-jamess-park/food-and-drink/
st-jamess-park-cafe
◑ Sommer 8–19, Winter 9–16 Uhr

BARS UND PUBS

Aqua Kyoto ££
Für den Sundowner-Cocktail ist die Dachterrasse mit grandiosen Ausblicken über
Regent Street und Mayfair an einem Som-
merabend genau richtig. Das Auge isst mit:
Das viel gerühmte japanische Essen in kleinen und großen Sushi- und Tempura-Por-
tionen sowie das Steak vom japanischen
Wagyu-Rind kommt schön dekoriert auf den
Tisch.
✛ 217 D2 ☖ Oxford Circus
✉ 240 Regent St.; Eingang: 30 Argyll St.;
5. Etage; W1B
☎ 020 74 78 05 40 ⊕ http://aquakyoto.co.uk
◑ tgl. 12–14.30 (Sa/So Brunch) und 17–22,
Terrasse bis 24 Uhr

Connaught Bar £££
Die elegante Bar im Connaught Hotel erinnert mit ihrem stylishen Interieur an einen
Luxusliner. Die Cocktailpreise sind dem edlen Ambiente angepasst. Dennoch: Den Mar-
tini sollte man probieren, wird er doch stilvoll eigens auf einem Trolley serviert. Ein
wenig diskreter ist die Coburg Bar, und wer
Hunger verspürt, kann in einem der beiden
Restaurants gut speisen. Die Wege sind kurz,
denn sie befinden sich alle im gleichen Haus.
✛ 216 C1 ☖ Bond Street
✉ Carlos Place, W1K
⊕ www.the-connaught.co.uk
◑ Mo–Sa 16–1 Uhr

The Clarence £
Das Pseudo-Tudor-Design mit Sesseln,
Bänken, Holzbalken und robusten Tischen
macht die Gemütlichkeit dieses traditionellen Pubs aus. In der oberen Etage kann man
klassisch britisch tafeln mit Fish & Chips,
Steak und Ale Pie, Apple Crumble und Sticky
Toffee Pudding. Gegen den kleinen Hunger
greift man unten eher zum Scotch Egg oder
einem Sandwich.
✛ 220 A3 ☖ Charing Cross, Embankment
✉ 53 Whitehall, SW1
☎ 020 79 30 48 08
⊕ www.theclarencewhitehall.com
◑ Mo–Sa 11–23, So 12–22.30 Uhr

The Footman £–££
Bereits seit 1749 gibt es diesen Pub, der
nach den Dienern (»Footman«) der exklusiven Mayfairhäuser benannt wurde, die hier
verkehrten. Auf drei Etagen trinkt man sein
Pint oder einen Wein und isst im ruhigeren
Speiseraum traditionell Britisches, wie Fish &
Chips, Pies, Steak und Sticky Toffee Pudding.
✛ 216 C1 ☖ Green Park
✉ 5 Charles St., W1 ☎ 020 74 99 29 88

The Red Lion £–££

Versteckt in einer kleinen Gasse abseits der Pall Mall liegt der historische Pub. Dank seiner Lage gegenüber dem St James's Palace war er bereits bei Königen wie Heinrich VIII. beliebt, angeblich existiert er bereits seit dem 17. Jh. Mit dunklem Holz und Buntglasfenstern wirkt der kleine Raum einladend. Pint oder Whiskey schmecken gut.

⚓ 219 D/E5 🚇 Green Park
✉ 23 Crown Passage, SW1Y
☎ 020 79 30 41 41
🌐 https://www.facebook.com/RedLion CrownPassage
🕐 Mo–Sa 11–23 Uhr

Wohin zum … Einkaufen?

SAVILE ROW UND JERMYN STREET

Beide Straßen sind für Geschäfte mit hochwertiger Herrenbekleidung bekannt (🚇 Piccadilly Circus). Savile Row steht synonym für maßgeschneiderte Kleidung. **Henry Poole** (Nr. 15, https://henrypoole.com) wurde 1806 gegründet,

Richard Anderson fast 200 Jahre später (Nr. 13; www.richardandersonltd.com). Die Jermyn Street hat das Monopol auf die Fertigung von Herrenhemden. Versuchen Sie es bei **Turnbull & Asser** (Nr. 71–72, www.turnbullandasser.co.uk) oder bei **Hilditch & Key** (Nr. 73, www.hilditchandkey.co.uk).

Falls diese Adressen oberhalb Ihrer Preisvorstellungen liegen, versuchen Sie Ihr Glück bei anderen Artikeln, beispielsweise in der **Parfümerie Floris** (Nr. 89, www.floris london.com) oder bei **Paxton & Whitfield**, das rund 150 Käsesorten anbietet (Nr. 93, www.paxtonandwhitfield.co.uk).

REGENT STREET

Die Regent Street (🚇 Piccadilly Circus, Oxford Circus) bietet in ihren Läden einen Mix

Hartkäse, Blauschimmel, Rotschmiere – das Käsespektrum bei Paxton & Whitfield ist immens.

aus Alt und Neu, aus einheimischen und internationalen Marken. Die Fassade im Tudorstil zum einen und die angebotenen feinen Stoffe und Mode im Innern zum anderen machen den unverwechselbaren Charme des wunderschönen Kaufhauses **Liberty** (Nr. 210–220, www.liberty.co.uk) aus.

Im **Hamleys** (Nr. 188–196, www.hamleys. com) einem der weltgrößten Spielwarengeschäfte, erfreuen sich vor allem Kinder an Spielwaren auf sieben Etagen und den wechselnden Zaubershows, z. B. der Piratenparty. Der **Apple Store** (Nr. 235, www.apple.com) bietet seinen Fans neue Technologie.

In den Seitenstraßen östlich der Regent Street, z. B. der **Carnaby Street** (S. 174), lässt sich ebenfalls gut Mode einkaufen, z. B. bei **IKKS** einem Label mit Mode für Damen, Herren und Kinder (3–4 Carnaby St, www. ikks.com).

PICCADILLY

Das **Fortnum & Mason** (www.fortnumand mason.com) in der Straße Piccadilly Nr. 181 ist eine Londoner Institution, bekannt für

Allies – Bronzestatuen von Franklin D. Roosevelt und Winston Churchill in der Bond Street

seine Lebensmittelabteilung und den schönen Teesalon. Die Buchhandlungen Hatchards (Nr. 187, www.hatchards.co.uk) und Waterstones (Nr. 203–206, www.waterstones.com) bieten viel Lesestoff.

OXFORD STREET

Auf der bekanntesten Einkaufsstraße des Vereinigten Königreichs herrscht sieben Tage die Woche reges Treiben. Shoppingbegeisterte Teenager können hier durch die Läden bummeln und werden vielleicht eher bei den Geschäften Richtung Osten und Tottenham Court Road fündig, wo mehr Shops im Billigpreissegment angesiedelt sind. Mittig liegt Oxford Circus und in westlicher Richtung sind eher Warenhäuser angesiedelt (☒ Oxford Circus, Bond Street oder Marble Arch).

Uniqlo, ein japanisches Label, mit bezahlbarer Mode, zum Teil von namhaften Designern entworfen (170 Oxford St., www.uniqlo.com/uk/en). Rechter Hand vom Oxford Circus bietet NikeTown alles, was das Sportlerherz begehrt (Nr. 236, www.nike.com/gb).

Westlich davon verkauft John Lewis (Nr. 300, www.johnlewis.com) Mode,

Haushaltswaren und Küchenutensilien zu fairen Preisen.

Die spanische Modemarke Zara (Nr. 333/ Ecke New Bond St.) wartet mit preisgünstiger Mode auf. Alles, was das Merchandising bietet: Im Disney Store in Hausnummer 350 werden nicht nur Kinder fündig (www.disneystore.co.uk).

Selfridges (Nr. 400, www.selfridges.com) zieht Kosmetik- und Modebegeisterte an. Vom Friseur oder mit einer Schultermassage kann man sich verwöhnen lassen oder in einem der Restaurants essen, z. B. auf der Dachterrasse. Nebenan hat Marks & Spencer (Nr. 458, Marble Arch, www.marksandspencer.com) hochwertige Kleidung zu angemessenen Preisen im Angebot.

NAHE OXFORD STREET

In der South Molton Street, südlich der Oxford Street, werden v. a. Frauen in der Boutique Browns (Nr. 23–27, www.brownsfashion.com) fündig: Mode, Accessoires, Schuhe und Taschen. Wenige Schritte weiter birgt Gray's (58 Davies St. und 1–7 Davies Mews, www.graysantiques.com) rund 200 Antiquitätenläden, die auf zwei benachbarte

Filialen verteilt sind. Nördlich der Oxford Street ist der **St Christopher's Place** (www.stchristophersplace.com) eine gute Bummeladresse für Mode, Schmuck und Beauty.

BOND STREET

Nobel und teuer! Von Piccadilly bis Oxford Street reihen sich an der Bond Street oder in direkter Nähe (Ⓤ Bond Street, Piccadilly Circus, Green Park, Oxford Street) internationale Toplabels.

Asprey verspricht Glanz: mit Silber, Schmuck, Glas, Lederwaren und Porzellan (36, Bruton St., www.asprey.com). Weiter die Straße hinauf vereint **Fenwick** (Nr. 63, www.fenwick.co.uk) mehrere Modelabels unter einem Dach, darunter auch das lässig-schicke Brit-Design von **Joseph** (www.joseph.co.uk).

Die exklusiven Läden der Nebenstraßen wie der **Conduit Street** lohnen einen Besuch, wenn man den entsprechenden Geldbeutel mitbringt.

Wohin zum ... Ausgehen?

CLUBS UND MUSIK

Im **Be at One** (Lansdowne House, 59 Berkeley Sq., www.beatone.co.uk/berkeley-square-mayfair) legt samstags ein DJ auf (bis 3 Uhr). **100 Club** ist ein Kultclub des Rock'n' Roll (100 Oxford St., www.the100club.co.uk, Ⓤ Oxford Circus), in dem viele Musik-Legenden auftraten. Das **Heaven** (Under The Arches, Villiers St., https://heaven-live.co.uk) ist ein Gay Club.

KINOS UND THEATER

Arthaus-Filme bieten das **Curzon Mayfair** (38 Curzon St.), **ICA** (The Mall) sowie **Prince Charles** (7 Leicester Place). Das **Criterion Theatre** (www.criterion-theatre.co.uk) ist eines der wenigen unabhängigen Theater hier.

Haymarket am Piccadilly Circus – mitten im abendlichen Londoner Leben

Ob tagsüber geschäftig, ob am Abend ruhig im städtischen
Lichterglanz – die City hat immer ihren Reiz.

Die City

Zwischen aufregend moder-
ner Architektur finden sich
in dem Finanzzentrum von
Welt alte Kirchen, enge
Gassen und bunte Märkte.

Seite 60–87

Erste Orientierung

Geschäftiges Treiben herrscht werktags in der City of London, dem wirtschaftlichen Mittelpunkt der Hauptstadt. Hier residieren Banken, Firmenzentralen und Versicherungen in Glas und Stahl.

Die moderne City befindet sich auf dem Gebiet der ehemaligen römischen Siedlung Londinium. Historisch gesehen hatte die City von jeher eine Sonderstellung. Als Eduard der Bekenner 1042 seinen Palast von der City of London nach Westminster verlegte, behielt die City einige ihrer Privilegien und sicherte sich im 14. Jh. das Recht, ihren eigenen Bürgermeister und Rat zu wählen. Selbst der Monarch war nicht befugt, die City ohne ausdrückliche Genehmigung zu betreten. Die Corporation of London verwaltet heute den Stadtteil; die Ratssitzungen werden in der Guildhall abgehalten.

Große Teile der mittelalterlichen Stadt waren 1666 dem Großen Feuer (Great Fire, S. 18) zum Opfer gefallen. Im darauffolgenden Bauboom wurde der Architekt Sir Christopher Wren mit der Errichtung von über 50 Kirchen beauftragt, von denen die berühmteste St Paul's Cathedral ist. Auch Kultur und unterschiedlichste Museen haben hier heute ihren Platz.

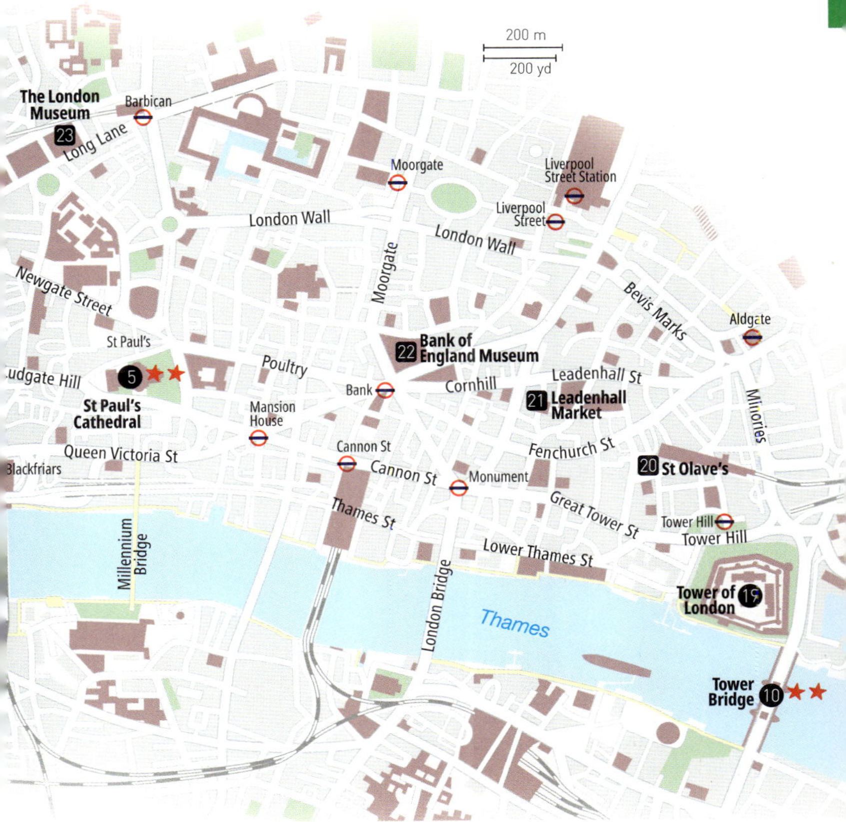
200 m
200 yd
The London Museum
23 Long Lane
Barbican
Moorgate
Liverpool Street Station
Liverpool Street
London Wall
London Wall
Moorgate
Bevis Marks
Aldgate
Newgate Street
St Paul's
22 Bank of England Museum
Poultry
Cornhill
Leadenhall St
21 Leadenhall Market
udgate Hill
5 St Paul's Cathedral
Bank
Mansion House
Minories
Queen Victoria St
Cannon St
Cannon St
Fenchurch St
20 St Olave's
Blackfriars
Monument
Great Tower St
Thames St
Tower Hill
Tower Hill
Millennium Bridge
Lower Thames St
London Bridge
Thames
Tower of London 19
Tower Bridge 10

Mein Tag
zwischen Mittelalter & Moderne

Am Nabel von London, der City, könnten die baulichen Kontraste kaum größer sein. Wie wär's mit einem Spaziergang zu Architektur und Atmosphäre im alten neuen London?

9 Uhr: Start im Meisterwerk – St Paul's Cathedral

Wie mag sich Prinzessin Diana gefühlt haben, als sie damals Prinz Charles in ❺ ★★ St Paul's Cathedral (S. 70) heiratete? Fühlte auch sie sich klein angesichts der monumentalen Größe dieses Kirchenschiffs?

Nehmen Sie sich etwas Zeit, damit Sie die spezielle Atmosphäre dieses gewaltigen Gotteshauses spüren. Vielleicht lassen Sie den Raum erst einmal auf sich wirken. Wenn Sie dann durchs Mittelschiff schreiten, bleiben Sie am besten in der Vierung stehen, richten den Blick nach oben … Dann geht es Ihnen sicher wie vielen Besuchern: Sie können nicht anders als staunen! Was für ein Blick hinauf

11.30 Uhr: Zwischen gestern und morgen
Moorgate
Liverpool Street Station
9 Uhr: Start im Meisterwerk – St Paul's Cathedral
Newgate Street
Start
9 Uhr
11.30 Uhr
Twentytwo
The Leadenhall Building
St Mary Axe
The Gherkin
St Andrew Undershaft
Ludgate Hill
22
Bank
Royal Exchange
Cornhill
The Scalpel
Willis Building
Lloyd's Building
5
Queen Victoria St
21
Fenchurch St
Cannon St
Monument
20 Fenchurch St
13 Uhr
Thames
13 Uhr: Hoch hinaus – Ausblick vom Sky Garden
16.30 Uhr: Perücken, Talare und ein Konzert

Gute Nachbarschaft: Leadenhall Building, St Andrew Undershaft Church und »The Gherkin« (oben). Vom Sky Garden des 20 Fenchurch Street (rechts) behalten Sie palmenumstanden den Überblick.

in die 111 m hohe Kuppel! Falls Sie Höhe gut vertragen, erklimmen Sie sie über drei Galerien und haben einmalige Ausblicke und ein atemberaubendes Panorama auf die Stadt. In der Krypta der Kirche ruhen übrigens solch bedeutende Briten wie Christopher Wren, die Maler John Constable und William Turner. Ein Cappuccino im Café nebenan tut jetzt gut, um wieder ins Heute zu gelangen.

11.30 Uhr: Zwischen gestern und morgen

Und nun in die spannende Welt des Business: Die Queen Victoria Street führt in östlicher Richtung zunächst zur Royal Exchange mit den imposanten Säulen. Können Sie sich die hektischen Händler auf dem Parkett der ehemaligen Börse vorstellen? Die 22 Bank of England nebenan setzte übrigens den Grundstein für das moderne Bankwesen.

Sie schlendern lässig weiter und betrachten, was London in Sachen Hochhaus-Architektur zu bieten hat: In diagonaler Neigung ragt The Leadenhall Building (122 Leadenhall St., 225 m, 2014) auf, dahinter The Twentytwo (22 Bishopsgate, 2020, 278 m) und gegenüber wirkt das Lloyd's Building (1 Lime St., 95 m, 1986), von Richard Rogers für die Versicherungsgruppe entworfen,

fast klein. Das Besondere: die nach außen gekehrten Heizungsrohre, Fahrstühle etc.

Die fast 500 Jahre alte Kirche St Andrew Undershaft schräg gegenüber, wirkt wie aus der Zeit gefallen vor Norman Fosters gläserner »Gurke« (The Gherkin, 30 St. Mary Axe, 180 m, 2004). Er entwarf auch das gestufte Willis Building (Lime St., 125 m, 2008), das nun etwas versteckt hinter dem gläsernen Turm The Scalpel (Skalpell, 52 Lime St., 2018, 190 m) steht.

Von hier sehen Sie schon das nächste Ziel: das nach oben auskragende Haus 20 Fenchurch Street (160 m, 2014), auch bekannt als Walkie-Talkie. Auf dem Weg dorthin durchqueren Sie **21** Leadenhall Market (S. 82). Im stilvollen Ambiente der viktorianischen Markthalle können Sie etwas verschnaufen.

13 Uhr: Hoch hinauf – Ausblick vom Sky Garden

Das kostenlose Ticket haben Sie bereits vorgebucht und schon sausen

Sie im Aufzug in die obersten Etagen des bemerkenswerten Hochhauses 20 Fenchurch Street (Eingang Philpot Lane). Dessen obere Stockwerke sollten Sie nicht auslassen: Denn eine angenehme Pause genießen Sie im Sky Garden, einem wunderbaren glasumsäumten Garten mit Palmen und Baumfarnen, mit freier Sicht auf die Themse und The Shard, die Brücken im Westen, die Tower Bridge, den alten Tower und die Hochhäuser aus den 1990er-Jahren von Canary Wharf. Eine Stunde haben Sie Zeit, Kaffee und Kuchen zum Beispiel in der Skypod Bar zu genießen, bevor Sie den Aussichtsplatz den nächsten Gästen überlassen müssen.

14.30 Uhr: Die Augen bezaubern lassen

Statt Straßenpflaster nun U-Bahn-Tunnel: Von »Monument« fahren Sie bis »Temple« und gelangen in wenigen Gehminuten zum 26 Somerset House (S. 85). In der Courtauld Gallery im Nordflügel erwartet sie der wohl schönste Kontrast zur modernen Architektur: (post-)

Faszinierend hoch: die Vierungskuppel in St Paul's (ganz links). Durch die Gassen des Temple-Bezirks (Mitte oben) erreichen Sie das Ziel britischer Begierde – Schwarztee von Twinings (Mitte unten). Im Old Cheshire Cheese Pub (oben) werden Gäste freundlich empfangen.

impressionistische Kunst. Wie leichtfüßig und zart die »Tänzerinnen« sind, die Degas aufs Papier brachte!

16.30 Uhr: Perücken, Talare und ein Konzert

An der Themse entlang ist es ein kurzer Weg zu den Bezirken von **24** Inner und Middle Temple (S. 83). Die grünen Gärten und Kopfsteinpflaster zwischen den roten Backsteingebäuden atmen 700 Jahre Rechtswissenschaft. In den Gassen sehen Sie Leute Kartons mit Akten schleppen, huschen schwarze Talare vorbei und in einem Shop werden Anwaltsperücken verkauft. Vielleicht besuchen Sie die Temple Church (S. 83) zu einem Konzert?

17.30 Uhr: Tea Time in London

Wenn Sie den Temple-Bezirk an The Strand verlassen, sind Sie schon am Twinings Tea Shop (S. 87) angekommen, der hier seit 1717 existiert. Frönen Sie dem Lieblingsgetränk der Briten: Ausgesuchte schwarze Tees dürfen Sie sich aufbrühen lassen und probieren.

19.15 Uhr: Auf ein Pint!

Nach wenigen Minuten haben Sie den urigen Ye Old Cheshire Cheese Pub (S. 87) erreicht. Hier tafelte schon Mark Twain und Sherlock-Holmes-Autor Sir Arthur Conan Doyle trank sein Pint. Genau der richtige Ort, um den an Londoner Geschichte und Aktualität reichen Tag ausklingen zu lassen.

❺ ★★ St Paul's Cathedral

Nach wie vor ist die mächtige Kuppel der Kathedrale ein Wahrzeichen Londons. Zu verdanken ist der Bau Sir Christopher Wren, der ihn im 17. Jh. auf die Grundmauern des beim Großen Feuer 1666 zerstörten Vorgängerbaus setzte.

Fast ein wenig unbedeutend fühlt man sich beim Betreten des Doms, denn überwältigend ist sein Ausmaß. Der schwarz-weiß gefliese Boden ist in der Vierung mit einem komplizierten Kompassmuster gestaltet. Legen Sie den Kopf in den Nacken und schauen hoch ins Kuppelrund, so erkennen Sie unterhalb der Fensteröffnungen die Whispering Gallery und die Fresken (1716–1719) zum Leben des hl. Paulus. Ende des 19. Jhs. kamen die schimmernden Mosaiken mit biblischen Szenen hinzu. Holzschnitzkunst vom Meister seiner Zeit (17. Jh.), Grinling Gibbons, ziert das Chorgestühl aus Lindenholz. Gleichzeitig schuf der Hugenotten-Flüchtling Jean Tijou die schmiedeeisernen Gitter. Erst 1958 wurde der kunstvolle Baldachin über dem Altar nach Zeichnungen von Wren fertiggestellt.

»Lector, si monumentum requiris, circumspice« (Leser, wenn Du ein Denkmal suchst, blicke um dich) – Inschrift am Grabmal Wrens

Hoch hinaus und tief hinab: zu den Galerien und der Krypta

257 Stufen steigen Sie über die Triforiumsgalerie hinauf zur Whispering Gallery, von der aus Sie 30 m hinab auf jene Stelle blicken, an der Sie soeben noch nach oben staunten. Probieren Sie ruhig das Wispern aus, denn was hier gesagt wird, ist auf der gegenüberliegenden Seite zu hören. Von der Basis bis zum Kreuz misst die Kuppel 111 m, was 365 Fuß

entspricht, also einem Fuß für jeden Tag des Jahres. Bis zur Stone Gallery (53 m) sind es nochmal 119 Stufen und bis ganz nach oben zur Golden Gallery (85 m) müssen Sie weitere 152 Stufen emporklettern. Beide Galerien erlauben einen majestätischen Blick auf London.

Unter der Kathedrale befindet sich Europas größte Krypta mit Gräbern berühmter Persönlichkeiten, darunter ist das des 1852 verstorbenen Herzogs von Wellington. Dessen verzierter Leichenwagen war aus Geschützen gefertigt und musste von einem Dutzend Pferde gezogen werden.

Fenster und Säulen, Friese und Galerien: St Paul's Cathedral ist reich verziert.

KLEINE PAUSE

Im **Café Paul** direkt neben der Kathedrale gibt es herzhaft belegte Sandwiches und köstliche Patisserie (S. 86).

✝ 221 E4
🚇 St Paul's
✉ Ludgate Hill, EC4
☎ 020 72 46 83 50
🌐 www.stpauls.co.uk
🕐 Mo/Di, Do–Sa 8.30–16.30, Mi ab 10 Uhr; letzter Einlass 16 Uhr
💷 £ 18 (außer zu Gottesdiensten am So)

ℹ im Preis inklusive: Audioguide, 20- bis 30-minütige Tour zu Geschichte und Architektur (mehrmals tgl.) sowie eine Tour (90 Min., engl.) mehrmals 11–15 Uhr; eine Tour in die Triforiumsgalerie an ausgewählten Terminen kostet zusätzlich £ 10 und muss online gebucht werden. Besonders sind die »gesungenen« Gottesdienste (www. stpauls.co.uk/choral -evensong-at-st-pauls, Mo–Sa 17, So 11.30, 15.15 Uhr, Aushänge beachten oder online prüfen)

Wrens Vermächtnis

Der Katastrophe des Großen Feuers von 1666 ist der Neubau der Kathedrale mit der großen Kuppel zu »verdanken«. Die niedergebrannte Old St Paul's musste ersetzt werden. Trotz aller Hindernisse konnte Sir Christopher Wren seinen kühnen Plan umsetzen und hinterließ dieses architektonische Vermächtnis.

❶ Türme 47 m hoch sind die Türme; im linken hängen 12 Glocken, im rechten die 1882 gegossene »Great Paul«, mit 16,5 t Gewicht die größte Glocke Englands. Sie wird nur bei größeren Gottesdiensten manuell geläutet.

❷ Kirchenschiff 170 m lang ist der gesamte Kirchenbau, im Querschiff 75 m breit. Von dessen Mittelpunkt, der Vierung, unbedingt einen Blick nach oben in die Kuppel werfen: überwältigend!

❸ Kuppel Von der Basis bis zum Kreuz ist die Kuppel 111 m hoch. Zwei Galerien, Stone und Golden Gallery, eröffnen herrliche Ausblicke auf die Kirchenbasis.

❹ Whispering Gallery 33 m über dem Boden bietet die Flüstergalerie einen tollen Blick auf die Kuppelmalerei und das einzigartige Phänomen, dass man auf der gegenüberliegenden Seite jedes Wort hört, das hier gegen die Wand geflüstert.

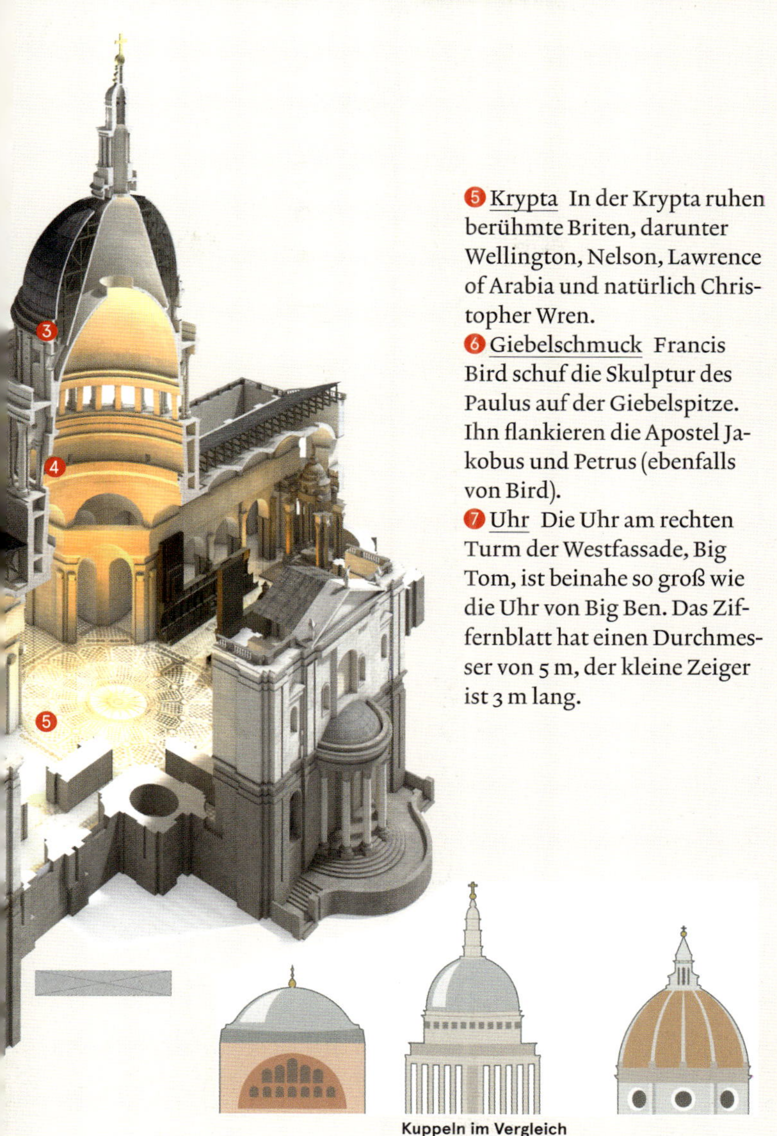

5 <u>Krypta</u> In der Krypta ruhen berühmte Briten, darunter Wellington, Nelson, Lawrence of Arabia und natürlich Christopher Wren.

6 <u>Giebelschmuck</u> Francis Bird schuf die Skulptur des Paulus auf der Giebelspitze. Ihn flankieren die Apostel Jakobus und Petrus (ebenfalls von Bird).

7 <u>Uhr</u> Die Uhr am rechten Turm der Westfassade, Big Tom, ist beinahe so groß wie die Uhr von Big Ben. Das Ziffernblatt hat einen Durchmesser von 5 m, der kleine Zeiger ist 3 m lang.

Kuppeln im Vergleich

Hagia Sophia (537 n. Chr.) Istanbul (Türkei). Kuppeldurchmesser: 31 m

St Paul's Cathedral (1708) London (Großbritannien) (1436). Kuppeldurchmesser: 34 m

Santa Maria del Fiore Florenz (Italien). Kuppeldurchmesser: 42 m

❿ ★★ Tower Bridge

Wer kennt sie nicht, die berühmte Brücke Londons mit ihren neugotischen Türmchen und den blau-weißen Ketten? Millionenfach wurde sie fotografiert. Erst seit gut einem Jahrhundert ist die Tower Bridge in Betrieb, und doch ist sie ein technisches Wunderwerk ihrer Zeit: Sie ist sowohl für den Busverkehr als auch für Schiffspassagen konstruiert. Wie das geht – nun, dazu sollten Sie das Schauspiel aus der Nähe betrachten.

»Girl with a Dolphin«: Die Skulptur am Themseufer ist ein toller Fotospot.

Viktorianische Ingenieurskunst: Die beweglichen mittleren Brückenteile klappen für die Durchfahrten von Schiffen mit hohen Masten auf (S. 76). Dann wird der Straßenverkehr auf der Brücke normalerweise gestoppt. Normalerweise ... denn 1952 musste ein voll besetzter Doppeldeckerbus richtig Gas geben; er war schon auf der Fahrbahn, als die Brücke sich öffnete. In voller Fahrt sprang der Bus über die klaffende Lücke auf die andere Seite. Niemand wurde verletzt! Der Busfahrer war von den Brückenwächtern falsch informiert worden.

Geniale Konstruktion

Die Tower Bridge war im 19. Jh. ersonnen worden, damit die Stadt den zunehmenden Verkehr zu Lande und zu Wasser bewältigte. Die London Bridge war damals die am weitesten im Osten der Stadt stehende Brücke, aber mehr als ein Drittel der Bevölkerung wohnte noch weiter östlich.

Die neue Brückenkonstruktion musste für Schiffe passierbar sein, die zum oberen Hafenbecken gelangen wollten, wo Waren aus allen Winkeln des britischen Empire umgeschlagen wurden. Aus der Zusammenarbeit des Architekten Horace Jones und des Ingenieurs John Wolfe Barry war nach acht Jahren Bauzeit schließlich die 244 m lange Zugbrücke entstanden.

Die Tower Bridge Exhibition mit Objekten, Filmen und Fotografien zeigt die Geschichte, den Bau und den Unterhalt der Brücke. Aufregend ist es, über die Glasbodenbrücke in luftiger Höhe vom Nordturm zum Südturm zu spazieren und danach in den früheren Maschinenraum mit dem Brücken-Hebemechanismus hinabzusteigen.

✛ 222 C3
🚉 Tower Hill, London Bridge
☎ 020 74 03 37 61
🌐 www.towerbridge.org.uk
🕐 tgl. April–Sept. 10–18, Okt.–März

9.30–18 Uhr; letzter Einlass 1 Std. vor Schließung; 90-minütige Tour Sa/So, £ 25 (Eintritt inkl.); Brückenöffnung siehe Website
🎫 £ 11.40

Meisterwerk der Ingenieurskunst

Einmal sollte man dabei sein, wenn die Brücke hochklappt. Einen Termin zu finden ist ganz einfach, denn Zeiten und Schiffsnamen stehen auf der Website der Tower Bridge.

❶ Nordturm Wie sein Pendant ist der Nordturm 65 m hoch und steht auf einem 71 120 t schweren Pfeiler – zur Bauzeit waren dies die schwersten der Welt. Heute ist hier der Eingang zur Brückenausstellung (Bridge Exhibition).

❷ Verbindungssteg Er verläuft in 33,5 m Höhe über der Fahrbahn und 42,4 m über dem mittleren Hochwasser. 1912 flog Frank McClean mit einem Doppeldecker zwischen Steg und Brücke hindurch.

❸ Südturm Im Südturm zeigt die Ausstellung den Alltag der Menschen, die die Brücke bauten.

❹ Stahlskelett Jeder Turm besteht aus einem mit Mauerwerk verkleideten Stahlskelett. Insgesamt wurden für die Brücke 11 481 t Stahl und Eisen sowie 37 477 t Beton, 20 320 t Zement, 29 696 t Ziegelsteine und 30 480 t Natursteine verbaut – nicht zuletzt, damit sie mit dem nahe gelegenen Tower of London optisch eine Einheit bildet.

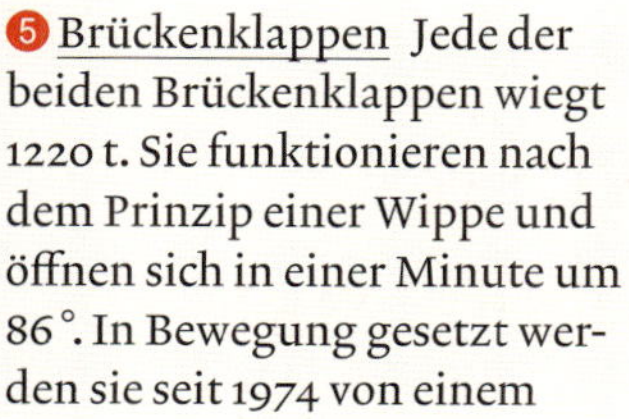

⑤ Brückenklappen Jede der beiden Brückenklappen wiegt 1220 t. Sie funktionieren nach dem Prinzip einer Wippe und öffnen sich in einer Minute um 86°. In Bewegung gesetzt werden sie seit 1974 von einem elektrohydraulischen System, das die ursprüngliche Dampfhydraulik ersetzte.

⑥ Durchfahrt Bei geöffneten Klappen können Schiffe bis 10 000 BRT die 61 m breite Durchfahrt passieren.

⓳ Tower of London

<table>
<tr><td>Warum?</td><td>1000 Jahre englische Geschichte</td></tr>
<tr><td>Was?</td><td>Die Kronjuwelen der Monarchen</td></tr>
<tr><td>Wie lange?</td><td>Einen halben Tag</td></tr>
<tr><td>Wann?</td><td>Morgens, werktags, außerhalb der englischen Schulferien</td></tr>
<tr><td>Was noch?</td><td>Den Gruselfaktor im Bloody Tower erleben</td></tr>
<tr><td>Was nehme ich mit?</td><td>Ein Schmuckstück aus dem Jewel House Shop und ein schauriges Gefühl vom grausamen Mittelalter</td></tr>
</table>

Hier kommen Sie der herrschaftlichen wie kriegerischen Vergangenheit Englands sehr nahe, denn die Burg war Palast, Hinrichtungsstätte, Gefängnis, Waffenlager, königliche Münzanstalt und Schatzkammer. Noch heute wird die steinerne Anlage gut bewacht, auch von Raben.

Diamonds are a Girl's Best Friend

Der frühe Vogel fängt den Wurm ... das gilt vor allem für den Besuch des Towers, um dem Ansturm der Besuchermassen zu entgehen. Das erste Ziel sollte das Jewel House sein: Lassen Sie sich beeindrucken von der Pracht an Kronen, Juwelen und Edelsteinen! Es glitzert und funkelt. Und damit man nicht in Versuchung gerät, sich den Gold- und Silberstücken zu lange zu widmen, sorgt ein Transportband für das zügige Weiterkommen der Besucher.

Schenken Sie der Eduardskrone von 1661 besondere Aufmerksamkeit, denn sie ist seither Teil der Krönungsinsignien der englischen Monarchen. Königin Viktorias Halskette war mit einem tropfenförmigen Lahore-Diamanten geschmückt.

Am besten bekannt ist wohl die Imperial State Crown, die von der Queen bei der feierlichen Parlamentseröffnung im November getragen wurde. Hier funkeln 2868 Diamanten, 17 Saphire, 11 Smaragde, 5 Rubine und 273 Perlen um die Wette. Die Platinkrone mit dem wunderbaren Koh-i-Noor-Diamanten, der nur für Frauenkronen verwendet wurde, da er Männern wohl Unglück brachte, gehörte bereits der verstorbenen Queen Mum.

Im Jewel House Shop können Sie ein Replikat der Krönungskette von Königin Elisabeth II. kaufen.

Der Tower nimmt auf dem Grundriss eines verschobenen Fünfecks eine Fläche von etwa fünf Fußballfeldern ein.

Eine Festung aus dem Mittelalter mitten in der City (oben). Die Beefeater (links) führen unterhaltsam durch den Tower.

Normannisches Erbe

Ältester Teil und Herzstück der Festung ist der White Tower. Wilhelm der Eroberer ordnete den Bau 1078 an, bei dem man sich an den Grundrissen der Burgen in Frankreich und Deutschland orientierte. Um 1100 wurde er fertiggestellt und ist seit über 900 Jahren unverändert. Hier kommen Sie der grausamen Vergangenheit Englands näher. Im Keller wurden Guy Fawkes – 1605 hatte er mit anderen Verschwörern versucht, das Parlament in die Luft zu sprengen – und andere Gefangene gefoltert. Hier fand man auch die Skelette zweier Prinzen (S. 80). Rüstungen Heinrichs VIII. und Karls I. sind hier zu sehen und Beil und Block – Utensilien bei Enthauptungen auf dem Tower Green.

Die Chapel of St John ist eines der am besten erhaltenen normannischen Baudenkmäler (11. Jh.). Etwa aus der gleichen Zeit stammen auch die *garderobes* – eine Art Toiletten.

Todesstätte für Privilegierte

Das idyllische Grün des Tower Green trügt: Der Platz war Hinrichtungsstätte sieben hochrangiger Gefangener, die berühmtesten unter ihnen waren Anne Boleyn und Catherine Howard, die zweite bzw. fünfte Frau von Heinrich VIII. Verurteilte aus dem niederen Volk traf ein langsamerer Tod auf dem nahe gelegenen Tower Hill.

Grausige Vergangenheit

Die beiden jungen Prinzen, Eduard V. und Richard von Shrewsbury, die Söhne von Eduard IV., gaben dem Bloody Tower den Namen. Sie waren für illegitim erklärt worden

und nach dem Tod des Vaters in den Schutz ihres Onkels Richard, des Herzogs von Gloucester, gestellt worden. Die Jungen verschwanden jedoch auf mysteriöse Weise und in ihrer Abwesenheit bestieg ihr Onkel als König Richard III. den Thron. 200 Jahre später fand man die Gebeine zweier Jungen, von denen angenommen wird, dass es sich um die Prinzen handelt – im White Tower. Sir Walter Raleigh, Forschungsreisender und Philosoph, angeklagt wegen Verrats an König Jakob I., saß auch im Bloody Tower ein. Er verbrachte die Zeit unter menschenwürdigen Umständen und konnte hier die »History of the World« (1617) verfassen.

Vor Waffen strotzen – veranschaulicht wird die Redewendung im Museum des White Tower.

Geschichte hautnah

Durch das berüchtigte Traitors' Gate (Tor der Verräter), dem Zugang zum Tower vom Fluss her, mussten viele Gefangene auf dem Weg zu ihrer Hinrichtung gehen. Darüber liegt der St Thomas Tower, der zusammen mit dem Lanthorn und Wakefield Tower den mittelalterlichen Wohnpalast bildete. Im Schlafzimmer von Eduard I. fällt das große Bett auf – es bot dem langbeinigen König Platz. Im Thronsaal Eduards I. steht eine Replik des Krönungssessels aus der Westminster Abbey. Wenn Sie anschließend auf dem Wall Walk auf der Südseite des Towers entlanggehen, haben Sie einen schönen Blick auf die Tower Bridge (S. 74).

Zweibeinige Fleischfresser

Der Legende nach sollen das Königreich und der Tower untergehen, wenn die sechs im Tower lebenden Raben diesen verlassen. Seitdem wohnen immer sieben Raben im Tower, sechs plus ein Reservevogel. Allen sind die Flügel gestutzt, damit sie nicht wegfliegen können. Dafür werden sie von einem Ravenmaster gehätschelt und bekommen rohes Fleisch und Vogelkekse zu fressen.

Auch die uniformierten Wachen des Towers, die Yeoman Warders, sind »Fleischfresser«. Sie werden als Beefeater bezeichnet, weil sie angeblich vom Tisch des Königs so viel Rindfleisch essen durften, wie sie wollten. Heute gibt es sicher den einen oder anderen Vegetarier unter den 32 Beefeatern; sie alle sind altgediente Soldaten*innen und üben ihre zeremoniellen Pflichten innerhalb und außerhalb des Towers aus. Sie geben Ihnen gerne auch Auskunft.

KLEINE PAUSE

Sie haben die Qual der Wahl zwischen dem **New Armouries Restaurant** im Tower, dem ufernahen **Tower of London Café**, Snacks vom **Raven's Café** oder dem **Jewel Kiosk** (am Gelände). Oder Sie packen sich einfach Sandwiches für ein Picknick auf dem Rasen ein.

✛ 222 C3 🚇 Tower Hill
✉ Tower Hill, EC3
☎ 020 31 66 60 00
🌐 www.hrp.org.uk
🕐 März–Okt. Di–Sa 9–17.30, So–Mo 10–17.30, Nov.–Feb. Di–Sa 9–16.30, So/Mo 10–16.30 Uhr; letzter Einlass 30 Min. vor Schließung
💷 £ 29.90, am besten online mit Zeitfenster buchen; Audioguide £ 5
ℹ Kostenlose Tour (Dauer: 60 Min.) der Yeoman Warders (Beefeater): alle 30 Min. bis 15.30 Uhr im Sommer und 14.30 Uhr im Winter

Nach Lust und Laune!

20 St Olave's

Diese kleine mittelalterliche Kirche entkam dem Großen Feuer von London 1666 (S. 18) nur durch eine plötzliche Änderung der Windrichtung. Nach den Bombardierungen im Zweiten Weltkrieg wurde sie restauriert. Hier liegt das Grab des Abgeordneten Samuel Pepys, der als Tagebuchautor zur Zeit Jakobs II. berühmt wurde und der zum Gebet in diese Kirche kam. Jeden Mittwoch und Donnerstag finden (außer im August) bereits seit über 50 Jahren um 13 Uhr kostenlose klassische Musikdarbietungen statt.

✝ 222 B4 🚇 Aldgate, Tower Hill
✉ Hart St., EC3
🌐 https://saintolave.com
🕐 Sept.–Juli Mo–Fr 9–17 Uhr
🎫 Spende erbeten

Leadenhall Market: viktorianische Markthalle

21 Leadenhall Market

Die Markthalle versetzt Sie zurück in vergangene Zeiten. Die Eisen-Glas-Konstruktion, an der Stelle eines mittelalterlichen Marktes errichtet, diente als Kulisse für die Harry-Potter-Filme. Heute finden sich in den Restaurants Angestellte aus der City zum Lunch ein.

✝ 222 B4 ✉ Whittington Ave., EC3
🌐 https://leadenhallmarket.co.uk

Hier geht's zur Geschichte der Nationalbank …

22 Bank of England Museum

Möchten Sie mal einen echten Goldbarren in die Hand nehmen? Das Museum der 1694 gegründeten Bank of England ermöglicht Ihnen dies und liefert unterhaltsam viel Interessantes rund ums Bankwesen. Sie erfahren, wie Banknoten gedruckt werden und wie komplex die Sicherheitsvorkehrungen sein müssen, um Fälschungen zu verhindern. An Computern testen Sie Ihr Geschick als Finanzexperte/-in.

✝ 222 A4/5 🚇 Bank
✉ Bartholomew Lane
🌐 www.bankofengland.co.uk/museum
🕐 Mo–Fr 10–17 Uhr 🎫 frei

Der Bogen ist weit gespannt: In faszinierenden Galerien wird das Leben von den frühzeitlichen Anfängen der Stadt bis heute heraufbeschworen. Unter den Ausstellungsstücken sind der Nachbau einer römerzeitlichen Küche und ein Speisesaal aus der Epoche der Stuarts. Wie die Menschen das Große Feuer von 1666 erlebten, können Sie in einer Multimediashow nachempfinden – mit dem damals üblichen Feuerwehrhelm auf dem Kopf. Der Viktorianischen Zeit wird mit einem Lustgarten und einer Ladenstraße inklusive Barbier und Pub nachgespürt.

Auch wichtige Details des Stadtlebens gehören zum Bestand: der erste Aufzug aus dem Kaufhaus Selfridges, ein Taxi aus dem Jahre 1908, die Mode aus den Swinging Sixties und die goldene Kutsche des Lord Mayor. Ein Bereich ist der großen Bedeutung der Themse gewidmet. An die 300 aus dem Fluss geborgene Gegenstände zieren die »River Wall«.

Durch den Umzug wird sich das Museum vergrößern und in neuen Galerien dem historischen wie heutigen London nachspüren.

✛ 221 D5

🚇 Farringdon

✉ West Smithfield, EC1A

🌐 www.museumoflondon.org.uk

🕐 bei Redaktionsschluss geschl.; Umzug in die Markthallen West Smithfield; Wiedereröffnung 2026 geplant

Die Inns of Court (Rechtsschulen und -kanzleien) liegen fernab der geschäftigen Straßen; der Weg dorthin führt durch schmale, verwinkelte Gässchen. Der Londoner Juristenzunft dienen die Inns seit dem 14. Jh. als Wohn- und Studierstätten. Bis zum 19. Jh. war eine Lehre in den Inns die einzige Möglichkeit, juristische Qualifikationen zu erlangen, und auch heute noch müssen Rechtsanwälte Mitglied eines Inn sein. Einige Innenräume sind der Öffentlichkeit zugänglich.

Zur Themse hin liegen die beiden Rechtsschulen Inner und Middle Temple mit Anwaltskanzleien, schmalen Gassen und Gärten inmitten des ehemaligen Templerbezirks, zu dem auch die berühmte Temple Church gehört (Abb. S. 65 u.). Die Kirche mit den Grabfiguren der zehn Tempelritter dürfte vor allem den Lesern von Dan Browns »Sakrileg« bekannt sein. 1185 geweiht, war sie ursprünglich eine Kirche der Tempelritter, einer Gemeinschaft, die Pilger auf der Reise ins Hl. Land beschützten. Das mag auch der Grund für den Rundbau dieser Kirche sein, soll er doch den der Grabeskirche in Jerusalem widerspiegeln.

Die Legende, dass die Rosenkriege zwischen den Dynastien York und Lancaster im 15. Jh. in den Temple Gardens entfacht wurden, ist Shakespeares erstem Teil seines Historiendramas »Heinrich VI.« zu verdanken: Die beiden verfeindeten

Parteien zupfen dort eine rote bzw. eine weiße Rose.

In der noch heute genutzten, mehr als 450 Jahre alten <u>Middle Temple Hall</u> wurden schon Königin Elisabeth I. und ihr Günstling Sir Walter Raleigh empfangen. Außerdem zu bewundern: ein Tisch, geschnitzt aus einer Lukentür von Sir Francis Drakes Schiff »Golden Hinde« (S. 96).

Auch heute noch nutzt die Juristenzunft die mittelalterliche Old Hall, den zentralen New Square aus dem späten 17. Jh. sowie die viktorianische Great Hall und die Bibliothek am <u>Lincoln's Inn Fields</u>. Vom 18. Jh. an studierten an dieser Rechtsschule 15 britische Premiers. Zugänglich sind die Höfe. Die stimmungsvolle Kapelle entwarf Inigo Jones im frühen 17. Jh., vier herrliche Buntglasfenster sind einen Blick wert.

<u>Gray's Inn</u>, ursprünglich aus dem 14. Jh. stammend, wurde nach Beschädigungen im Zweiten Weltkrieg wieder aufgebaut. Viele berühmte Persönlichkeiten durchschritten im Laufe der Zeit die Portale, etwa der Schriftsteller Charles Dickens, der hier von 1827 bis 1828 als Sekretär arbeitete.

Die Gebäude sind nur im September während des <u>London Open House Weekend</u> zu besichtigen. Das ganze Jahr über darf man in der Mittagszeit (Mo–Fr 12–14.30 Uhr) durch die prachtvollen, als *walks* bekannten <u>Gärten</u> spazieren. Sie waren Schauplätze unrühmlicher Duelle.

25 Sir John Soane's Museum

Das außergewöhnliche Museum zeigt die charmante <u>Privatsammlung</u> eines wohlhabenden Gentlemans, Architekten und Kunstsammlers aus dem 19. Jh. in dessen Haus. Seit über 175 Jahren besteht sie unverändert und wird auch in Zukunft erhalten bleiben, da Sir John das Gebäude und den Bestand nur unter der Bedingung der Nation vermachte, dass nichts verändert würde – die Bedingungen wurden sogar in einem Parlamentsgesetz festgelegt.

Soane war u. a. der Architekt der Bank of England und reich genug, um sich voll und ganz dem Sammeln hinzugeben. Dieser Leidenschaft schien er mehr oder weniger wahllos nachgegangen zu sein – er kaufte einfach, was ihm gefiel. So darf es nicht verwundern, dass die verschiedenen Räume im Haus mit einer kuriosen Mischung vollgestopft sind: Keramik, Gemälde, Bücher, Skulpturen, sogar ein Skelett ringen in den überquellenden Räumen förmlich um Platz.

Einer der Höhepunkte verbirgt sich hinter Klappläden: Sie können die Aufsicht bitten, Ihnen diese acht Gemälde zu zeigen, aus denen sich William Hogarths »Werdegang eines Wüstlings« zusammensetzt. Das Werk von 1733 stellt in einer Art moralisierender Bildfolge den raschen Niedergang des jungen Tom Rakewell dar, der das Erbe seines Vaters verprasst.

Durch jüngere Erweiterungen des Hauses sind Mrs. Soanes Zimmer, eine Verbindung zum Nachbarhaus sowie Privaträume des Architekten und zuletzt sein Zeichenbüro zugänglich geworden.

✜ 220 B5 🚇 Holborn
✉ 13 Lincoln's Inn Fields, WC2
☎ 020 74 05 21 07 🌐 www.soane.org
🕐 Mi–So 10–17 Uhr, Führungen: Privaträume (tgl. 14 Uhr, frei) oder Highlights (tgl. 12 Uhr, £ 16)
💶 Spende erbeten

26 Somerset House

Vor rund 200 Jahren wurde das stattliche klassizistische Gebäude mit Blick auf die Themse als Sitz diverser Regierungsämter erbaut. Im Sommer sprudeln im Innenhof Wasserspiele, werden Opern und Popkonzerte aufgeführt und Filme gezeigt; im Winter wandelt er sich

Voller Schätze: die Courtauld Gallery

zu einer beliebten Open-Air-Eislaufbahn.

Ganzjährige Hauptattraktion aber ist eine der weltbesten Sammlungen (post-)impressionistischer Gemälde in der Courtauld Gallery, die 2021 nach längerer Renovierung wieder öffnete. Zu den herausragenden Werken zählen Paul Cézannes berühmte »Karten spielende Bauern« oder »Montagne Sainte-Victoire« mit großer Kiefer, Vincent van Goghs Werk »Selbstbildnis mit verbundenem Ohr«, Édouard Manets überragendes Bild »Bar in den Folies-Bergère«. Gemälde von Rubens und Seurats sind ebenfalls vertreten.

✜ 220 B4 🚇 Temple, Embankment und Covent Garden
✉ Strand, WC2

Somerset House
🌐 www.somersethouse.org.uk
🕐 tgl. 10–18 Uhr

Courtauld Gallery
🌐 https://courtauld.ac.uk/gallery
🕐 tgl. 10–18 Uhr
💶 £ 9 Mo–Fr, £ 11 Sa/So (Sonderausstellungen extra Gebühr); unter 18 J. frei

Wohin zum ...
Essen und Trinken?

Preise für ein Hauptgericht ohne Getränke und Service:

£   unter 25 £
££   25–50 £
£££   über 50 £

Coin Laundry £

Gemütlicher Pub mit guter britischer Küche. Ob Sunday Roast oder einfach auf ein Pint: Hier sind Sie genau richtig für eine entspannte Pause. Vegetarier bekommen Fantasievolles, z. B. Quinoa mit gegrilltem Mais. Und für alle anderen gibt es Steak, *fish pie* und Lamm.

✦ 221 nördl. D5 ⚑ Farringdon
✉ 70 Exmouth Market, EC1R
☎ 020 78 33 90 00 ⊕ www.coinlaundry.co.uk
🕐 Mo–Di 12–23 (keine Küche), Mi 17–23, Do–Sa 12–24, So 12–19 Uhr

Dipna Anand £

Im Ambiente des schönen Somerset House bietet Dipna Anand indische Gerichte an. Ihre Vorliebe gilt der Punjabi- und südindischen Küche mit Samosas, Garnelencurry und Thaligerichten, auch für Veganer. Am Wochenende gibt's Brunch.

✦ 220 B4 ⚑ Temple
✉ Somerset House, Strand, WC2R 1LA, Eingang: Seamen's Hall oder E10 Café
☎ 020 78 45 46 46
⊕ https://dipnasomersethouse.co.uk
🕐 Mi–Fr 12–15 und 18–22, Sa 18–22, Sa/So Brunch 10–16 Uhr

Granger & Co £–££

Vom Lokal des Australiers Bill Granger schaut man durch große Fenster. Der Tag startet am besten mit den Ricotta-gefüllten *hotcakes* (einer Art Pfannkuchen) oder allerhand aus Ei. Mittags wie abends kann man sich satt essen mit kreativ gemixten Bowls, Salaten, Burger in allen Variationen, Kokos-Curry, Pastagerichten; auch glutenfreie und vegetarische Optionen.

✦ 221 nördl. E5 ⚑ Farringdon
✉ 50 Sekforde St., EC1 ☎ 020 72 51 90 32
⊕ http://grangerandco.com
🕐 Mo–Fr 8–22.30, Sa 9–22.30, So 10–17 Uhr

St John Bar & Restaurant £–££

Gourmets schwärmen von den Künsten des Chefkochs, der auf Basis traditioneller englischer Rezepte vor allem Innereien verarbeitet. Recht preisgünstig genießen Sie die urige Atmosphäre der einstigen Räucherkammer: kaltes Roastbeef auf saftigem Toast, *welsh rarebit* (Käsetoast) oder Sardinen vom Grill.

✦ 221 nördl. E5 ⚑ Farringdon
✉ 26 St John St., EC1M
☎ 020 72 51 08 48
⊕ https://stjohnrestaurant.com
🕐 Lunch Mo–Sa 12–15 Uhr, Dinner Mo–Sa 18–22.30, So 12–16 Uhr

Paul £

Wenn man nach der Besichtigung von St Paul's hungrig ist, kann man sich hier stärken. Es gibt herzhafte Sandwiches, Fruchttörtchen, Croissants, Macarons, Kaffee, Tee etc. – der Blick ist inklusive.

✦ 221 E4/5 ⚑ Bank
✉ 2 Paternoster Sq., EC4M
☎ 020 39 78 55 30 ⊕ www.paul-uk.com
🕐 Mo–Fr 8–18, Sa/So 9–18 Uhr

Sweetings ££

Eine Institution von 1889 mit dem Charme vergangener Zeiten. Nur mittags werden solide klassische Fischgerichte wie Jakobsmuscheln, Krabbencocktail, Räucheraal oder exquisiter *fish pie* gereicht. Wer es schafft, wählt nach den üppigen Portionen einen *apple pie* oder Brotpudding als Nachtisch.

✦ 221 F4 ⚑ Mansion House
✉ 39 Queen Victoria St., EC4N
☎ 020 72 48 30 62 🕐 Mo–Fr 11.30–15 Uhr

The Savoy £££

Mit den sanften Klavierklängen im Wintergarten ist das jahrhundertealte Thames Foyer eine besonders elegante Lokalität für den Afternoon Tea. Im zugehörigen Laden kann man hauseigenen Tee kaufen und den Konditoren bei der Arbeit zusehen.

✦ 220 B4 ⚑ Charing Cross, Embankment
✉ The Strand, WC2

☎ 020 74 20 21 11 ⊕ www.fairmont.com
🕐 Mi/Do 12–16, Fr–So 12–18 Uhr

BARS UND PUBS

Fox and Anchor £–££
Vom Fox's City Breakfast über üppig belegte Sandwiches, Sunday Roast und klassisch britische Nachtische, die Speisekarte des Pubs ist breit aufgestellt.
✢ 221 D5 ☖ Barbican
✉ 115 Charterhouse St., EC1M
☎ 020 72 50 13 00 ⊕ www.foxandanchor.com
🕐 Mo–Fr 7–23, Sa 8.30–23, So 8–22 Uhr

Hung, Drawn & Quartered £
Lassen Sie sich nicht vom Namen schocken, der wie der Strick hinter der Bar an die einst im Tower of London ausgeführten grausamen Hinrichtungen erinnert: gehängt, gestreckt oder geviertelt. Erfreuen Sie sich stattdessen an einem Bier oder Wein und an herzhaftem Kneipenessen.
✢ 222 B3/4 ☖ Tower Hill
✉ 26–27 Great Tower St., EC3
☎ 020 76 26 61 23
⊕ www.hung-drawn-and-quartered.co.uk
🕐 Mo–Sa 12–22, So 12–17 Uhr

Ye Olde Cheshire Cheese £
Der über 350 Jahre alte Pub wirkt mit seinen Kellergewölben, niedrigen Decken und engen Treppen wie aus »Harry Potter« herbeigezaubert. Sogar einen ausgestopften Papagei namens Polly gibt es. Das Essen ist *very British*: Steak, Nierenpastete und Roast Beef.
✢ 221 D4 ☖ Temple
✉ Wine Office Court, 145 Fleet St., EC4
☎ 020 73 53 61 70
🕐 Mo–Fr 12–23, Sa 12–23 Uhr

Wohin zum ... Einkaufen?

Gleich östlich von St Paul's Cathedral ist **One New Change** (https://onenewchange.com) ein Einkaufszentrum mit etablierten britischen und internationalen Labels, Restaurants und Bars sowie einer Dachterrasse.

Guten Tee erhalten Sie bei **Twinings** (Strand 216, www.twinings.co.uk, tgl. 11–18 Uhr). Nach wie vor werden östlich der City Märkte abgehalten, z. B. der **Columbia Road Flower Market** (Columbia Rd., So 8–14 Uhr) für Pflanzen und flippige Läden. Feilschen ist auf dem Kleidermarkt **Petticoat Lane Market** (Middlesex Street und Seitenstraßen; Mo–Fr 10–16, So 9–15 Uhr) angesagt. In der viktorianischen Markthalle von **Old Spitalfields Market** (Mo–Sa 10–18, So 10–17 Uhr) finden Sie Kleidung, Lebensmittel und Schmuck, donnerstags Antiquitäten.

Flippig und freundlich: Stand im Old Spitalfields

Wohin zum ... Ausgehen?

Während die City am Abend ruhig bleibt, ist tagsüber umso mehr geboten. Viele Kirchen, z. B. St Olave's (Mi/Do) und St Stephen Walbrook (Di/Fr), veranstalten um 13 Uhr **Lunchtime-Konzerte**.

Im September wird vier Wochen lang der Themse mit dem **Totally Thames Festival** (https://thamesfestivaltrust.org) gehuldigt – mit allem, was dazu gehört: Musik, Märkten, Events, Kunstfestivals, Regatten.

Das Repertoire des **Barbican Centre** (Silk St., www.barbican.org.uk) reicht von Kunst, Musik und Theater bis Tanz und Film. In Europas größtem Kunst- und Kulturzentrum spielt das BBC Symphony Orchestra und hier dirigiert auch Sir Simon Rattle das London Symphony Orchestra.

Entlang der südlichen Uferpromenade zwischen Tower Bridge und ehemaliger City Hall findet sich immer ein gemütliches Plätzchen für eine grandiose Aussicht.

Westminster und South Bank

Beide sind sie Teil des Londoner Lebens – die Themse wie die Abbey, mit der die Royals eng verbunden sind.

Seite 88–119

Erste Orientierung

Schaut man von einer der Themsebrücken aus auf den breiten Fluss, so zeigt er bei Ebbe sein ruhiges Gesicht. Sprudelt hingegen die Flut herein, wird das Wasser lebendig wie die Stadt, die sich ständig erneuert.

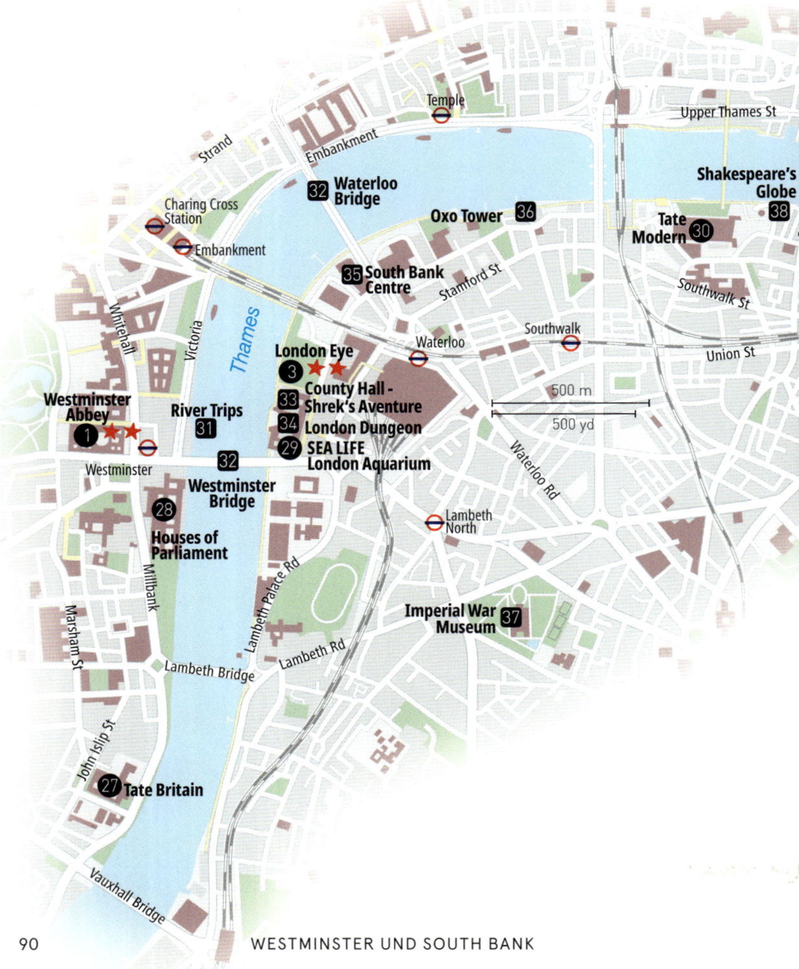

So unterschiedlich wie die Gezeiten der Themse sind auch ihre Ufer. Das nördliche säumen stattliche Gebäude, die Geld und Macht repräsentieren: die Parlamentsgebäude, Westminster Abbey, der Sitz der Regierungsbehörden und der großen Wirtschaftsunternehmen. Das Nordufer symbolisiert Tradition und ist auch heute noch von enormer historischer, politischer und religiöser Bedeutung.

Das Südufer hingegen zeigt ein völlig anderes Gesicht: Im frühen 20. Jh. war es eine Mischung aus Ödland und Schwerindustrie. Nach dem Zweiten Weltkrieg wurde das größte Kulturzentrum Großbritanniens, der South Bank Complex mit der Royal Festival Hall, errichtet – ein Neuanfang für das bis dato trostlose Südufer. Mit Beginn des neuen Jahrtausends trat dann die Bankside Power Station, ein ehemals großes Ölkraftwerk, in Erscheinung, ein beredtes Zeugnis für die industrielle Vergangenheit: Die Umwandlung dieses Industriebaus in ein hochkarätiges Kunstmuseum war ein weiterer Fortschritt. Denn heute beherbergt es die berühmte Tate Modern. Sehr populär an der Themse sind das London Eye und der Skyscraper The Shard.

<u>TOP 10</u>
❶ ★★ Westminster Abbey
❸ ★★ London Eye

<u>Nicht verpassen!</u>
㉗ Tate Britain
㉘ Houses of Parliament
㉙ SEA LIFE London Aquarium
㉚ Tate Modern

<u>Nach Lust und Laune!</u>
31 River Trips
32 Westminster & Waterloo Bridges
33 County Hall – Shrek's Adventure
34 London Dungeon
35 South Bank Centre
36 Oxo Tower
37 Imperial War Museum
38 Shakespeare's Globe
39 Borough Market
40 The Shard
41 HMS Belfast

Mein Tag an der Themse

Über allen Sehenswürdigkeiten ist nicht zu vergessen, welche *liquid history* (flüssige Geschichte) die Themse erzählt. Einst war der Fluss Englands Tor zur Welt, war Schauplatz königlicher Zeremonien. Lassen Sie sich mit dem Strom treiben, der die Stadt teilt.

9.30 Uhr: Englische Gotik par excellence

Der Gang durch den bedeutendsten Sakralbau Englands führt Sie zu Herrschern und Monarchen aus 1000 Jahren britischer Geschichte! Hier wurden nicht nur (fast) alle Könige und Königinnen gekrönt, sondern die meisten auch bestattet. Elisabeth II. spürte 1953 bei ihrer Krönung in ❶ ★★ Westminster Abbey (S. 98) erstmals das Gewicht der Krone auf ihrem Haupt. Hier wurde sie zur Königin und hier fand am 19. September 2022 ihre Trauerfeier statt. Beide Ereignisse

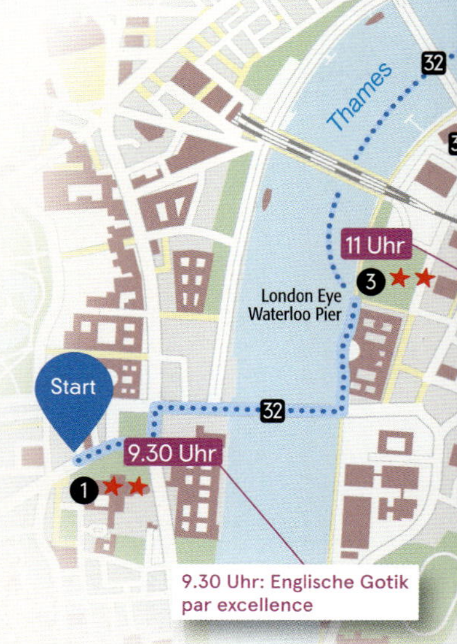

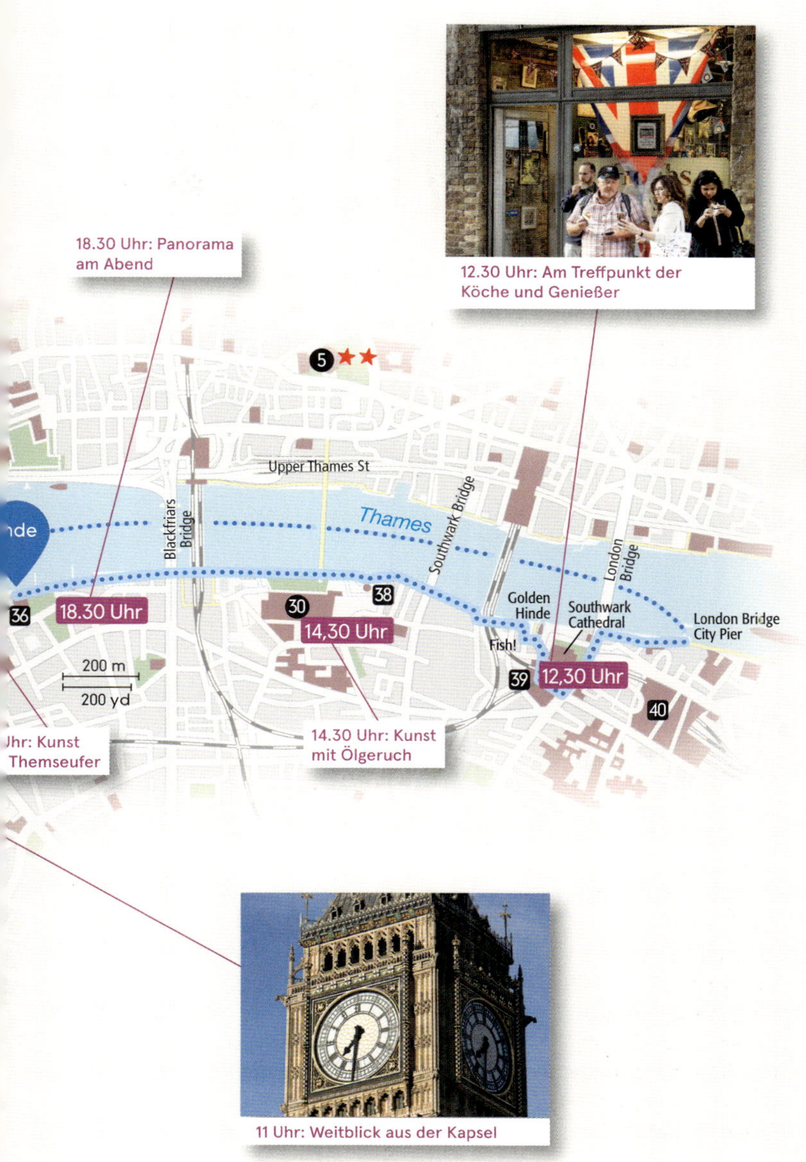

18.30 Uhr: Panorama
am Abend

12.30 Uhr: Am Treffpunkt der
Köche und Genießer

5

Upper Thames St

Thames

Blackfriars
Bridge

Southwark Bridge

London
Bridge

36

18.30 Uhr

30

14,30 Uhr

38

Golden
Hinde

Southwark
Cathedral

London Bridge
City Pier

Fish!

39

12,30 Uhr

40

200 m

200 yd

Uhr: Kunst
Themseufer

14.30 Uhr: Kunst
mit Ölgeruch

11 Uhr: Weitblick aus der Kapsel

Durchs mächtige Nordportal geht es hinein in die gotische Westminster Abbey –
hier werden die Monarchen gekrönt, hier heiraten die Royals.

wurden im TV übertragen. Das Staatsbegräbnis sollen rund 4,1 Mrd. Menschen weltweit gesehen haben. Es war somit – wie die Trauerfeier für Diana – eine der meistgesehenen Sendungen aller Zeiten. 2011 erstrahlte die Abbey jedoch in Freude: bei der Hochzeit von Prinz William und Kate Middleton.

Staunend steht man nach dem Eintreten erst einmal im gotischen Kirchenschiff, das mit 34 m Höhe an Größe kaum zu überbieten ist. Ist die glanzvolle Lady Chapel mit ihrem schönen Fächergewölbe nicht beeindruckend, der Krönungsstuhl in der davor liegenden St Edward's Chapel nicht erstaunlich schlicht? Und nicht nur der Royals wird in den vielen Kapellen gedacht; die Poets' Corner im südlichen Querschiff erinnert an berühmte britische Dichter.

11 Uhr: Weitblick aus der Kapsel

Nun aber an die frische Luft. Ein kurzer Spaziergang über die **32** Westminster Bridge (S. 112) mit Blick auf den Fluss und schon stehen Sie am höchsten Riesenrad Europas ... und vielleicht erst mal in der Ticketschlange. Haben Sie gebucht, geht's schneller. Sie steigen in eine der Glaskapseln des **3** ★★ London Eye (S. 102), das sich

Wenn es um den Ausblick geht, liegt das London Eye klar auf Platz 1 (ganz oben). Der Borough Market (oben) ist ein Mekka für *foodies*, von ihm ist es nicht weit zur »Golden Hinde« (rechts), dem Flaggschiff von Francis Drake.

langsam dreht, und schon beginnt der gemächliche Höhenflug über die Themse. Der Blick reicht bis zum Parlament mit Big Ben und teils bis zu 40 km weit. Genießen Sie die großartige Aussicht von ganz oben, bevor Ihre Reise auf dem Wasser weitergeht.

Denn vom Themseboot (S. 111) bietet sich Ihnen die Stadt aus einer völlig anderen Perspektive: Während Sie bei einem Kaffee und Snack auf dem Wasser schaukeln, ziehen Brücken und Skyline links und rechts des Flusses in schönstem Panorama vorbei, darunter St Paul's Cathedral (S. 70) und The Shard (S. 116).

12.30 Uhr: Am Treffpunkt der Köche und Genießer

Vom London Bridge Pier aus eröffnet der Fußweg an der Themse hin zu den Bahngleisen wieder neue Blickwinkel auf die Stadt. Ein unmöglicher Ort für einen Markt

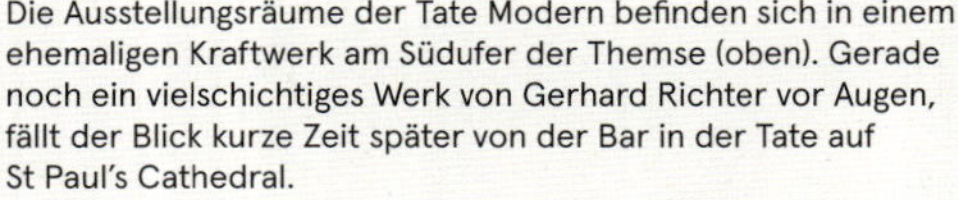

Die Ausstellungsräume der Tate Modern befinden sich in einem ehemaligen Kraftwerk am Südufer der Themse (oben). Gerade noch ein vielschichtiges Werk von Gerhard Richter vor Augen, fällt der Blick kurze Zeit später von der Bar in der Tate auf St Paul's Cathedral.

möchte man meinen, wenn man die Hallen des **39** Borough Market (S. 116) unter den Gleisanlagen im Schatten von **40** The Shard (S. 116) sieht. Und doch wird hier schon seit dem 13. Jh. Handel getrieben und Gemüse verkauft. Heute treffen Sie vielleicht einen Gourmetkoch beim Einkauf oder kommen mit dem einen oder anderen Hobbykoch ins Gespräch. Wenn Ihnen die Häppchen an den Ständen nicht reichen, kehren Sie gleich um die Ecke bei Fish! (S. 118) zum Mittagessen ein.

14.30 Uhr: Kunst mit Ölgeruch

So gestärkt, führt nun ein gemütlicher Spaziergang an der Southwark Cathedral vorbei zum Wasser. Hier liegt die »Golden Hinde« vor Anker, ein Nachbau des Schiffs, mit dem Francis Drake um 1579 die Welt umsegelte. Ein Hauch von Entdeckergeist weht immer noch über den Pier.

Haben Sie die Bahngleise unterquert, bummeln Sie am Ufer entlang, an Southwark Bridge und Shakespeares **38** Globe Theatre (S. 115) vorbei zur **30** Tate Modern (S. 109). Das Haus für moderne Kunst entstand auf den Grundmauern eines ehemaligen Ölkraftwerks. In den Tiefen kann man den Ölgeruch zwischen aktueller Videokunst noch wahrnehmen. Gigantisch sind die

Ausmaße der Turbinenhalle und spektakulär die Installationen darin. Auf mehreren Etagen begegnen Sie der Kunst von 1900 bis heute. Welche Ruhe von den großen Farbflächen der Werke von Mark Rothko ausgeht! Inspirierend ist auch immer wieder Andy Warhols Kunst.

Und nun brauchen Sie eine Pause? Im Sommer lädt die Terrasse unter Bäumen ein, im Winter die Espressobar mit Blick über den Fluss.

17 Uhr: Kunst am Themseufer

So viel Kunst bringt Inspiration. Beim Bummel durch die Designerwerkstätten und Galerien an Gabriel's Wharf finden Sie sicherlich ein kleines Designerstück, einen feinen Kunstdruck oder eine bezahlbare Originalmalerei für sich.

18.30 Uhr: Panorama am Abend

Das Kunststück im Gepäck lassen Sie den Abend im 8. Stock des **36** Oxo Tower (S. 114) ausklingen. Vielleicht gönnen Sie sich einen Cocktail auf der Terrasse und wählen ein Fischgericht als Reminiszenz an den Fluss. Der Blick aufs Nordufer bei abendlicher Beleuchtung ist großartig.

❶ ★★ Westminster Abbey

Warum?	Schauplatz für Monarchen: Hochzeit, Krönung, Grablege
Was?	Lady Chapel und Krönungsstuhl und viele Kapellen
Wie lange?	60 bis 90 Minuten
Wann?	Morgens an Werktagen
Was noch?	Über 3000 Gräber und Denkmäler von britischen VIPs
Was nehme ich mit?	Einen Eindruck von feinster Gotik und der sakral-royalen Geschichte Großbritanniens

Mächtig das Mauerwerk, filigran die Wandelemente im Chor der Abbey

Als Prinz William, der Enkel der Queen, 2011 die bürgerliche Kate Middleton heiratete, strahlte nicht nur das frisch getraute Paar, sondern auch die Abbey. Sie ist das Symbol schlechthin für die anglikanische Kirche und das sakrale Gedächtnis des Landes, ein Schauplatz von Krönungen und nationaler Schrein gleichermaßen.

Welcome to the Abbey

Die Besucher werden auf einem Rundgang durch die Kathedrale gelenkt.

Kommen Sie am besten früh, denn täglich drängen sich Besuchermassen durch den Sakralbau und stehen Schlange für die Tickets. Auch ganz normale Gottesdienste werden hier abgehalten. Die Fülle an Sehenswürdigkeiten ist enorm, daher stellen wir hier einige Highlights heraus.

Vom Nordportal aus führt der Rundgang links durch den nördlichen Wandelgang zur Kapelle Heinrichs VII. Die verfeindeten Halbschwestern Elisabeth I. (1533–1603) und Maria I. Tudor (»Bloody Mary«, 1516–58), Töchter von Heinrich VIII., sind im Tode vereint, denn ihre Gräber liegen dicht beieinander. Zu Lebzeiten blieben sie unversöhnlich: Maria war Katholikin, Elisabeth Protestantin, und das zu einer Zeit, als religiöse Überzeugungen das Land spalteten und zu heftigen Kontroversen führten.

In der glanzvollen Lady Chapel, die Heinrich VII. 1512 für sich erbauen ließ und damit die Kapelle aus dem 13. Jh. ersetzte, beeindrucken vor allem das goldverzierte filigrane Fächergewölbe im Perpendicular Style sowie das holzgeschnitzte Chorgestühl. Kein Wunder also, dass Bau und Ausstattung den König Unsummen gekostet haben sollen. Tudor-Embleme wie die Rose finden sich überall in der Kapelle.

Der Perpendicular Style (*perpendiculum* = Senkblei) ist eine Sonderform der englischen Hoch- und Spätgotik.

Sphärische Klänge

Glockenhell und klar, wie aus höheren Sphären, so erklingen die Stimmen des Chores in der Westminster Abbey zum »Evensong«-Gottesdienst. In der Stille des großen Chorraums umhüllen einen sogleich die feinen Klänge. Der Musik ruhig lauschend, kann man dem spirituellen Geist der Abbey näherkommen als beim Rundgang.

Evensong in Westminster Abbey
www.westminster-abbey.org/de/worship-music
Mo/Di, Do/Fr 17, Sa/So 15 Uhr

Hinter dem Altar befindet sich das Doppelgrabmal von Heinrich VII. und seiner Gemahlin Elisabeth mit den zwei eindrucksvollen Grabfiguren aus Goldbronze.

Beim Verlassen der Kapelle stoßen Sie in einer Seitenkapelle auf das <u>Grab Maria Stuarts</u>, Königin von Schottland (1542–1587), die von ihrer Rivalin Elisabeth I. 19 Jahre lang eingesperrt und 1587 zum Tode verurteilt wurde. Marias Sohn Jakob VI. von Schottland wurde als Jakob I. König von England, nachdem die unverheiratete, kinderlose Elisabeth gestorben war. Er ließ den Leichnam seiner Mutter exhumieren und brachte ihn 25 Jahre nach ihrem Tod in die Abbey. Dort ließ er für beide, Elisabeth und Maria, Grabmäler errichten – das seiner Mutter jedoch viel prächtiger.

Von hier aus ist es nicht weit zum zentralen Bereich der Abbey. Im <u>Sanktuarium</u> werden die englischen Herrscher gekrönt. Hier steht der reich verzierte Hochaltar mit dem aufwendigen Chorgestühl. Der hölzerne Schrein für Eduard den Bekenner (gest. 1066) in der <u>St Edward Chapel</u> dahinter war lange Zeit ein Ziel für Pilger.

Im Literatenwinkel

Im südlichen Querhaus ist die <u>Poets' Corner</u> den großen Literaten vorbehalten; sie wurden hier entweder bestattet oder mit einem Denkmal oder einer Plakette geehrt. Unter den zahllosen Namen finden Sie Rudyard Kipling (»Dschungelbuch«), Geoffrey Chaucer (»Canterbury Tales«) und – erst seit 1995, 95 Jahre nach seinem Tod – Oscar Wilde (»Bildnis des Dorian Gray«).

William Shakespeare wird durch »nur« einen Gedenkstein geehrt, denn er ist in Stratford-upon-Avon beerdigt. Charles Dickens wurde gegen seinen Willen und auf Anordnung Königin Viktorias hier beigesetzt.

Mehr Beschaulichkeit als in der Kirche finden Sie im südlich anschließenden Kreuzgang aus dem 13. Jh. Dorthin zogen sich früher die Mönche zurück, um zu meditieren. Von dort gelangt man ins achteckige Chapter House (Kapitelhaus) oder zum Weston Tower, über den Sie in die Ausstellung der »The Queen's Diamond Jubilee Galleries« im mittelalterlichen Triforium gelangen.

Im Mittelschiff erinnert das Grab des unbekannten Soldaten an die Gefallenen des Ersten Weltkriegs.

Vor Verlassen der Abbey am Westportal sollten Sie noch die St George's Chapel besuchen. Dort steht der mittelalterliche, bescheiden wirkende Krönungsstuhl (King Edward's Chair), der seit 1308 bei der Krönung der meisten britischen Monarchen diente.

KLEINE PAUSE

Im **Cellarium Café and Terrace** gibt es von Frühstück bis Afternoon Tea täglich alles, was Kathedralenbesucher satt machen kann, z. B. Bacon Sandwich und Cream Tea (20 Dean's Yard, SW, Tel. 020 72 22 05 16, Mo–Fr 8–16, Sa ab 9 Uhr, So geschl., Frühstück bis 11.45 Uhr).

✛ 219 F3/4

🚇 Westminster, St James's Park

✉ Broad Sanctuary, SW1

☎ 020 72 22 51 52

🌐 www.westminster-abbey.org

🕐 Mo–Fr 9.30–15.30, Sa bis 15, Mi auch 16.30–18 Uhr; letzter Einlass 1 Std. vor Schließung, So nur für Gottesdienste

geöffnet; College Garden: Di–Do 10–16 Uhr; Chapter House: Mo–Fr 9.30–15.30, Sa 9–15.30 Uhr (sofern das natürliche Licht es möglich macht), Queen's Diamond Jubilee Galleries: Mo–Fr 10–15, Sa 9.30–15 Uhr

💷 £ 25 inkl. Audioguide; Mi-abends £ 19 ohne Audioguide; Queen's Diamond Jubilee Galleries: £ 4.50; Chapter House und College Garden im Sommer frei

 Audioguide: in mehreren Sprachen (60 Min.).;Touren: Dauer 90 Min., zzgl. £ 10, mehrmals tgl. mit dem Küster *(verger)*

③ ★★ London Eye

Warum?	Panoramaansicht von Stadt und Themse aus höchster Höhe
Was?	Kleine Rundreise in der Glasglocke
Wie lange?	30 Minuten plus eventuelle Wartezeit
Wann?	Bei klarem Wetter
Was noch?	Bei der exklusiven Champagnerfahrt prickelt es besonders
Was nehme ich mit?	Einen unvergesslichen Blick auf Londons Skyline

Das London Eye nahe der County Hall hält niemals an. An seiner Radnabe rotiert es zwar nur 26 cm in der Sekunde weiter, bei dieser langsamen Bewegung können alle sicher einsteigen.

Hoch hinauf mit dem London Eye und dann schauen …

Zu den Millenniums-Feierlichkeiten aufgebaut, hatte das Rad nach fünf Jahren eigentlich wieder abgeschraubt werden sollen. Aber es blieb. Denn das Interesse der Besucher ist weiterhin groß …

Am Rad mit 135 m Durchmesser hängen 32 eiförmige Glaskapseln, die symbolisch für je einen Londoner Bezirk *(borough)* stehen. Haben Sie erst an Höhe gewonnen, kommen Big Ben und die Houses of Parliament, St Paul's Cathedral und die Waterloo Station, die Themse und das Umland mit bis zu 40 km Weite in Ihren Blick.

KLEINE PAUSE

In und um die County Hall gibt es zahlreiche Cafés und Restaurants. Das **Riverside Terrace Café** (Royal Festival Hall, Riverside) am Southbank Centre liegt ganz in der Nähe.

✛ 220 B2
🚇 Westminster, Waterloo
✉ County Hall Riverside Buildings, SE1
🌐 www.londoneye.com

🕐 tgl. 11–18 Uhr
💷 £ 36, online ab £ 32.50; Kombiticket London Eye mit River Cruise ab £ 43; Champagnerfahrt ab £ 55

㉗ Tate Britain

Der Fabrikant Henry Tate vermachte seine Sammlung von 65 Gemälden 1897 dem Staat und spendierte den Museumsbau gleich dazu. Sein Geld hatte der Millionär mit der Produktion von Würfelzucker gemacht. Das Museum vereint unter seinem Dach britische Kunst aus fünf Jahrhunderten.

Turner & Co.

Starten Sie Ihren Rundgang in der <u>Clore Gallery</u> mit den Bildern von J. M. W. Turner (1775–1851). Er gehört zu den größten Talenten des Landes (S. 46). Der Meister des atmosphärischen Lichts beeindruckt in seiner Malerei mit der Auflösung von Konturen und diffusen Farbübergängen, z. B. mit »Norham Castle Sunrise« (1845) oder »Peace – Burial at

Die größte Sammlung britischer Kunst kommt in angemessenem Rahmen voll zur Geltung.

Das imposante neoklassizistische Portal stimmt auf die Kunst in der Tate Britain ein.

Sea« (1842). An die 300 Ölbilder, Aquarelle und Skizzen umfasst die Sammlung, die von Zeit zu Zeit neu gehängt wird.

Vergangene Zeiten beschwört die englische Landschaftsmalerei herauf, vertreten durch Joshua Reynolds, Thomas Gainsborough und John Constable und die szenischen Darstellungen von William Hogarth. Pferdeliebhaber werden von den erstaunlich detailgetreuen Arbeiten von George Stubbs angetan sein. Das 20. und 21. Jh. vertreten u. a. Francis Bacon, Henry Moore, Gilbert & George. Und natürlich Damien Hirst, der mit seinen Werken provoziert, und Rachel Whiteread, die in ihrer Kunst mit Alltagsgegenständen intensive Wirkungen hervorruft.

Romantik pur

Aber vielleicht liegen Ihnen die stimmungsvoll-schwärmerischen Werke der Präraffaeliten: J. E. Millais, W. H. Hunt und Dante Gabriel Rossetti gründeten 1848 die avantgardistische Künstlergruppe. Im Zeitalter der Industrialisierung wollten sie zurück zur Natur und orientierten sich an italienischen Renaissancekünstlern wie Botticelli und Raffael. Berührend ist die »Ophelia« (1852) von Millais. Sie gibt die Ophelia aus »Hamlet« wieder, die in einem blumengesäumten Fluss ertrinkt. Das Modell des Künstlers zog sich beim stundenlangen Liegen in der Wanne eine Lungenentzündung zu.

KLEINE PAUSE

Im **Djanogly Café** (Tate Britain, tgl. 10–18 Uhr) bekommen Sie Erfrischungen und für den kleinen Hunger Sandwiches, Salate, Suppen und Kuchen.

+ 219 F2
Westminster, Pimlico
Tate Boat: alle 20–30 Min. von Tate Modern (S. 109) zur Tate Britain, £ 9.50

Millbank, SW1
020 78 87 88 88 ⊕ www.tate.org.uk
tgl. 10–18 Uhr
frei

㉘ Houses of Parliament

Warum?	Ein Besuch bei der »Mutter aller Parlamente«
Was?	Besichtigung von Ober- und Unterhaus
Wie lange?	Zwei bis drei Stunden
Wann?	Samstags - oder werktags zu den Debatten
Was noch?	Big Ben bestaunen und Debatten verfolgen
Was nehme ich mit?	Lebendige Erinnerungen an den Ort, wo über den Brexit debattiert wurde

Das Parlamentsgebäude (S. 106) wurde im 19. Jh. errichtet. Wenn der bzw. die Premierminister/-in vor den grün ledernen Sitzbänken eine Rede hält, schallt es lauthals von der Oppositionsbank gegenüber zurück.

Eigentlich heißt nur die Glocke Big Ben, der Turm nennt sich Elizabeth Tower.

Die Regierungsdebatten im House of Commons, wo sich die Parteien gegenübersitzen, sind lebhaft. Ruhiger geht es bei der Parlamentseröffnung im November zu. Dann sitzt der König mit Hermelinrobe den Mitgliedern des House of Lords vor, bevor die gewählten Abgeordneten des House of Commons eingelassen werden. Sie knallen dann die Tür der Commons Chamber vor dem Repräsentanten des Königs, dem Black Rod, zu, um ihre Unabhängigkeit von den Lords zu betonen.

Feierlicher Akt: Königin Elisabeth II. († 2022) bei der Parlamentseröffnung

KLEINE PAUSE

... im Pub **Red Lion** (48 Parliament St., Mo–Fr 11–23, Sa/So ab 8 Uhr), wo die »Abstimmungsglocke« die Abgeordneten an die rechtzeitige Rückkehr zur Arbeit erinnert.

✣ 220 A1 ◘ Westminster ✉ Parliament Sq., SW1 🌐 www.parliament.uk 🕐 verschiedene Touren, siehe Website ✦ Multimediatour £ 22.50, geführte Tour £ 29, freie Parlaments-tour nur für Briten, Onlinetour kostenfrei ❶ Debatten sind öffentlich und von der Besuchergalerie aus kostenlos verfolgbar; im Unterhaus: Mo ab 14.30, Di/Mi ab 11.30, Do/Fr ab 9.30 Uhr; im Oberhaus: Mo/Di ab 14.30, Mi ab 15, Do ab 11, Fr ab 10 Uhr; Besucher aus dem Ausland können sich in die Warteschlange (1–2 Std.) am Cromwell Green einreihen

Im Zentrum der Macht

Die Houses of Parliament: Im Unterhaus fallen die wichtigen politischen Entscheidungen, der Einfluss des Oberhauses ist heute recht gering.

❶ Victoria Tower Der Turm am Südende der Houses of Parliament war zur Bauzeit 1858 mit 23 m Seitenlänge und 102 m Höhe der größte quadratische Turm der Welt.

❷ House of Lords Das Oberhaus besteht aus 92 Mitgliedern des erblichen Adels, 24 Bischöfen sowie ca. 700 auf Lebenszeit ernannten Peers.

❸ St Stephen's Hall Hier tagte 1547–1837 das Unterhaus, das House of Commons.

❹ Westminster Hall Der einzige Überrest des alten Westminster Palace. Hier fanden die Prozesse gegen Richard II. und Thomas More (Lordkanzler) statt.

❺ Big Ben/Elizabeth Tower Das Wahrzeichen Londons schlechthin. Der 1858/1859 errichtete Turm am Nordende der Houses of Parliament ist 96,3 m hoch. Die Ziffernblätter der Uhr haben einen Durchmesser von fast 8 m, die Zeiger sind fast 4 m lang, und die berühmte Glocke Big Ben wiegt 13,8 t.

⑥ House of Commons Hier tagt das Unterhaus mit den gewählten Volksvertretern. Zwischen den Bänken der Regierungsparteien und der Opposition ist »zwei Schwertlängen« Platz. Nicht alle Abgeordneten können sich setzen. Man sitzt dicht gedrängt.

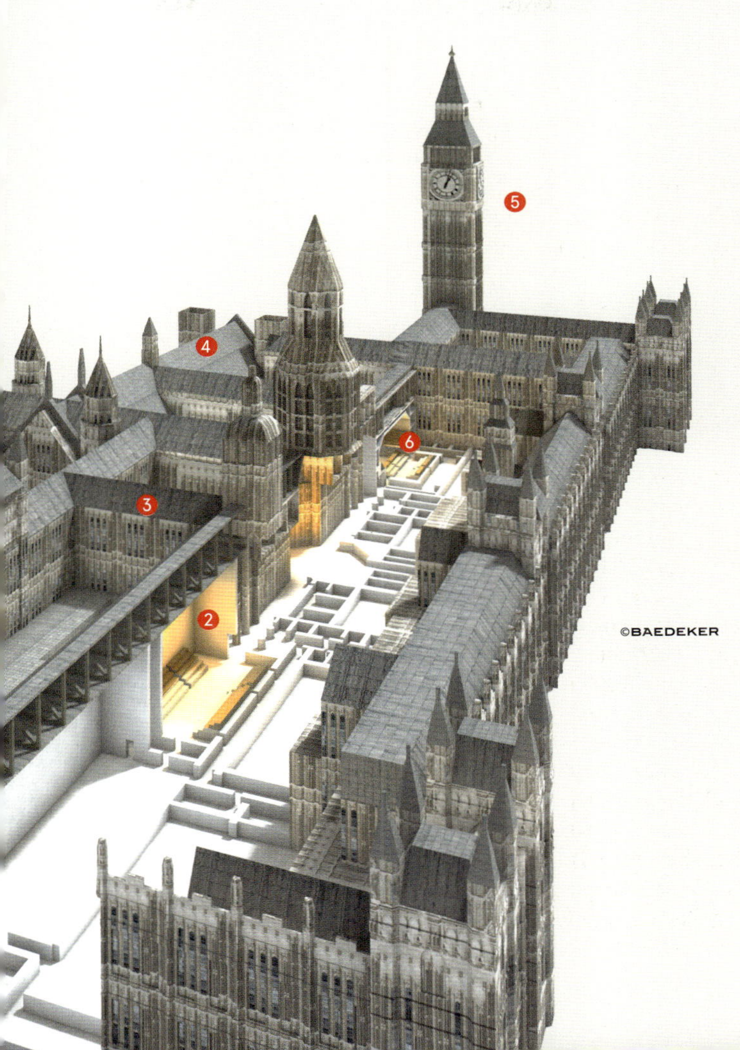

29 SEA LIFE London Aquarium

Warum?	Magische Unterwasserwelt auf Augenhöhe
Was?	Schildkröten, Stachelrochen und Haifische
Wie lange?	1,5 bis 2 Stunden
Wann?	Vormittags, am besten außerhalb der englischen Schulferien
Was noch?	Pinguine, Nemo & Co.
Was nehme ich mit?	Den Zauber, der von den zum Greifen nah vorbeigleitenden Meerestieren im dunklen Blau des Wassers ausgeht

Tiefer Einblick in die geheimnisvolle Unterwasserwelt

Tauchen Sie mit dem Lift ab und beobachten Sie vom Ocean Tunnel aus die magische Unterwasserwelt.

Schauen Sie, wie kunstvoll die Schildkröten durchs Wasser gleiten, wie die Clownfische in den farbenprächtigen Korallenriffen umherflitzen oder wie die federleicht wirkenden Quallen und Seepferdchen durchs Becken schweben. Bei den Rockpools dürfen Sie Seesterne und Krebse sogar anfassen. Das unterlässt man besser bei den Piranhas und Haien und schaut sich die professionelle Fütterung an. Das ist auch bei den Pinguinen in ihrer eisigen Antarktiswelt sehenswert. Wenn Sie über den Shark Walk laufen, sind Sie zwar durch den Glasboden geschützt, aber die Sandtigerhaie sind den Füßen doch sehr nah!

KLEINE PAUSE

Das Restaurant **Troja** serviert gesunde türkische Küche, auch Vegetarisches (3F Belvedere Rd., tgl. 12–22 Uhr).

✛ 220 B2
🚇 Westminster, Waterloo
✉ County Hall, Westminster Bridge Rd., SE1
☎ 020 79 67 80 25

🌐 www.visitsealife.com
🕐 Mo–Fr 10–16, Sa/So 10–17 Uhr, im Sommer länger
🎟 £ 32 (günstiger bei Online-Ticketkauf)

㉚ Tate Modern

<table>
<tr><td>Warum?</td><td>Musentempel für zeitgenössische Kunst</td></tr>
<tr><td>Was?</td><td>Große Kunst vom Impressionismus bis heute</td></tr>
<tr><td>Wie lange?</td><td>Zwei Stunden oder den ganzen Tag</td></tr>
<tr><td>Wann?</td><td>Am schönsten, wenn es nicht regnet</td></tr>
<tr><td>Was noch?</td><td>Beeindruckende Installation in der Turbinenhalle und die Aussicht auf die Stadt</td></tr>
<tr><td>Was nehme ich mit?</td><td>Aktuelle Kunst muss nicht immer erklärt werden, jeder kann sich ihr auch ganz individuell nähern</td></tr>
</table>

Erst im Jahr 2000 wurde das umgebaute Kraftwerk bezogen und mit Werken aus der Tate Britain bestückt. Seither nimmt die Tate Modern einen der ersten Ränge unter Kunstmuseen für zeitgenössische Kunst ein.

Wenn Sie vom Fluss her das Museum betreten, stehen Sie mitten in der beeindruckenden Turbinenhalle. Eine Länge von 152 m und eine Höhe von 35 m sind Dimensionen, die ungewöhnliche Installationen verlangen, bisher z. B. das raumfüllende trichterförmige Objekt »Marsyas« von Anish Kapoor, die riesige Spinne von Louise Bourgeois oder die 100 Millionen Sonnenblumenkerne aus Porzellan von Ai Weiwei.

Die Turbinenhalle in der Tate ist für überdimensionierte Werke wie geschaffen.

Bedeutende zeitgenössische Kunst

Passend zum Millenniumsjahr wurde der Umbau des alten Ölkraftwerks zu einem modernen Kunstmuseum fertig. In der ständigen Sammlung sehen Sie Pablo Picassos »Akt in einem schwarzen Lehnsessel« (1932) und Piet Mondrians reduzierte »Komposition mit Gelb, Blau und Rot« (1937–42). In Salvador Dalís »Metamorphose des Narziss« (1937) ist Unbewusstes auf Leinwand gebannt. Claude Monets »Wasser-

lilien« (um 1916) hatten Einfluss auf zahlreiche andere Künstler. Und auch Werke von Richard Serra, Gerhard Richter oder Ellsworth Kelly lassen sich hier betrachten – und das komplett kostenfrei!

Der 2016 eröffnete pyramidenförmige Erweiterungsbau des Museums umfasst die ehemaligen Öltanks im Keller, in denen nun Videoinstallationen laufen. Kostenlos ist auch die Panoramaaussicht vom 10. Stock des neu angebauten Blavatnik Buildings.

KLEINE PAUSE

Genießen Sie im **Nathalie Bell Building** die Aussicht vom Restaurant (Ebene 6) oder der Espresso Bar (Ebene 3); das Café mit Themseblick im Erdgeschoss ist eine preisgünstige Alternative. Im **Blavatnik Building** gibt es ein Café (1. Etage) und ein Restaurant (9. Etage). Tipp: mit einem Espresso von der Kaffeebar (10. Etage) den Blick weit schweifen lassen.

✛ 221 E3 ⊠ Southwark, St Paul's, Blackfriars, London Bridge
✉ Bankside, SE1
☎ 020 78 87 88 88 ⊕ www.tate.org.uk
🕐 tgl. 10–18 Uhr; letzter Einlass 30 Min. vor Schließung 💳 frei; wechselnder Eintritt für Sonderausstellungen
ℹ Kostenlose Führungen tgl. 12, 13, 14 Uhr (30–45 Min.); Museums-App; mehrere Shops mit tollen Kunstbüchern, Katalogen, Postkarten, Stiften, Souvenirs etc.

Nach Lust und Laune!

31 River Trips

Ein Ausflug auf der Themse ist eine wunderbare Möglichkeit, um fernab von Lärm und verstopften Straßen die Stadt kennenzulernen. Anlegestellen in der Innenstadt, die als Ausgangspunkt für Ausflüge infrage kommen, sind: Embankment, Bankside, Festival, Tower Millennium, London Eye (Waterloo; S. 112) und Westminster Millennium. Die Bootslinien in Richtung Osten nach Greenwich (mit Verbindungen zur Thames Barrier; S. 15) durchfahren städtisches Gebiet und Industrieviertel, bieten aber schöne Blicke auf Greenwich (S. 188).

Die Linien stromaufwärts nach Hampton Court über Kew (S. 178), Putney, Richmond bis nach Kingston passieren ländlichere Gegenden, der Fluss windet sich durch Parks und Londoner Wohnviertel mit dörflichem Charakter. Eine Vergnügungsfahrt am Abend ist ebenfalls eine schöne Art, die Stadt zu erleben. Beachten Sie, dass sich die Abfahrtszeiten der Boote von Monat zu Monat ändern.

London Duck Tours sorgen für Spaß und Nervenkitzel bei Rundfahrten auf der Themse mit den gelben Amphibienfahrzeugen aus dem Zweiten Weltkrieg, z. B. ab London Eye. Dauer jeweils 75 Min.

Mit Vollgas aufs Wasser geht's bei Thames Rib Experience mit dem Speedboat.

Vom Westminster Millennium Pier
⚓ 220 A2

Thames River Boats
☎ 020 79 30 20 62
🌐 www.wpsa.co.uk
ℹ Flussaufwärts: nach Kew (1,5 Std.), Richmond (2 Std.), Hampton Court (3 Std.); flussabwärts: zum Tower (35–45 Min.) und nach Greenwich (45 Min.)

City Experiences
☎ 020 77 40 04 00
🌐 www.cityexperiences.com/de/london ℹ Showboat-Fahrt (19.30–22.45 Uhr) mit 4-Gänge-Menü, Bühnenprogramm und Tanz, inkl. Blick auf London bei Nacht

Vom Embankment Pier & London Eye oder vom Tower Millennium Pier
⚓ 220 B2–C3

Thames Clippers
🌐 www.thamesclippers.com
ℹ Flussabwärts: zur London Bridge oder bis nach Greenwich (1 Std.); flussaufwärts: zum Embankment (25 Min.).

32 Westminster & Waterloo Bridges

Die Westminster Bridge (erbaut 1862) ist eine von mehr als 30 Brücken über die Themse. 1750 war die Originalbrücke an dieser Stelle allerdings eine von nur zwei Übergängen neben der London Bridge. Prüfen Sie in der Nähe der Westminster Bridge am Westminster Pier die Abfahrtzeiten, Preise und Ziele der Bootstouren (River Trips, S. 111).

Von der Waterloo Bridge haben Sie einen hervorragenden Blick über London. Im Osten sehen Sie die Wahrzeichen St Paul's Cathedral (S. 70), Tower 42, The Twentytwo, das Leadenhall Building (»Käsereibe«), The Scalpel und das markante 20 Fenchurch Street (»Walkie-Talkie«) mit dem Sky Garden (S. 67). In der Nähe rechts stehen der Oxo Tower (S. 114), One Blackfriars, Southbank Tower und The Shard (S. 116).

Wenn Sie Richtung Norden über die Brücke gehen, sehen Sie rechts das prächtige Somerset House (S. 85), das einzige erhaltene Beispiel für die Herrenhäuser des 18. Jhs., die einst das Ufer säumten. Heute ist hier die Dauerausstellung der Courtauld Institute Gallery untergebracht.

Westminster Bridge ✛ 220 B1
Waterloo Bridge ✛ 220 B3

33 County Hall – Shrek's Adventure

Neben dem Aquarium ist in County Hall auch diese Attraktion untergebracht: eine virtuelle Abenteuergeschichte rund um den grünen Helden Shrek, Prinzessin Fiona und den Esel. Besucher werden mit einem (virtuellen) magischen Routemaster-Bus und dem Esel als Tourguide in ein fernes Land transportiert, müssen dort Shrek finden, um zurück nach London zu kommen. Unterwegs gibt es Begegnungen mit Film- und Märchenfiguren.

✛ 220 B2 🚇 Westminster, Waterloo, Embankment
✉ County Hall, Westminster Bridge Rd., Riverside Buildings, SE1
🌐 www.shreksadventure.com
🕐 Mo–Mi, Fr 10–16, Do 11–16, Sa/So 10–16 Uhr 🎟 £ 30 (online ab £ 24)

34 London Dungeon

Der London Dungeon lehrt Erwachsene und ältere Kinder das Gruseln. Hier gelangen Sie tief unter den Straßen von London in eine finstere, grausige Welt aus Folter und Schmerz. Zu den spannendsten Attraktionen gehören: die Tyrant Boat Ride, die Sie in totale Finsternis mit schaurigen Gestalten taucht, Sie haben Begegnungen mit Jack the Ripper, dem Londoner Serienmörder aus dem 19. Jh., und Sweeney Todd, dem mörderischen Bar-

Goldener Lichtzauber

Ein sonniger Abend auf der Waterloo Bridge (S. 112) ist genau richtig, um sich dem Paradies näher zu fühlen. Das Licht umschmeichelt die Bauten aus Glas und Stahl. Beim Blick nach Westen kommt unwillkürlich der alte Song von The Kinks in den Sinn: »As long as I gaze on Waterloo sunset, I am in paradise« (Solange ich mir den Sonnenuntergang an der Waterloo Station anschaue, bin ich im Paradies). Wer ihn hier summt, begibt sich in den Zauber dieses Ortes.

bier der Stadt. Zudem bekommen
Sie einen hautnahen Einblick in den
Kampf ums Überleben im Great
Fire of London und Sie wohnen der
Verschwörung von Guy Fawkes bei,
der das Parlament in die Luft jagen
will. Die Tour dauert 90 Minuten.

✠ 220 B2 ᕙ Waterloo
✉ County Hall, Westminster Bridge
Rd., SE1 ☎ 020 76 54 08 09
⊕ www.thedungeons.com
🕐 Mo–Fr 11–16, Sa 10–17, So 10–16
Uhr (in Schulferien länger)
🎟 £ 31 (online günstiger)

35 South Bank Centre

100 Jahre nach der Weltausstellung
feierte das Vereinigte Königreich
1951 mit dem Festival of Britain Kultur, Wissenschaft und Architektur
der Nation. Gebäude im Stil des Bru-
talismus reihen sich an der Südseite
der Themse aneinander. 364 Tage im
Jahr ist das South Bank Centre geöffnet. Dort gibt es für jeden etwas: von
einem Glas Wein auf der Festival-
Terrasse bis zu hundert Events in
den Foyers der Royal Festival Halls.

Ein Bummel an den Schaufenstern verkürzt die Zeit, bis sich die
Türen öffnen: zu Konzerten in der
Royal Festival Hall, der Queen Elizabeth Hall oder dem Purcell Room
und zu Kunstausstellungen in der
Hayward Gallery.

✠ 220 B2 ᕙ Waterloo
✉ Belvedere Rd., SE1
☎ 020 38 79 95 55
⊕ www.southbankcentre.co.uk

36 Oxo Tower

Dieses auffällige Gebäude beherbergt Restaurants und Bars (S. 118),
Ausstellungsräume und Designer-
Werkstätten. Die Fenster des Turms
sind so angeordnet, dass sie »OXO«
(eine Brühwürfel-Handelsmarke)
ergeben, ein Kunstgriff des Architekten, um das Werbeverbot an der
Flussseite zu umgehen. Von der Terrasse im 8. Stock ist der Ausblick
wunderbar.

✠ 221 C/D3
ᕙ Blackfriars, Waterloo
✉ Barge House St., SE1
☎ 020 70 21 16 00
⊕ www.oxotower.co.uk
🕐 Besucherterrasse: tgl. 11–18 Uhr;
Studios und Läden: Di–So 11–18 Uhr
🎟 frei (alle Bereiche)

Kein Irrtum möglich: Dies ist der »OXO«-Tower.

Dieses faszinierende und zugleich ernüchternde Museum zeigt eindrücklich, wie Krieg wirklich ist. Empfangen wird man von einer V-2-Rakete, einem T-34-Panzer und einem Spitfire-Flugzeug im von dem Architekten Norman Foster umgestalteten Atrium. Schwerpunkte in den Galerien sind der Erste Weltkrieg und der Holocaust.

Das Museum besitzt eine große Sammlung von Geräten, Dokumenten, Fotografien, Kunstwerken, Ton- und Filmmaterial. Sehr bewegend sind Tonaufnahmen von Menschen, die über das Drama des Krieges und die dadurch verursachten Veränderungen in ihrem Leben berichten. Besondere Effekte bringen das Soldatenleben näher oder lassen einen Bombenhagel im Zweiten Weltkrieg erleben. Auch jüngere Konflikte wie z. B. die Auseinandersetzungen im Kosovo und in Afghanistan sind hier Themen. Wechselnde Ausstellungen ergänzen die ebenso umfassende wie beeindruckende Sammlung.

⌖ 221 D1 🚇 Lambeth North,
Elephant and Castle, Waterloo
✉ Lambeth Rd., SE1
☎ 020 74 16 50 00
🌐 www.iwm.org.uk 🕐 tgl. 10–18 Uhr
🎟 frei

38 Shakespeare's Globe

Wie wäre es mit einem Besuch in Shakespeares Theater? Das Globe ist zwar nicht das Originaltheater, aber eine gelungene Rekonstruktion des ursprünglichen Theaters, das 300 m entfernt lag. Shakespeare war Teilhaber und Schauspieler, dort wurden viele seiner Stücke uraufgeführt. Das Projekt, das Globe wieder auferstehen zu lassen, war eine Idee des US-amerikanischen Filmschauspielers und Regisseurs Sam Wanamaker, der jedoch vor der Fertigstellung starb.

Nun ist ihm nebenan ein Indoor-Theater gewidmet, das bei Aufführungen mit Kerzen beleuchtet wird. Das Globe ist aus unbehandeltem Eichenholz und 9500 Eichenholznägeln erbaut. Ein Strohdach, das erste seit dem Großen Feuer von 1666, überdeckt das Theater – jedoch nicht vollständig. Wie bei Shakes-

Exzellenter Nachbau: Globe's Theatre

peares Globe gibt es vor der Bühne einen unüberdachten freien Platz, wo Theaterbesucher die Schauspieler mit Zwischenrufen in wahrhaft elisabethanischer Manier anfeuern können.

Einen Besuch der Ausstellung wie eine Führung, bei der man einen Blick hinter die Kulissen wirft, sollten Sie sich nicht entgehen lassen. Wenn Sie daran teilgenommen haben, werden Sie bestimmt neugierig auf eine Aufführung im Globe sein.

✈ 221 E3
🚇 Mansion House, London Bridge
✉ 21 New Globe Walk, Bankside, SE1
☎ 020 79 02 14 00
🌐 www.shakespearesglobe.com
🕐 Mo–Fr 11–18, Sa 10–18, So 10–17 Uhr, Führungen (50 Min.) Mai–Okt. tgl. 10–16 Uhr, Dez.–April, nur Mi–So
🎫 für Theater: ab £ 25, Touren £ 16

39 Borough Market

Ein Muss für Besucher Londons! Der Borough Market zeigt, wie sich die britische Esskultur gewandelt hat. Eingezwängt ist er unter den Bahnviadukten zwischen Borough High Street und der Themse, es erwartet Sie ein überbordendes Angebot. Seit 800 Jahren wird hier mit Lebensmitteln gehandelt, heute ist der Gourmetmarkt mit 70 Buden und Ständen bestückt.

Britische Produzenten verkaufen Fleisch und Fisch, Käse und Brot, Kuchen und Bier. Marmelade, Honig, Schinken und Käse aus ganz Europa finden Sie hier und Sie dürfen hier und da auch probieren. Der Rundgang ist ein Genuss, den Sie mit einem Gourmet-Sandwich und einem Glas Apfelwein noch verfeinern können – oder vielleicht lassen Sie sich ja zu neuen Rezepten und Gerichten inspirieren.

✈ 222 A3   🚇 London Bridge
✉ Southwark St., SE1
☎ 020 74 07 10 02
🌐 www.boroughmarket.org.uk
🕐 Mi–Fr 10–17, Sa 8–17, So 10–15 Uhr, eingeschränktes Angebot Mo/Di 10–17 Uhr   🎫 frei

40 The Shard

Der 2012 fertiggestellte Londoner Wolkenkratzer bietet eine fantastische Aussicht und hat die Skyline bedeutend verändert. Stararchitekt Renzo Piano entwarf die 310 m hohe und mit 11 000 Scheiben verglaste Pyramide. Mit zwei Highspeed-Aufzügen geht es hoch zu den Aussichtsplattformen in den Etagen 68–72 in schwindelerregenden 221 bis 232 m Höhe. Dort ist der Rundum-Blick hinunter auf die geradezu klein wirkende Stadt außergewöhnlich.

Ein paar Etagen tiefer ist das exklusive Hotel Shangri-La untergebracht. Wer sich dort noch etwas leisten möchte, gönnt sich in der schicken Gŏng Bar (52. Stock) einen Afternoon Tea oder am Abend einen (teuren) Cocktail.

Für die Aussichtsplattformen sollten Sie die Tickets mit exaktem

Atemberaubender Blick aus der 69. Etage des The Shard über London und Umgebung

Datum und Uhrzeit für den Besuch im Voraus buchen. Ihre Tasche darf ein Normmaß nicht überschreiten, sonst lässt man Sie nicht hinein: Es gibt keine Garderobe, wo Sie Ihr Gepäck abgeben könnten. Wie am Flughafen durchlaufen Sie einen Scanner-Sicherheitscheck.

41 HMS Belfast

Das 1938 vom Stapel gelaufene Kriegsschiff war im Zweiten Weltkrieg im Einsatz und ist der größte Kreuzer, der je von der Royal Navy gebaut wurde. Er nahm an der Landung in der Normandie teil, war im Koreakrieg 1952 und blieb bis 1963 im Dienst. Seit dem Umbau zu einem Museumsschiff im Jahr 1971 liegt es am Themseufer vor dem eiförmigen Glasbau (ehemals City Hall).

Besucher können sich die neun Decks von der Brücke bis zum Maschinenraum, von der Kombüse bis zu den engen Mannschaftsquartieren anschauen.

Wohin zum ...
Essen und Trinken?

Preise für ein Hauptgericht ohne Getränke
und Service
£   unter £ 25
££   £ 25–50
£££   über £ 50

RESTAURANTS

Cantina del Ponte £–££
Dieses lebhafte einfache italienische Lokal
liegt am Kai an der Tower Bridge und hat
eine fabelhafte Aussicht auf die City. Große
Auswahl an Fisch und Fleisch. Auch Events
werden veranstaltet, bei denen man während
des Essens mit Gesang unterhalten wird.
✢ 222 C2 ⊠ London Bridge, Tower Hill
✉ Butler's Wharf Building, 36c Shad Thames,
SE1 ☎ 020 74 03 54 03
⊕ www.cantinadelponte.co.uk
⏱ Mo–Sa 12–15 und 17.30–21, So 12–17 Uhr

Fish! £–££
Mit Blick auf die Southwark Cathedral wird
mitten im Borough Market fangfrisches Meeresgetier zu klassischen Gerichten verarbeitet: gegrillte Jakobsmuscheln, Meeresfrüch-
tesalat, Fish & Chips oder geräucherter
Schellfisch. Wer wenig Zeit hat, holt sich
nebenan einen günstigen Take-away-Fisch.
✢ 222 A3 ⊠ London Bridge
✉ Cathedral St., Borough Market, SE1
☎ 020 74 07 38 03
⊕ www.fishkitchen.com
⏱ So–Mi 12–22, Do–Sa 12–23 Uhr

Oxo Tower ££–£££
Gleich drei Lokalitäten stehen im Turm zur
Wahl: Die Brasserie bietet ganztägig Essen,
im Restaurant können Sie mittags oder
abends speisen. Die Küche ist überall gut:
geschmorte Lammkeule, Makrele aus Cornwall, vegetarische Menüs. Die Bar hat eine
große Cocktailkarte und Express-Lunch.
✢ 221 D3 ⊠ Blackfriars
✉ 8. Etage, OXO Tower, Barge House St., SE1
☎ 020 78 03 38 88
⊕ https://oxotowerrestaurant.com

So fein wird im Oxo Tower Lamm serviert.

⏱ tgl. 12–14.30, So–Di 18–21.30, Mi–Sa 17–
21.30 Uhr

Swan at the Globe £–££
Direkt beim Globe-Theaterkomplex (S. 115)
ist dieses Lokal mit überwältigendem Blick
auf den Fluss gelegen. In der Cafébar werden leichte Lunch- und Supper-Gerichte
sowie Afternoon Tea und Sandwiches serviert. Die Brasserie im ersten Stock bietet
Gerichte à la carte und Tagesmenüs. Von
dort hat man eine fantastische Aussicht.
✢ 221 E3 ⊠ Cannon St., London Bridge,
Mansion House
✉ 21 New Globe Walk, Bankside, SE1
☎ 020 79 28 94 44
⊕ www.swanlondon.co.uk
⏱ Bar Mo–Sa 10.30–24, So 10.30–23; Restaurant Mo–Sa 12–22.30, So 11.30–22.30 Uhr

The Archduke £–££
An den Platz unter den Bahnbögen bei der
Station Waterloo zieht es Besucher der
South Bank und Einheimische, die zu den
wöchentlich mehrmals stattfindenden
abendlichen Jazzkonzerten kommen. Tagsüber können Sie ein leichtes Mittagessen
einnehmen, abends entspannt zu Abend essen. Man serviert Ihnen Burger und Salate,
Fisch und Vegetarisches. Die Spezialität des
Hauses sind Steaks. Gegrillt und mit Soße
nach Wahl: Bearnaise, Pfeffer oder Knob-
lauch-Kräuterbutter.
✢ 220 C2 ⊠ Waterloo, Embankment
✉ Concert Hall, South Bank, SE1
☎ 020 79 28 19 31
⊕ www.blackandbluerestaurants.com
⏱ So/Mo 12–22, Di–Do 12–23, Fr/Sa 12–23.30
Uhr

BARS UND PUBS

Anchor & Hope £

Der alteingesessene Gastropub in der Nähe des Young Vic Theatre ist sehr beliebt, daher empfiehlt sich für den Lunch wie fürs Dinner eine Reservierung. Das gilt auch fürs Pre-theatre-Menü. Bei schönem Wetter kann man draußen sitzen. Gekocht wird jahreszeitlich herzhaft britisch, z. B. Kaninchen, schottischer Kabeljau oder in Rotwein geschmortes Rindfleisch.

✝ 221 D2 ⌖ Southwark, Waterloo
✉ 36 The Cut, SE1 ☎ 020 79 28 98 98
🌐 www.anchorandhopepub.co.uk
🕐 Di–Do 16–22.30, Fr/Sa 11–22.30, So 12–15.30 Uhr

Gordon's Wine Bar £

Ein Weinkeller, wie er im Buche steht: Wenn man die Steinstufen hinuntergestiegen ist, drängt man sich im Gewölbe, das seit 1890 besteht, mit Weinliebhabern und neugierigen Besuchern. Hier wird nicht einfach nur getrunken, sondern die ausgezeichnete Auswahl an Weinen, Port und Madeira mit einer Fleischplatte oder einem Käsebrett zelebriert. Die vegane Alternative heißt: Cashew-Käse mit Kräutern der Provence. Wem der Keller zu dunkel ist, sitzt auf der Terrasse.

✝ 220 A3 ⌖ Embankment, Charing Cross
✉ 47 Villiers St., WC2
🕐 020 79 30 14 08
🌐 http://gordonswinebar.com
🕐 Mo–Sa 11–23, So 12–21 Uhr

Wohin zum … Einkaufen?

Oxo Tower Wharf und **Gabriel's Wharf** zählen zu den Shoppingadressen in London (Barge House Street, SE1, www.oxotower.co.uk, www.coinstreet.org), wo Sie außergewöhnlichen Schmuck, Hüte und Mode von international anerkannten Künstlern und Kunsthandwerkern bekommen.

Im Oxo Tower Wharf gibt's auch Geschenke für die Daheimgebliebenen. Handgefertigte Kinderkleidung aus Naturfasern oder skandinavisches Geschirr, Kerzen und Schmuck bei **Nordic Nic Nac** (Unit 14, 56 Upper Ground, www.nordicnicnac.com).

Wer kultige Uhren sucht, steuert **Mr Jones Design** an, das Crispin Jones als »Schmuck für die Seele« (Unit 1.11, 1. Stock Uferseite; www.mrjoneswatches.com) entwickelt hat. Nur einen Steinwurf von hier entfernt kreiert der **Juwelier Josef Koppmann** edle Schätze aus 24-Karat-Gold und Sterlingsilber (Unit 1.06, 1. Stock Innenhof, www.josefkoppmann.com).

Die Textildesignerin **Doreen Gittens** ist spezialisiert auf handgewebte Textilien, z. B. Bettüberwürfe oder hauchzarte Seidenschals. (1.07, 1. Stock, Bargehouse St., www.archipelagotextiles.com).

Wohin zum … Ausgehen?

Mit einer Vielzahl von Veranstaltungsorten ist das **South Bank Centre** (S. 114) weltweit das größte Kulturzentrum. Wer Interesse an Musik und Tanz hat, sollte die Royal Festival Hall und die Queen Elizabeth Hall mit dem Purcell-Raum besuchen.

Weiter flussabwärts bietet das **Royal National Theatre** (Tel. 020 39 89 54 55, www.nationaltheatre.org.uk) auf drei unterschiedlichen Bühnen – Lyttelton, Olivier und Cottesloe Theatre – Topqualität.

Die **BFI South Bank** (Tel. 020 79 28 32 32, www.bfi.org.uk) ist das Kinoarchiv des britischen Films. Dort können Sie populäre und ausländische Filme mit Untertiteln sehen. In der Nähe betreibt BFI das Londoner **IMAX Cinema**, ein hochmodernes Kino mit 500 Plätzen (Tel. 0330 3 33 78 78).

Der andere Gigant in der South Bank ist **Shakespeare's Globe** (S. 115). Große Schauspieler wie Albert Finney, Anthony Hopkins, und Maggie Smith traten schon im **Old Vic** (Tel. 0844 871 76 82, www.oldvictheatre.com) auf.

Im **Young Vic** dagegen (Tel. 020 79 22 29 22, www.youngvic.org) werden klassische Stücke aus innovativen Produktionen zu erschwinglichen Preisen dargeboten.

Aufwendige Schaufensterdeko im Kaufhaus
Harvey Nichols in Knightsbridge

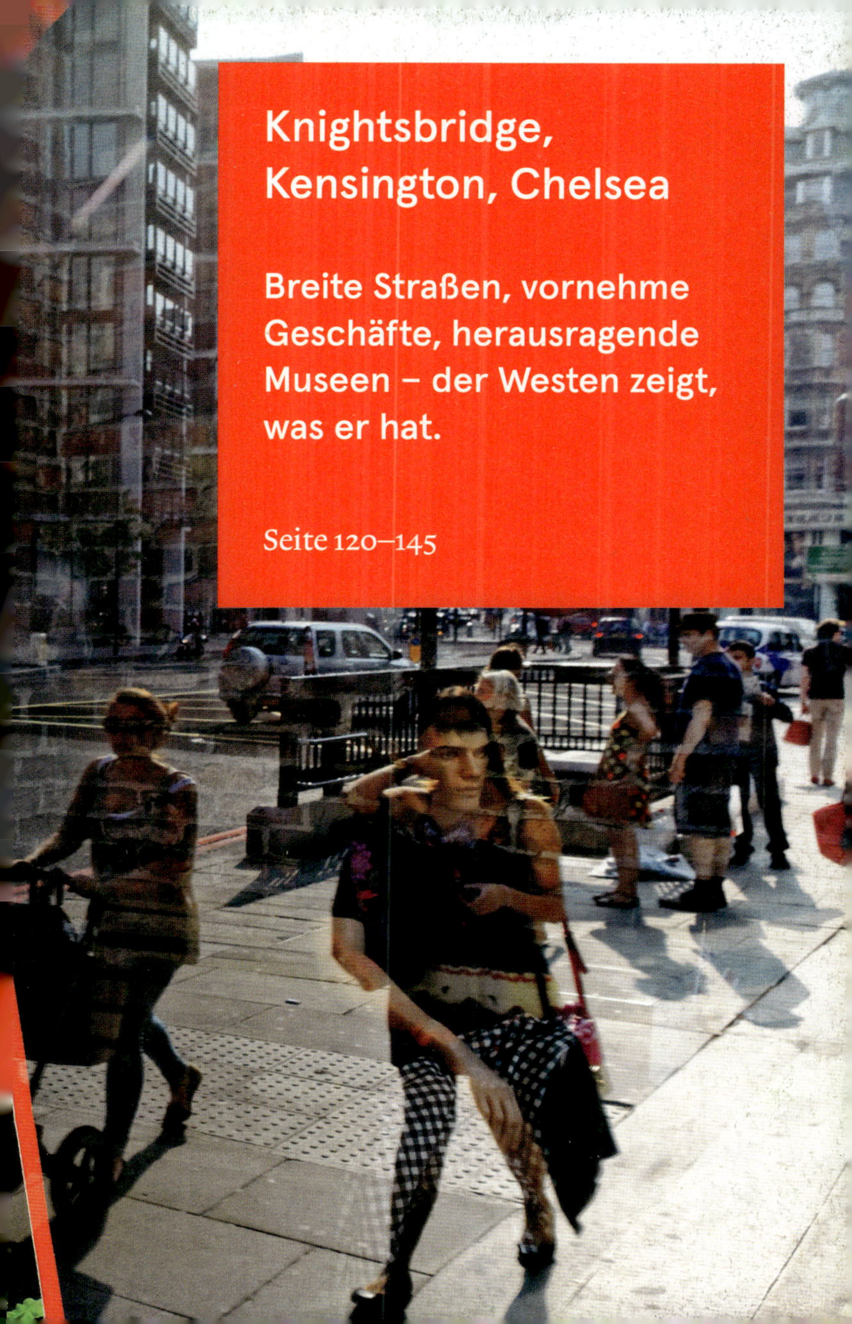
Knightsbridge,
Kensington, Chelsea

Breite Straßen, vornehme
Geschäfte, herausragende
Museen – der Westen zeigt,
was er hat.

Seite 120–145

Erste Orientierung

Vornehm, exklusiv und teuer – diese Eigenschaften bestimmen die Viertel im Westen Londons. Die einst idyllischen Dörfer avancierten schon früh zur beliebten Wohngegend für vermögende Londoner mit schöner Architektur und breiten, baumgesäumten Alleen.

Kensington kam im späten 17. Jh. zu Ruhm und Ehre, als das Königshaus den Kensington Palace am Rand der jetzigen Kensington Gardens bezog. Der Palast ist nach wie vor königliches Eigentum – Teile sind der Öffentlichkeit zugänglich.

Die Gartenanlage gehört zu den schönsten ihrer Art in London. An die Kensington Gardens schließt sich der Hyde Park an, der mit den Kensington Gardens eine riesige grüne Oase inmitten der Stadt bildet. Getrennt sind beide Parks durch den künstlich angelegten Serpentine-See.

Überall in Kensington trifft man auf Denkmäler für den Gemahl Königin Viktorias, Prinz Albert, der 1861 mit erst 42 Jahren starb. Das Albert Memorial am Rande von Kensington Gardens ist das Hauptmonument. Denn es war die Idee des Prinzen, die Gewinne aus der Great Exhibition, die 1851 im Hyde Park stattfand, zur Errichtung eines Bildungszentrums in dieser Gegend zu nutzen. Die vielen Colleges und kulturellen Institutionen, die in South Kensington beheimatet sind, sind das Ergebnis, unter ihnen sind drei der bedeutendsten Museen der Stadt: das Victoria & Albert Museum (V & A), das Science Museum und das Natural History Museum.

Knightsbridge schließt im Osten an Kensington an. Als Wohnadresse noch exklusiver sind hier auch die edlen Kaufhäuser Harrods und Harvey Nichols zu finden.

Südlich grenzen Belgravia mit den Botschaften und das themsenahe Chelsea an.

TOP 10

6 ★★ Kensington Palace
8 ★★ Victoria & Albert Museum (V & A)

Nicht verpassen!

42 Harrods
43 Science Museum
44 Natural History Museum

Nach Lust und Laune!

45 Design Museum
46 Saatchi Gallery
47 Albert Memorial
48 Hyde Park & Kensington Gardens
49 Portobello Road Market

Mein Tag als Fashionista

Im grünen Westen Londons wohnte einst Stilikone Prinzessin Diana im Kensington Palace. Dieser ist das Stadtdomizil von William und Kate. Lassen Sie sich bei einem Streifzug durch den noblen Stadtteil modisch inspirieren.

9 Uhr: Durchs grüne Herz der Stadt

Eine schöne Möglichkeit, um sich dem ersten Ziel, dem Kensington Palace, zu nähern, ist der Weg durch **48** Hyde Park und Kensington Gardens (S. 140). Wenn Sie an der Südostecke bei Hyde Park Corner starten, können Sie dem mit Bodenplaketten markierten Diana Memorial Way folgen. Dabei wandeln Sie durch den kleinen Rosengarten, beobachten die Enten auf dem Serpentine-See und schauen auf das Granitoval des Gedenkbrunnens, der Diana Memorial Fountain.

Ab der Serpentine Gallery beginnen die Kensington Gardens. Bald nach dem **47** Albert Memorial (S. 140) ist die Allee erreicht, die dem Kensington Palace zustrebt.

10.30 Uhr: Auf den Spuren von Prinzessin Diana

Der **6** ★★ Kensington Palace (S. 128), der letzte Wohnsitz der 1997 gestorbenen Prinzessin Diana, wird vom Prince of Wales (William) und seiner Frau genutzt. Diana-Fans pilgern noch heute hierher. Sie dürfen zwar nur die State Apartments besichtigen, aber regelmäßig gibt es

500 m
500 yd
Marble Arch
Lancaster Gate
Bayswater Rd
Bayswater Rd
Park Lane
Park Lane
48
48
47
42
43
44
Round Pond
Serpentine Gallery
The Serpentine
Princess Diana Memorial Fountain
Kensington Rd
Kensington Rd
Royal Albert Hall
Exhibition Rd
Brompton
Sloane St
Knightsbridge
Hyde Park Corner
Start
9 Uhr
10.30 Uhr
6
Uhr
14 Uhr
17 Uhr
19 Uhr
Ende
The Botanist
Sloane Square
King's Rd
CHELSEA

10.30 Uhr: Auf den Spuren von Prinzessin Diana

9 Uhr: Durchs grüne Herz der Stadt

Uhr:
rassenplatz

14 Uhr: Kleider von vor-vorgestern bis gestern

19 Uhr: Aus-klang mit Stil

17 Uhr: Feine Mode zum Anprobieren

Nach der erholsamen Pause in der offenen Orangerie (derzeit geschl., links) sind die Sloane Street (oben) und das Kaufhaus Harrods das begehrte Ziel für Shopping-Queens (rechts).

Ausstellungen, bei denen der einstigen Prinzessin gedacht wird; in der Vergangenheit etwa in der Präsentation von Brautkleidern verschiedener Royals. Als Stilikone ihrer Zeit – der 1950/60er-Jahre – galt auch die Schwester der verstorbenen Queen, Prinzessin Margaret, die ebenfalls im Palast lebte.

12 Uhr: Terrassenplatz

Für die Mittagspause genießen Sie ein Essen oder Afternoon Tea im Pavillon, direkt neben dem Sunken Garden, mit Blick auf das Parkgrün, bevor der Spaziergang zum Victoria & Albert Museum führt.

14 Uhr: Kleider von vorvorgestern bis gestern

Nun können Sie nochmals durch die Kensington Gardens gehen, und haben Sie die Royal Albert Hall umrundet, sind Sie schon auf der Museumsmeile mit ❹❸ Science Museum (S. 135) und ❹❹ Natural History Museum (S. 137).

Zum Tagesmotto »Mode« aber interessieren uns im ❽ ★★ Victoria & Albert Museum (S. 131) die Abteilung »Fashion in Motion«: Klei-

dung aus fünf Jahrhunderten, vornehmlich aus Europa. Vor den Kleidern mit der Wespentaille hält man unbewusst die Luft an. Die Plateauschuhe wirken zeitlos, obwohl ihre Hochphase in den 1970er-Jahren lag. Ausgewählte Stücke von britischen Designer-Ikonen wie Alexander McQueen und Vivienne Westwood runden die Modenschau ab.

Für den Nachmittagstee sind die Räume des Museumscafés wie geschaffen: der grüne William-Morris-Raum im Arts-and-Crafts-Stil, der Gamble-Raum mit Säulen und vergoldeten Bögen oder der blau-weiß gekachelte Poynter-Raum.

17 Uhr: Feine Mode zum Anprobieren

Nach so viel modischer Inspiration bleibt eigentlich nur noch, sich selbst einzukleiden. Ein kurzer Weg führt zu den edlen Kaufhäusern ❷ Harrods (S. 134) oder Harvey Nichols (S. 144). Beide bieten Mode auf hohem Niveau. Möchten Sie sich jedoch ein stilvolles Designkleid gönnen, dann streifen Sie durch die Sloane Street zu den Boutiquen von Dolce & Gabbana, Ferragamo, Versace und Co. (S. 144).

19 Uhr: Ausklang mit Stil

Passte die Form der Designerrobe nicht perfekt oder war die schicke Hose nicht in der richtigen Größe da? Dann trösten Sie sich mit dem Vergnügen, den erlebnisreichen Tag mit einem guten Abendessen zu beenden. The Botanist (S. 142) im schönen Chelsea wäre ein stilvoller Abschluss.

❻ ★★ Kensington Palace

Warum?	Ein Palast royaler Weiblichkeit
Was?	Das Leben von Königin Viktoria nachgezeichnet
Wie lange?	Eine bis zwei Stunden
Wann?	So timen, dass man nach dem Besuch den Afternoon Tea im Orangery Café (vorübergehend im Pavillon) einnehmen kann
Was noch?	Die wunderbaren Kensington Gardens gleich vor der Tür
Was nehme ich mit?	Prinzessinnen haben es nicht leicht und auch Royals müssen arbeiten: Hier sind die Büros von William & Kate

Der Erstbezug im Kensington Palast lag 1689 beim Königspaar Wilhelm III. und Maria II. Der asthmakranke Monarch vertrug das feuchte Klima im nahe der Themse gelegenen Whitehall Palace nicht und hatte Christopher Wren mit dem Umbau von Nottingham House zu einem Palast beauftragt. Seitdem gehört der Bau zum königlichen Besitz.

Auf der Spur der Weiblichkeit: Palastbesichtigung

Vor Prinzessin Diana wohnte hier Prinzessin Margaret, die Schwester von Queen Elizabeth II. Sie sorgte für viel Tratsch in der Yellow Press mit Partys und Affären. Ihre Ur-Ur-Großmutter Königin Viktoria wurde hier geboren – Kensington Palace ermöglicht die Begegnung mit den royalen Ex-Bewohnerinnen über deren Besitztümer und deren Mode.

Die Präsentation »Victoria: A Royal Childhood« geht in der Zeit zurück und erkundet anhand von persönlichen Objekten Königin Viktorias Kindheit, darunter ein Sammelalbum und ihr Puppenhaus. Im Geburtszimmer kam sie 1819 zur Welt. Im Roten Salon fand ihre erste Sitzung mit ihrem politischen Beratungsgremium, dem Kron- oder Geheimen Rat, statt. Im Palast erfuhr sie 18-jährig vom Tod ihres Onkels Wilhelm IV., dem sie auf den Thron folgte, und auf der Treppe begegnete sie 1836 zum ersten Mal Prinz Albert, ihrem späteren Ehemann. 63 Jahre regierte sie das Land und es gibt eine Fülle von persönlichen Dingen zu entdecken: ihre Babyschuhe, ihr Hochzeitskleid, Briefe und vieles mehr. In diesem Zusammenhang entfaltet sich das Bild vom Leben Viktorias als Ehefrau, Mutter und Monarchin.

Sunken Garden

Gegenüber dem Kensington Palace liegt der von Mauern umsäumte Lieblingsgarten der verstorbenen Prinzessin Diana. Gehen Sie die Stufen zum Wasserbecken hinunter, schauen Sie auf die wohlgestaltete Gartenanlage mit ihren Pflanzkübeln, Grünflächen, Blumenrabatten und schnuppern an den Vergissmeinnicht, den Lieblingsblumen der Hausherrin. Anlässlich ihres 20. Todesjahres verwandelten die Gärtner das Kleinod 2017 in einen »White Garden« und 2021 wurde zu ihrem 60. Geburtstag eine Diana-Statue aufgestellt. Lassen Sie sich überraschen, wie der Garten bei Ihrem Besuch aussieht.

Prunk mit viel Drumherum

Die Räumlichkeiten im eher schlichten Gemäuer der früheren Bewohner – wie König Wilhelm III. und Georg II. – dürfen betreten werden. Die King's Staircase, der Zugang zu den State Apartments, wurde 1724 mit kunstvoller Wandmalerei ausgestattet. Die Kings Gallery weist wertvolle rote Damasttapeten, Eichenholzschnitzereien und einen Marmorkamin auf.

Die herrlichen Gärten wurden im Jahr 1728 angelegt und vieles erinnert noch heute an diese Zeit, wie der runde Teich und der Broadwalk mit der Marmorstatue von Königin Viktoria. Sie zeigt die Königin als 18-Jährige im Krönungsgewand.

KLEINE PAUSE
Solange die herrliche **Orangerie** renoviert wird, nimmt man für eine Erfrischung oder den Afternoon Tea im **Pavillon Platz**.

✛ 214 B/D2–4
🚇 High Street Kensington, Queensway, Notting Hill
✉ Broad Walk, Eingang Ostseite von den Kensington Gardens, W8
☎ 03 33 320 60 00

🌐 www.hrp.org.uk
🕐 tgl. März–Okt. 10–18, Nov.–Feb. 10–16 Uhr; letzter Einlass 1 Std. vor Schließung
💷 £ 23 (Onlinebuchung mit Zeitfenster empfohlen)

❽ ★★ Victoria & Albert Museum (V&A)

Warum?	Textilien, Keramik, Schmuck: Kultur- und Kunsthandwerk der ganzen Welt an einem Ort!
Was?	Am besten die kostenlose Highlights Tour mitmachen
Wie lange?	Ein halber Tag bis zu einer Woche
Wann?	Lieber mehrmals kommen, da die Vielfalt der Objekte mehrere Besuche lohnt
Was noch?	Tipu's Tiger und eine der Sonderausstellungen
Was nehme ich mit?	Den Anblick von Highlights, die ein Wiederkommen nicht ausschließen, und vielleicht ein Seidentuch aus dem Shop

Die Idee, ein Museum für Kunsthandwerk zu gründen, hatte Prinz Albert, der Gatte von König Viktoria. Unter dem Eindruck der von ihm initiierten Weltausstellung von 1851 war sein Ziel, Kunst als Quelle der Inspiration für Designer und als Quelle des Wissens einfachen Leuten zugänglich zu machen. 1852 wurden die ersten Stücke in bescheidenem Rahmen ausgestellt, den Grundstein für den heutigen Museumsbau legte seine Frau mehr als 30 Jahre nach seinem Tod.

Highlights ohne Ende

Die Bandbreite der Objekte hinter der prächtigen Fassade des Gebäudes ist immens: Skulpturen, Keramik, Glas, Möbel, Textilien, Gemälde, Fotografien, Drucke, Zeichnungen, Schmuck, Kleidung und Musikinstrumente. Auf sechs Ebenen verteilt sich die Sammlung und ist sortiert nach Europa, Asien, Moderne und Material & Techniken.

Die größten Künstler begannen mit der Kopie ...

Von früher italienischer Glasbläserkunst aus dem 1./2. Jh. zeugen mundgeblasene Urnen und von romantischer Poesie die Gravuren in den goldenen Ringen aus dem Frankreich des 15. Jh. (Räume 8 und 10a). Die Kunst Südasiens wird mit der

Sammlung Nehru (Raum 41) lebendig, Tipu's Tiger (ca. 1790) ist ein lebensgroßer Holzroboter in Tigerform, der gerade einen Soldaten verspeist. Die Mechanik im Innern des Tigers erzeugt knurrende Geräusche und Schreie des Opfers.

Schmuckstück der Abteilung des Mittleren Ostens, die das 8. bis 20. Jh. widerspiegelt, ist der riesige Ardabil-Teppich in der Sammlung Jameel. Er stammt aus dem Iran und wurde im 16. Jh. angefertigt. Die Knotendichte sorgt dafür, dass die Farben eine besondere Tiefe haben. Um das Meisterwerk aus Wolle und Seide für die Nachwelt zu erhalten, wird es nur zweimal in der Stunde angeleuchtet.

Und dann Raffael: Seine Skizzen, monumentale Kartons, waren 1515 von Papst Leo X. in Auftrag gegeben worden und waren Grundlage für die Wandteppiche, die das Leben der Heiligen Petrus und Paulus darstellen und die Sixtinische Kapelle im Vatikan schmücken sollten.

Im 19. Jh. konnten Londons Studenten noch nicht durch die Welt jetten, um sich Meisterwerke vor Ort anzusehen. Deshalb kamen sie hierher – in die Cast Courts (Räume 46, 46a/b) – und tun es noch immer, um die Reproduktionen zu studieren: die Trajanssäule (Rom), den Siegesportikus (Santiago de Compostela) und Michelangelos »David« (Florenz).

In den Fashion Galleries (40) sind Kleidung und Mode inklusive Hüten aus fünf Jahrhunderten zusammengetragen.

Das größte Bett Englands und seidige Stoffe

In den Ebenen 2 und 4 wird britisches Design und Kunst von 1500 bis 1900 ausgestellt. Werfen Sie in den British Galleries einen Blick auf die von Hugenotten gewebten Seidenstoffe oder den Hochzeitsanzug von König Jakob II. (1673) mit silberner Stickerei. Das Great Bed of Ware wurde 1590 gebaut, allerdings nicht für einen Adligen, sondern für eine Herberge in Ware/Hertfordshire. Das Bett ist 3 mal 3,3 m groß!

Es ist nicht alles Gold, was glänzt …

Filigraner Silberschmuck und anderes Glänzendes blenden in den Jewellery Rooms (Ebene 3): Darunter sind ein Goldcollier aus der Bronzezeit und das Manchester-Diadem, das 1903 für die Herzogin von Manchester angefertigt wurde. Videos erklären, wie Schmuck gemacht wird. Auch in den Räumen von Theatre & Performance gibt es Videovorführungen. Der Geschichte der Fotografie von 1839 bis zu den 1960er-Jahren, und damit Arbeiten von Henri Cartier-Bresson und Man Ray, ist ein eigener Raum gewidmet.

In der obersten Etage (6) sind die Keramiken versammelt. Ob funktional, dekorativ, kunstvoll oder schlicht: Die hier gezeigten Stücke dokumentieren, wie seit rund 4500 Jahren Ton zu Keramik, Steingut und Porzellan verwandelt wird. Weltweit ist sie die größte Sammlung.

KLEINE PAUSE
Im **V & A Café** in stilvoller Umgebung (tgl. 10–17 Uhr) oder im **Garden Café.**

Edle Räume für die britische Skulpturengeschichte …

+ 215 E1
South Kensington
Cromwell Rd., SW7
020 79 42 20 00
www.vam.ac.uk
tgl. 10–17.45, Fr bis 22 Uhr
frei; Spende erwünscht

Museumsplan £ 1; Highlights Tour (1 Std.) tgl. 10.30, 14 Uhr; weitere kostenlose Führungen (je 45 Min.): Fashion Tour (12.30 Uhr), Britain Tour (15 Uhr) oder Treasures of Europe Tour (13.30 Uhr)

㊷ Harrods

Warum?	*Die* Londoner Kaufhaus-Institution lässt man nicht aus
Was?	Taschen, Parfüm – und die opulenten Food Halls
Wie lange?	Auf jeden Fall lange …
Wann?	Täglich, auch am Sonntag
Was noch?	Die ägyptische Rolltreppe bringt Sie dem Luxus näher
Was nehme ich mit?	English Breakfast Tea oder Jam im Harrods-Design

Foods Hall: Verführung unter feinem Deckendekor

Vor fast 200 Jahren eröffnete der Lebensmittel- und Teehändler Henry Edward Harrod seinen ersten Laden und zog damit 1849 nach Kensington. Heute hat das renommierte Kaufhaus über 300 Abteilungen.

Das Kaufhaus achtet sehr auf seinen Ruf: Besucher erhalten nur angemessen gekleidet Einlass – keine Shorts, Flip-Flops, freizügigen Tops oder dicken Rucksäcke. Die »Tempelwächter« passen in ihren grünen Livrees am Eingang auf.

Die Ägyptische Halle, opulent dekoriert, beeindruckt im Erdgeschoss, wo man auch in den Lebensmittelhallen unter gewölbten Decken und dekorativen Kacheln dem Fisch, Früchten und unzähligen an anderen Lebensmitteln überquellenden Auslagen kaum widerstehen kann. Auch Normalverdienende können hier shoppen: Tee, Marmelade oder Kekse im grün-goldenen Harrods-Design verpackt. Alljährlich gibt es Neues und bei Sammlern sind die Objekte beliebt.

KLEINE PAUSE
Sie haben die Wahl zwischen **Champagner Bar, Coffee Bar, Harrods Café** und der **Pizzeria.**

 ✚ 218 A3 ⊠ Knightsbridge ☎ 020 77 30 12 34 ⊕ www.harrods.com
✉ 87–135 Brompton Rd., SW1 ⊙ Mo–Sa 10–21, So 12–18 Uhr

㊸ Science Museum

Ob Sie nun ein Wissenschafts-Nerd sind oder eher ein Technikmuffel, das faszinierende Museum macht Naturwissenschaften für jeden verständlich. Alles wird genau erklärt und jeder wird fündig: Eine Standuhr ist wie die Apollo-10-Mondkapsel ausgestellt, eine berühmte Schreibmaschine wie eine Dampflok oder ein Flugsimulator.

Im Mittelpunkt: das Wie und Warum

Im Haus fallen die monumentalen Maschinen, die mit ihrer Energie die industrielle Revolution in Gang setzten, zuerst auf, denn sie geben laut und zischend Dampf ab, wenn sie von Zeit zu Zeit angeworfen werden. In der abgedunkelten Weltraumhalle wird anhand von Raketen und Raumanzügen sowie allerlei Astronautenutensilien das Leben wäh-

Das Wissenschaftsmuseum zeigt, wie Wissen unser Leben verändert.

rend eines Weltraumfluges erfahrbar. Die Abteilung »Making the Modern World« zeigt Erfindungen – vom Ford T Automobil (1916) über das DNA-Modell von Crick und Watson und dem ersten Apple-Computer bis zur ramponierten Kommandokapsel der Apollo 10, die den Mond im Mai 1969 umkreiste.

Auf der 1. Etage dreht sich alles um Medizin. Die etwa 3000 Objekte umfassende Sammlung zeigt u. a. einen Seziertisch und Chirurgie-Roboter, den ersten MRT-Scanner. Eine viktorianische Apotheke gibt Einblick in die Geschichte der Medikamentenherstellung. Die interaktive Ausstellung »Who am I« lädt dazu ein, einen Blick auf den Körper zu werfen: Warum lächelt man, ist man schlau, wie sehen wir im Alter aus oder wie klingt unsere Stimme, wenn wir ein anderes Geschlecht hätten? Hier kann jeder selbst forschen.

Tempo, Zeit und andere Entdeckungen

In der 2. Etage messen Taschen- und Standuhren sowie Marinechronometer die Zeit. Die Winton Gallery widmet sich der Rolle der Mathematik in unserem Leben. Wer Tempo liebt, ist in der 3. Etage richtig: Nervenkitzel versprechen Flugsimulatoren in der Fly Zone. Bei »Engineer your Future« spielen Sie an interaktiven Stationen Ingenieur und versuchen, Zukunftsprobleme zu lösen; auch bei Wonderlab, geht es interaktiv wissenschaftlich zu. Das Secret Life at Home (UG) zeigt, wie sich Haushaltsgegenstände weiterentwickelt haben und wie sie funktionieren, z. B. Kühlschränke und Staubsauger. Vergleichen Sie mal die Toilette (1780) des Hampton Court Palace mit dem klappenlosen Waste Preventer (1900), bei dem via Kette gespült wurde.

KLEINE PAUSE

Kehren Sie zum Essen ein im **Diner** oder **Energy Café** (EG) oder genießen Sie Milkshakes in der **Shake Bar** (3. Stock).

† 215 D1
South Kensington
Exhibition Rd., SW7
☎ 033 00 58 00 58
🌐 www.sciencemuseum.org.uk

🕐 tgl. 10–18, letzter Einlass 17.15 Uhr
frei; IMAX, Flugsimulatoren und einige Sonderausstellungen £ 6–12
ℹ Führungen (30–45 Min.) fast tgl., Tage und Uhrzeiten variieren

④④ Natural History Museum

Das einer Kathedrale gleichende Museum beeindruckt sofort mit seiner Größe. Die Glaswände des 2009 angebauten Darwin Centre umschließen einen acht Stockwerke hohen weißen Kokon.

Prähistorisches wird hier spektakulär in Szene gesetzt.

Ausgestorbene Riesen und Säuger (Blaue Zone)

In der zwei Stockwerke hohen Eingangshalle, der Hintze Hall, empfängt Sie das Skelett eines Blauwals. Vielleicht sehen Sie auch »Dippy«, den Diplodocus-Dinosaurier, falls er nicht wieder durch Großbritannien tourt. Modelle, Fossilien und Videos bringen Dinosaurier nahe. Lassen Sie sich nicht einschüchtern von der Nachbildung des Tyrannosaurus Rex, der knurrt und sich bewegt, als suche er etwas zu beißen! Die

Hunderte Wissenschaftler kommen heute ins Museum, um ausgewählte Exponate zu erforschen.

Die Rolltreppe zu den Earth Galleries führt durch eine gigantische Nachbildung der Erde.

Im Jahr 1753 vermachte der Arzt und Geschäftsmann Hans Sloane Tausende Exponate von seinen Reisen dem Staat – das war der Grundstock des NHM.

Blaue Zone widmet sich auch den Säugetieren zu Wasser und zu Land: Eisbär, Rhinozeros und Zwergmaus – alle sind sie winzig im Vergleich zum 28 m langen Blauwal. Und dann der Mensch: Überdimensionale Blutzellen etwa verdeutlichen deren Funktionen.

Weitere Galerien zeigen Meeresgetier und Reptilien, auch Insekten: Creepy Crawlies, sogar einen Termitenhügel. Sie können Eier des winzigen Kolibris mit dem des riesigen Elefantenvogels vergleichen. Zu den Schätzen (Treasures) gehört ein Pinguinei von Scotts Antarktisexpedition.

Durch die Rote Zone zum Darwin Center

Mit der Rolltreppe fahren Sie ins Innere eines riesigen Globus, um die Vorgänge zu verstehen, die unsere Erde unter der Oberfläche beeinflussen. Es wird das Kobe-Erdbeben von 1995 simuliert, bei dem viele Menschen starben – im Nachbau eines Supermarkts spüren Sie die Erschütterungen am eigenen Leib. Schauen Sie in der Earth's Treasury Gallery die im Dunkeln glänzenden Mineralien, Diamanten und Smaragde an, so werden Sie danach selbst einen schlichten Felsen mit anderen Augen betrachten. In die Labore von Wissenschaftlern schauen Sie in der Orange Zone im Darwin Center: Von der Spitze des Baus laufen Sie an interaktiven Stationen vorbei eine Rampe hinab. Dabei erfahren Sie z. B., warum Schmetterlinge so faszinierend sind. Touchscreens vermitteln mehr Interessantes über Flora und Fauna.

KLEINE PAUSE

Fünf **Cafés und Restaurants** bieten Burger, Steaks, Pizza, Sandwiches, Salate, auch Kaffee und Kuchen.

✣ 215 D1
Ⓡ South Kensington
✉ Cromwell Rd., SW7
☎ 020 79 42 50 00
⊕ www.nhm.ac.uk

🕐 tgl. 10–17.50 Uhr; letzter Einlass 17.30 Uhr 🎟 frei
ℹ ein Museumsplan (£ 1) und die Visitor App weisen den Weg zu ausgewählten Exponaten

Nach Lust und Laune!

45 Design Museum

Was mit wenigen Ausstellungsstücken 1982 im Boilerhouse des V&A Museum begann und ab 1989 in einem Bananenlager in Bermondsey zu einer großen Designsammlung wuchs, ist 2016 ins ehemalige Commonwealth Institute in Kensington umgezogen und hat nach dem Umbau nun viel mehr Platz. Die spektakuläre Dachkonstruktion, die an das Kinderfaltspiel »Himmel und Hölle« erinnert, ist geblieben und vermittelt im Innern, dass hier der richtige Ort für die Designpräsentation entstanden ist. Anhand von 1000 Objekten, darunter ein Computer von Apple, ein Mixer von Braun oder eine Valentine-Schreibmaschine von Olivetti, zeigt die Ausstellung »Designer Maker User« dauerhaft Design des 20. und 21. Jh. Seine Geschichte wird an einer Wand aufgeführt, eine andere Darstellung zeigt Publikumslieblinge: die Coladose, eine Ikea-Tragetasche und einen Plastikputzeimer.

✈ 214 A1/2 🚇 High Street Kensington
✉ Kensington High St., W8
☎ 020 38 62 59 00
🌐 https://designmuseum.org
🕐 So–Do 10–18, Fr/Sa 10–21 Uhr; letzter Einlass 1 Std. vor Schließung 🎫 frei

46 Saatchi Gallery

Eine der wohl anregendsten Kunstgalerien der Welt ist seit 1985 mehrfach umgezogen und seit zehn Jahren nahe dem Sloane Square heimisch. Da die Galerie den An-

Das Ziel der Saatchi Gallery: einem breiten Publikum moderne Kunst nahebringen

spruch hat, vielen den Zugang zu zeitgenössischer Kunst zu ermöglichen, ist der Besuch ihrer Dauerausstellungen kostenlos. Häufig kommen weitere Exponate aus aller Welt hinzu. Insgesamt 15 Galerien gibt es auf drei Etagen, daneben ist Platz für große Installationen. Saatchi hat bereits Werke von Andy Warhol, Richard Serra und Damien Hirst gezeigt.

⊹ 218 B1 🚇 Sloane Square
✉ Duke of York's HQ, King's Rd., SW3
☎ 020 78 11 30 70
🌐 www.saatchigallery.com
🕐 Sa–Mi 10–18, Do/Fr bis 20, letzter Einlass 17.30 bzw. 19.30 Uhr 🎟 frei

47 Albert Memorial

Zur Erinnerung an ihren Ehemann, den Prinzgemahl Albert von Sachsen-Coburg-Gotha (1819–1861), der im Alter von 42 Jahren an Typhus gestorben war, ließ Königin Viktoria dieses Denkmal errichten. Es wurde 1872 von Sir George Gilbert Scott vollendet, dem Sieger des Denkmal-Wettbewerbs. Unter einem Baldachin sitzend ist Albert dargestellt, eine vergoldete Skulptur, den Katalog der Weltausstellung im Arm haltend. Er schaut auf South Kensington und die Museen, die auf sein Bestreben hin entstanden.

Figurengruppen der vier Kontinente und Symbole der Ökonomie begleiten die überlebensgroße Skulptur. 169 Personen aus Kultur und Wissenschaft zieren den Marmorfries am Fuß.

Direkt gegenüber steht die Royal Albert Hall. Sie ist vor allem wegen ihres Sommerfestivals, The Proms, berühmt (S. 145).

⊹ 215 D2 🚇 High Street Kensington, Knightsbridge ✉ Kensington Gore, SW7, Zugang zu Kensington Gardens
🌐 www.royalparks.org.uk
🕐 Touren (ca. 90 Min.) siehe Website
🎟 Tour £ 12

48 Hyde Park und Kensington Gardens

Ursprünglich war der Hyde Park ein Stück Land, das Heinrich VIII. zur Jagd nutzte. Im 17. Jh. von Jakob I. der Öffentlichkeit zugänglich gemacht, ist Hyde Park heute eine grüne Oase für Großstädter. An der Nordostecke nahe Marble Arch liegt die Speakers' Corner – jeder darf hier seine Meinung kundtun. Weiter westlich erstreckt sich der See The Serpentine, den Caroline, die Gemahlin Georgs II., 1730 anlegen ließ. An der Nordseite des Sees können Sie Tretboote leihen, im Süden schwimmen.

Westlich des Serpentine erstrecken sich die Kensingtons Gardens mit dem Diana Memorial Fountain, einem Granit-Brunnen, in dem sommertags kleine Kinder nach Herzenslust im Wasser planschen. In der Nähe zeigen die Serpentine Gallery und die Serpentine North Gallery wechselnde Programme moderner Kunst. Das berühmteste Kunstwerk des Parks ist die Skulptur des Peter Pan (1912), gestiftet vom Autor der Geschichte, J. M. Barrie. Ein Spaziergang am Long Water bringt Sie dorthin. Ganz im Westen steht Kensington Palace (S. 128).

Hyde Park
✚ 215 E/F 3/4
🚇 Hyde Park Corner, Knightsbridge, Lancaster Gate, Marble Arch
🕐 tgl. 5–24 Uhr

Kensington Gardens
✚ 215 C/D 3/4
🚇 High Street Kensington, Bayswater, Queensway, Lancaster Gate
🕐 tgl. 6 Uhr bis zur Dämmerung

Serpentine Gallery
✚ 215 D3 🚇 Lancaster Gate
☎ 020 74 02 60 75
🌐 www.serpentinegalleries.org
🕐 Di–So 10–18 Uhr (während Ausstellungen) 🎟 frei

Friedliches Plätzchen: Diana Memorial Fountain

49 Portobello Road Market

Londons berühmter Markt an der Portobello Road und deren Seitenstraßen bietet eine große Vielfalt an Trödel, Kunstgewerbe, Kleidung und Lebensmitteln. Samstags ist der größte Trubel, wenn hier mehr als 1000 Stände, vor allem Antiquitätenhändler, ihre Ware anbieten.

Wenn Sie im Süden unweit der Bahnstation Notting Hill loslaufen, dann finden Sie Antiquitäten (Antikes bis Wedgwood) sowie allerhand Krimskrams. Nach der Westbourne Grove reiht sich in der Straße ein Stand an den anderen – mit allem Möglichen, von Porzellan bis Zigarettenbildern.

Weiter nördlich, hinter dem Elgin Crescent, gibt es vor allem Lebensmittel. Stände mit frischem Obst und Gemüse wechseln sich mit Streetfood ab, die frisch gemachte Crêpes, Paella und andere Snacks verkaufen. Ganz im Norden in Richtung der Westway-Schnellstraße und der Bahnstation Ladbroke Grove sind allerlei Schnäppchen zu ergattern: Retroklamotten und Haushaltswaren. Der Markt platzt meist aus allen Nähten. Achtung: Taschendiebe!

✚ 214 bei A4
🚇 Notting Hill Gate, Ladbroke Grove
🌐 www.portobelloroad.co.uk/the-market
🕐 Markt (allgemein): Mo–Mi 9–18, Do 9–13, Fr/Sa 9–19 Uhr; Antiquitäten-/Flohmarkt Fr/Sa (manche Stände Mo–Sa)

Wohin zum ...
Essen und Trinken?

Preise für ein Hauptgericht ohne Getränke
und Service:
£   unter £ 25
££   £ 25–50
£££   über £ 50

Amaya ££

Preisgekrönte indische Küche wird im edlen
Interieur zelebriert. In der Nähe der offenen
Küche können Sie den Köchen am Tandoori-
Ofen und Holzkohlegrill zusehen. Innovativ,
mit duftenden Kräutern und Gewürzen sind
die Gerichte, die wie eine indische Variante
von Tapas dargeboten werden. Meeres-
früchte, Fleisch und Gemüse sind gleichermaßen köstlich.
✛ 218 B4
🚇 Knightsbridge
✉ Halkin Arcade/Motcomb St., SW1X
☎ 020 78 23 11 66
⊕ www.amaya.biz
🕐 Di–Fr 12.30–14.30, Mo–Sa 18–22.30, Sa/So
12.30–15, So auch 18–22 Uhr

The Botanist ££

Die Wanddekoration könnte dem Natural
History Museum (S. 137) entliehen sein:
Zeichnungen von Pflanzen, Fischen, Langus-
ten, aber auch Schmetterlingen und Papa-
geien zieren die Wände. Der helle Raum und
die bequemen Sessel verströmen ein
freundliches Flair für ein gemütliches Mit-
tag- oder Abendessen. Die Karte bietet für
jeden etwas, z. B. walisischen Lammbraten,
Caesar Salat oder Scholle, britischen Käse
oder Cheesecake. Am Wochenende gibt's
Endlos-Brunch, im Sommer eine Pizza-
Terrasse auf dem Platz. An der Bar lässt man
sich einen Cocktail und vielleicht einen
Snack schmecken.
✛ 218 A/B2
🚇 Sloane Square
✉ 7 Sloane Sq., SW1
☎ 020 77 30 00 77
⊕ www.thebotanistonsloanesquare.com
🕐 So–Do 11–23.30, Fr/Sa 11–1.30 Uhr, Sa/So
Brunch

The Bulgari £££

Die modern gestaltete The Lounge lädt zum
Nachmittagstee. Die Auswahl an Tee ist
ebenso groß wie die an exquisiten Kuchen,
luftigen Makronen, fruchtigen und herzhaf-
ten Tartlets. Ein Glas Champagner dazu
rundet den Nachmittag auf eine elegante
Art ab.
✛ 218 A4
🚇 Knightsbridge
✉ 171 Knightsbridge, SW7
☎ 020 71 51 11 02
⊕ www.bulgarihotels.com
🕐 tgl. 14–17 Uhr

The Dorchester £££

Der helle Orchid Room des Hotels, in zarten
Farben gestaltet und mit eleganter Einrichtung, ist gerade das richtige Ambiente für
einen stilvollen Afternoon Tea. Auch in der
eleganten »Spatisserie«, dem Spa ange-
schlossen, können Sie königlich tafeln. Hier
werden die gleichen Sandwiches und mund-
gerechten Törtchen gereicht.
✛ 218 B5
🚇 Hyde Park Corner
✉ 54 Park Lane, W1
☎ 020 76 29 88 88
⊕ www.dorchestercollection.com
🕐 Afternoon Tea tgl. 11.30–18 Uhr, Reservierung online möglich

Ottolenghi £

Der Deutsch-Italiener Ottolenghi, in Jerusalem aufgewachsen, hat sich als Koch und
Buchautor einen Namen gemacht. In London betreibt er ein Restaurant und Fein-
kostläden. Hier kann man einkaufen und essen: Im Café gibt's Frühstück und mittags
kleine Gerichte. Köstlich sind das Gebäck
und die raffinierten Kuchen. Keine Reservierung möglich.
✛ 218 B2 🚇 Sloane Square
✉ 261 Pavilion Rd., SW1X 0BP
☎ 020 38 24 28 18
⊕ https://ottolenghi.co.uk
🕐 Mo–Sa 8–19, So 9–17 Uhr

La Poule au pot ££

Den Geschmack von Paris bekommen Sie
hier mit dem Blick auf die Mozartskulptur

auf dem Orange Square geboten. Das Restaurant ist dem Anspruch guter französischer Küche seit vielen Jahren treu. Auf der Karte stehen Gerichte wie Seezunge in Zitronensoße, Kaninchen in Senfsoße und das Hausgericht: Hühnereintopf. Lecker französisch ist auch der Nachtisch aus Crème brûlée oder Mousse au Chocolat – und nicht zu vergessen: die Käseplatte! Bei schönem Wetter nehmen Sie draußen Platz.

✛ 218 B2

🚇 Sloane Square

✉ 231 Ebury St., SW1

☎ 020 77 30 77 63

🌐 www.pouleaupot.co.uk

🕐 tgl. 12–21 Uhr

Le Pain Quotidien £

Am großen Holztisch sitzt man in Gesellschaft, selbst wenn man allein hier ist. Frisches Bio-Brot, belegt mit Avocado-Feta-Mus oder Räucherlachs mit Ricotta, sowie die süßen Tarts mit Beeren oder Schokolade sind nicht nur ein Augengenuss. Nizzasalat, Eintopf mit Fleisch und vegetarischem Chili stehen ebenfalls auf der Karte.

✛ 215 E1 🚇 South Kensington

✉ 15–17 Exhibition Rd., SW7

☎ 020 36 57 69 40

🌐 www.lepainquotidien.co.uk 🕐 Mo–Mi 7.30–19, Do/Fr bis 20, Sa/So 8–20 Uhr

The Shed £

Mit den weiß gemauerten Wänden und hohen Balkendecken hat das Shed tatsächlich den Touch einer Scheune. Das Brüderpaar Gladwin schafft es, stets neue und ungewöhnliche Menüs mit frischen Zutaten von der Familienfarm in West Sussex zu kreieren. Die Portionen sind nicht üppig, sondern zum Teilen konzipiert, sodass man eine Auswahl bestellt und viel probieren kann. Beliebt ist der hauseigene Salted-Caramel-Espresso-Martini.

✛ 214 B4 🚇 Notting Hill Gate

✉ 122 Palace Gardens Terrace, W8

☎ 020 72 29 40 24

🌐 www.theshed-restaurant.com

🕐 Di–Sa 12–15, Mo–Sa 17–23.30 Uhr

Zafferano £££

Die schmucklosen Wände, der Terrakotta-Boden und die dicht gestellten Tische schaffen eine nüchterne Atmosphäre. Das Zafferano bietet dabei exzellente italienische Küche, innovativ und aus einfachen Rezepten, aber sorgfältig zubereitet und perfekt abgeschmeckt – Linguine mit Hummer etwa oder schwarze Tintenfischspaghetti mit Krabben, Heilbutt oder Ossobuco.

✛ 218 B3 🚇 Knightsbridge

✉ 15 Lowndes St., SW1

☎ 020 72 35 58 00

🌐 http://zafferanorestaurant.com

🕐 tgl. 12–15 und 18–22 Uhr

BARS UND PUBS

Im **Boisdale of Belgravia** (15 Eccleston St., SW1) können Sie aus über 170 Single-Malt-Whiskys wählen; abends gibt es Live-Jazz. Das **Anglesea Arms** (15 Selwood Terrace, SW7) ist ein traditioneller Pub mit einer schönen Terrasse und einem großen Bierangebot. In den **Kensington Wine Rooms** (127–129 Kensington Church St.) werden 40 Weine im Glas ausgeschenkt, dazu kann man Käse oder Schinken bestellen.

Das **Portobello Star** in Notting Hill (171 Portobello Rd., W11) frönt dem Gin mit allerlei Marken; Fr/Sa ab 20 Uhr DJs Night.

Es gibt viel zu entdecken im schönsten Trödel: Portobello Road Market in Notting Hill

Wohin zum … Einkaufen?

Im Westen finden Sie einige der besten Shoppingadressen Londons: Warenhäuser, Marktstände, Designerboutiquen. Geöffnet ist in der Regel von 10 bis 18 oder 20 Uhr, sonntags meist von 12 bis 18 Uhr.

KNIGHTSBRIDGE

Brompton Road und Sloane Street, die beiden großen Einkaufsstraßen, sind von der U-Bahn-Station Knightsbridge aus erreichbar. Wo sich die Straßen kreuzen, steht das Warenhaus **Harvey Nichols** (Nr. 109–125 Knightsbridge, www.harveynichols.com). Acht Etagen für Modefans: Kleidung, Accessoires, Parfümerie- und Kosmetikartikel. Im 5. Stock gibt es ein Restaurant, eine Markthalle, eine Bar und ein Café mit Terrasse im Freien.

Südlich davon, in der **Sloane Street**, reihen sich Designer von Rang und Namen: Salvatore Ferragamo, Dolce & Gabbana, Missoni, Louis Vuitton, Gucci, Versace und Prada sind nur einige Beispiele der schönen teuren Labels.

Die Pandemie hat einiges in der **Brompton Road** verändert. Man findet aber noch internationale und britische Modemarken: z. B. Burburry (uk.burberry.com), bekannt für klassische Trenchcoats, mit Store des Warenhauses Harrods (Nr. 87–135). Hierhin zieht es Londons Erstbesucher sicherlich zuerst (S. 134). Russel & Bromley (Nr. 77, www.russellandbromley.co.uk) ist seit 1873 bekannt für britisches Schuhwerk und Handtaschen.

Damen- und Herrenmode findet man bei Adamo (Nr. 20–22, https://adamoonline. com), exklusive Jeans bei Guess Accessoires (Nr. 60; https://www.guess.eu) oder Designermode bei E L A (Nr. 219, www.ela london.com).

Folgen Sie dann links weiter der Brompton Road, bis Sie das reizende **Michelin-Gebäude** von 1909 (81 Fulham Rd.) erreichen, mit dem Flaggschiffgeschäft des Designer-Gurus Sir Terence Conran. Hier werden witzige, moderne und klassische Designgegenstände angeboten.

SLOANE SQUARE UND KING'S ROAD

An der Nordseite des Sloane Square findet man bei **rag & bone** (Nr. 13–14 Sloane Square) Kleidung, Schuhe und Taschen im New-York-Style. Auf der Ostseite gibt's bei **David Mellor** (Nr. 4; www.davidmellordesign.com) wunderschöne, handgefertigte Küchenutensilien und Geschirr.

Das Kaufhaus **Peter Jones** (www.peterjo nes.co.uk) am Übergang zur King's Road verkauft auf sieben Etagen hauptsächlich Mode und Haushaltsdinge. Ganz oben gibt es eine Espressobar mit herrlichem Ausblick. Gegenüber, am Duke of York's Square, gibt es neben der Saatchi Gallery (S. 139) im ruhigen Fußgängerbereich Cafés mit Außenplätzen. Die Geschäfte reichen vom trendigen **Allsaints** (Nr. 14, www.allsaints.com) bis zu **Cos** (Nr. 19, www.cos.com).

Auch das vielseitige Angebot auf der **King's Road** lädt zum Shoppen ein. Bei **Reiss** (Nr. 35–47, www.reiss.com) gehört neben der Herren- nun auch Damenmode zum Programm. Hübsche Sportoutfits für Frauen finden Sie bei **Sweaty Betty** (Nr. 125, www. sweatybetty.com).

KENSINGTON HIGH STREET UND KENSINGTON CHURCH STREET

Eine gute Shopping-Zone ist auch die **Kensington High Street**. Östlich der gleichnamigen Station finden Sie die Stores bekannter Marken, in der Barkers Arcade Hobbs (www. hobbs.co.uk/kensington) mit eleganter Damenmode. Es folgen Schuhgeschäfte Clarks (Nr. 98; www.clarks.co.uk) und Ecco (Nr. 102, https://gb.ecco.com), ebenfalls Geschäfte für Sport- und Outdoor-Bekleidung: Decathlon (Nr. 146, www.decathlon.co.uk) und Snow & Rock (Nr. 188, www.snowand rock.com).

Auf der **Kensington Church Street** wechseln sich bis Notting Hill Gate Modeboutiquen, Antiquitätenläden und Kunstgalerien ab. An Samstagen ist der U-Bahnhof dicht gedrängt mit Menschen, die auf dem **Portobello Road Market** stöbern (S. 141).

Wohin zum ... Ausgehen?

CLUBS

Die beliebte Kellerbar **Trailer Happiness** (177 Portobello Rd., https://trailerh.com) ist mit viel Kitsch und Retrocharme eingerichtet. Gemixt werden so fantasievolle Cocktails wie »Polynesian Princess« oder »Rum Runner«.

Wer Jazz mag, geht in den **606 Club** (90 Lots Rd., www.606club.co.uk), wo Gruppen wie das Julian Siegel Quartet Blues und Modern Jazz spielen.

Im **Notting Hill Arts Club** gibt es Musik und Ausstellungen mit Fotokunst. DJs legen Latin Funk, Disco und House auf (21 Notting Hill Gate, www.nottinghillartsclub.com).

MUSIK UND THEATER

Seit ihrer Erbauung 1871 ist die **Royal Albert Hall** (Kensington Gore, www.royalalberthall. com, S. 140) einer der vielseitigsten Veranstaltungsorte weltweit. Hier finden Konzerte statt (von Klassik bis Rock), Sportveranstaltungen (von Boxen bis Tennis), zeremonielle Events und Meetings. Täglich gibt es zwei Aufführungen.

Das Jahreshighlight sind **The Proms** (www.bbc.co.uk/proms), die Promenadenkonzerte, die weltweit zu den wichtigsten Musikfestivals gehören. Sieben Wochen lang treten ab Mitte Juli internationale Orchester, Solisten und Dirigenten mit dem Sinfonieorchester der BBC auf. Bars und Restaurants öffnen 2 Std. vor Vorstellungsbeginn.

Ob schockierend, aufwühlend oder einfach brillant, das **Royal Court** (Sloane Sq., https://royalcourttheatre.com), Heimat der English Stage Company, ist modernes Theater der allerbesten Art. Ein Umbau vor rund 20 Jahren, der mehrere Millionen Pfund verschlang, hat die beengten Verhältnisse verbessert und die Bühnentechnik erneuert.

Das **Holland Park Theatre** (Holland Park, www.operahollandpark.com) ist ein beliebter Open-Air-Veranstaltungsort, der nur in den Sommermonaten bespielt wird. Die Opern- und Ballettaufführungen finden vor den Ruinen des Holland House aus dem 17. Jh. statt – und gelegentlich betreten sogar versehentlich Pfaue, die hier im Park leben, die Bühne.

Das wunderschöne Gebäude des **Coronet Theatre** entstand 1898 als Theater, war später ein Kino und beherbergt nun seit zwölf Jahren das moderne Theater. Inszeniert werden Stücke zeitgenössischer Autoren (103 Notting Hill Gate, www.thecoronet theatre.com).

Galerien und Antiquitätenläden setzen Akzente in Bloomsbury, einem begehrten Wohnviertel Londons.

Covent Garden, Bloomsbury und Soho

Ein intellektueller Touch in Bloomsbury, buntes Treiben in Soho – es macht Spaß, diese Viertel zu erkunden.

Seite 146–175

Erste Orientierung

Die Spannbreite der Viertel reicht vom alternativen Camden über Bloomsbury und das elegante Marylebone bis zum szenigen Soho, vom Bahnhofsgelände King's Cross bis zur grünen Oase des Regent's Park.

Im ehemaligen Großmarkt von Covent Garden haben sich kleine Geschäfte und Restaurants angesiedelt. Westlich von Covent Garden liegt Chinatown mit seinen typischen Restaurants. Soho, bekannt für seine verruchte Vergangenheit mit Peepshows, ist immer noch ein Ausgehviertel.

Nur wenige Minuten von Covent Garden in Richtung Norden finden Sie sich im ruhigen Bloomsbury wieder. Im frühen 20. Jh. lebte hier eine Gruppe von Schriftstellern und Künstlern, die sich nach dem Stadtteil benannten. Die Häuser hier sind stattlich, die Straßen und Plätze chic. Im Norden verschmilzt Bloomsbury mit King's Cross, wo sich die British Library befindet und das nördliche Bahngelände in den letzten Jahren hip wurde.

Westlich von Bloomsbury schließen sich Fitzrovia und das ruhigere Marylebone an. Und nicht zu vergessen, das nördlich gelegene Camden mit Märkten, Musikclubs und dem nahen Regent's Park.

TOP 10

- **4** ★★ Covent Garden
- **9** ★★ British Museum

Nicht verpassen!

- **50** Madame Tussauds
- **51** British Library

Nach Lust und Laune!

- **52** Camden Market
- **53** Regent's Park
- **54** ZSL London Zoo
- **55** Wallace Collection
- **56** Chinatown
- **57** Cartoon Museum
- **58** London Transport Museum
- **59** London Film Museum
- **60** King's Cross

52 Camden Market
Chalk Farm Rd
Camden Town
Gloucester Ave
Oval Rd
Parkway
Prince Albert Rd
54 ZSL London Zoo
54 ZSL London Zoo
Mornington Crescent
King's Cross Station 60
St Pancras International Station
British Library 51
King's Cross St Pancras
Outer Circle
Albany St
53 Regent's Park
Euston Station
Euston
Hampstead Rd
Euston Rd
Queen Mary's Garden
Euston Square
Warren Street
Outer Circle
Marylebone Rd
Regent's Park
50 Madame Tussauds
University of Westminster
Portland Place
Cleveland St
Tottenham Court Rd
University of London
Southhampton Row
British Museum 9 ★★
Great Russell St
55 Wallace Collection
Wigmore St
Goodge Street
57 Cartoon Museum
Oxford St
Tottenham Court Road
High Holborn
Kingsway
Bond Street
Regent St
Shaftesbury Avenue
London Film Museum
London Transport Museum
59
58
Chinatown 56
4 ★★
Covent Garden
Strand

Mein Tag mit Kultur im Gepäck

Am heutigen Tag sammeln Sie Kultur von Alt bis Neu, mit Sehen, Stöbern, Staunen, Bummeln und Geldausgeben. Wertvolle Schätze sind im British Museum vereint, geschäftig geht es auf dem Straßenmarkt zu und die Einkaufstüten füllen sich in kleinen Shops. Abends schließen Sie Ihren »Kulturrucksack« mit einem Musical.

10 Uhr: Zu den Kulturschätzen der Welt

Wenn sie den Museumsbesuch mit einem Frühstück im Café des ❾ ★★ British Museum (S. 158) beginnen möchten, können Sie die kreisrunde riesige Dachkonstruktion, die Norman Foster über den Great Court gespannt hat, bestaunen. Anhand des *floor plans* suchen Sie die Objekte aus, die Sie unbedingt sehen möchten. Vielleicht gehen Sie aber direkt ins Museum, wenn die Galerien um 10 Uhr öffnen. Wie wäre es mit dem Skulpturenschmuck des Athener Parthenon oder den »Elgin Marbles« in der Abteilung der griechischen und römischen Altertümer? Oder zieht es Sie zu den ägyptischen Mumien – oder einer Moorleiche aus dem 1. Jh.?

Da jeder anhand der Fülle der Ausstellungsstücke Wochen bräuchte, um alles zu sehen, lassen Sie es ganz entspannt angehen. Schauen Sie das an, was Sie heute besonders interessant finden. Vielleicht kommen Sie an einem ande-

12 Uhr: Mittags im bunten Soho
10 Uhr: Zu den Kultur- schätzen der Welt
Start
10 Uhr
9
James Smith & Son
New Oxford Street
14 Uhr: Auch das ist britische Kultur
Denmark St
Hotel Chocolat
Great Queen Street
SOHO
Neal St
12 Uhr
Charing Cross Rd
Seven Dials
Ende
14 Uhr
Berwick Street Market
16 Uhr
Novello Theatre
Carnaby St
Beak St
Romilly St
St James St
59
Balthazar
Brewer St
4
St Martin's L
16 Uhr: Harry Potter, Bond & Co.
17 Uhr
19 Uhr
200 m
200 yd
19 Uhr: Now I really know ...
17 Uhr: Artisten, Straßen- künstler und Musik

ren Tag wieder für andere Schätze. Schließlich kostet dieser Museumsbesuch keinen Eintritt.

🕐 12 Uhr: Mittags im bunten Soho

Das Laufen und Schauen macht irgendwann etwas müde und hungrig. Ein 15-minütiger Spaziergang durch Soho zum Berwick Street Market tut da gut. Unterwegs kommen Sie an den Schaufenstern eines der ältesten Schirmgeschäfte vorbei: James Smith & Son (53 New Oxford St.). Hier finden Sie britische Tradition!

Wenn Sie durch die engen Straßen laufen, sind Sie bald mitten im bunten Soho angekommen mit seinen Shops, zahlreichen Pubs und Bars. Hier begegnen Sie Subkulturen und Sie bewegen sich durch ein stadtgeschichtlich spannendes Viertel.

Es ist nun nicht mehr weit bis zum Berwick Street Market (S. 174). Bunte Stände mit Bio-Obst und -Gemüse, Streetfood und Blumenverkauf wechseln sich in dieser atmosphärischen Straße voller kleiner Läden ab.

Mögen Sie Falafel, Souvlaki, mexikanische Burritos oder lieber afghanisches Curry? Das riecht hier überall verführerisch, denn an den Buden wird frisch gekocht und gebraten. Vielleicht trinken Sie anschließend noch einen Espresso

Friedhof der Tiermumien: in der Ägyptischen Abteilung des British Museum (links). In Soho/West End gibt's Schirme von James Smith & Son (ganz oben), ein Pint bei Balthazar (oben) und Windowshopping an der Kreuzung Seven Dials (rechts)

in einem Straßencafé, bevor es weitergeht. Denn Ziel ist das West End, wo die Kultur lebt: Theater, Kinos, Straßenkunst.

14 Uhr: Auch das ist britische Kultur

Bummeln Sie zunächst durch die Straßen um die Carnaby Street (S. 174), wo Sie britische Schuhmode und Markenshops finden. Wenn Sie in Büchern stöbern möchten, sind Sie auf der Charing Cross Road (S. 174) genau richtig. Sie suchen ein Mitbringsel für zu Hause? Rund um das Straßenbündel Seven Dials (S. 174) gibt es viel zu entdecken. Wie wäre es mit einem dekorativen Stifthalter von Choosing Keeping oder einem frechen Schmuckstück von Tatty Devine?

Dann aber ist es Zeit für eine Pause – bei einer schönen Tasse heißer Schokolade im Hotel Chocolat (S. 174)! Lassen Sie sich den »Taste of the Month« nicht entgehen, Köstlichkeiten auf britische Art.

Künstler erfreuen Groß und Klein vor der Kulisse der Markthalle in Covent Garden (oben). Zwischen Crêpe und Pie – das gastronomische Angebot in der Halle von Covent Garden kann sich sehen lassen (rechts).

16 Uhr: Harry Potter, Bond & Co.

Das nächste Ziel, das **59** London Film Museum (S. 170), widmet sich der Filmkultur in Wechselausstellungen, genauer der Entstehungsgeschichte jeweils eines Films oder einer Filmreihe. Die aktuelle Fotoausstellung zeigt Momentaufnahmen der Harry-Potter-Dreharbeiten.

Die Umgebung des Covent Garden diente häufig als Kulisse und Filmlocation, so für den Hitchcock-Thriller »Frenzy« (1972), für die Neuverfilmung von »Mary Poppins « (2018), die beiden Bond-Filme »Tomorrow Never Dies« (1997) und »Spectre« (2015), die Romcom »Tagebücher der Bridget Jones« (2001) sowie den romantischen Winterfilm »Last Christmas« (2019). Erkennen Sie etwas wieder?

17 Uhr: Artisten, Straßenkünstler und Musik

Der heutigen Spur der Kultur in all ihrer Vielfalt folgend steuern Sie nun **④** ★★ Covent Garden (S. 156) an. Auf der zentralen Piazza ist viel los, ein Kommen und Gehen. Straßencafés und Restaurants locken mit Sitzplätzen im Freien, bunt geschminkte Akrobaten und Pantomimen in Schwarz-Weiß unter-

halten Fußgänger, Neugierige und Vorbeiziehende.

Suchen Sie sich einen schönen Platz, wo Sie mit ausreichend Muße das Treiben auf diesem Platz beobachten können. Zwischendurch schlendern Sie durch die historische Markthalle und stöbern dort in den Shops oder holen sich einen Snack in den kleinen Lokalen.

19 Uhr: »Now I really know … I could never let you go«
Und dann lassen Sie den Abend mit einem Event nach Ihrem Geschmack ausklingen – beim Besuch eines der West-End-Theater (S. 174), die mit ganz unterschiedlichen Programmen unterhalten: Sprechtheater, Musical und Oper.

Wie wäre es mit einem mitreißenden Stück? »Mamma Mia!« zum Beispiel wird um 19.30 Uhr im Novello Theatre (S. 174) gegeben – gute Laune garantiert!

Zuvor können Sie sich mit einem französischen Menü bei Balthazar (S. 171) ganz in der Nähe stärken – z. B. mit Hummer-Spaghetti oder Lachsfilet.

❹ ★★ Covent Garden

Warum?	Stadtleben pur – Geschäfte, Theater, Restaurants und Unterhaltung
Was?	Schillerndes Treiben auf der Piazza
Wie lange?	Von einer halben Stunde bis zu einem halben Tag
Was noch?	Große Oper in der Royal Opera
Was nehme ich mit?	Entspannte Stimmung, genussvolles Erleben

Covent Garden, im 12. Jh. ein Klostergarten, entwickelte sich bis ins 18. Jh. hinein zu einem Vergnügungsviertel mit Theatern, Kneipen und Bordellen. Schon Samuel Pepys, der Chronist des 17. Jhs., suchte Amüsement und vergnügte sich hier gern beim Theaterspiel. König Karl II. lernte seine spätere Mätresse, die gefeierte Schauspielerin Nell Gwynne, am Drury Lane Theatre kennen.

Vorbildlich: Italien

Auf der Piazza von Covent Garden stehen noch rote Telefonzellen; sie sind der Hit …

Die Architektur des Viertels wurde durch Inigo Jones um 1630 geprägt, der beauftragt war, ein elegantes Wohnviertel zu schaffen. Es entstand mit einer an italienische Städte angelehnten großen Piazza im Zentrum sowie der St Paul's

Church an der Westseite.
Der zentrale Platz entwickelte sich schnell zu einer
Marktszene, die im frühen
19. Jh. in den markanten
Markthallen unter ein
Dach kam. Bis 1974 wurde
mit Obst und Gemüse gehandelt. Nach wie vor ist
die Piazza das Herzstück

Gusseiserne Industriearchitektur: die Dachkonstruktion des Covent Garden Market

des Viertels und die umgestalteten Markthallen bieten die
Kulisse für das heutige Treiben. In den Hallen des Apple
Market werden wochentags handgefertigter Schmuck,
Drucke und Kunsthandwerk und montags Antiquitäten
angeboten. Die Aufführungen von Straßenkünstlern, lebenden Statuen und Musikern sind hier ein besonderer Anziehungsmagnet.

Eine Kirche für die Schauspieler und vieles mehr

Die St Paul's Church ist die seit Langem dem Theater verbundene Schauspielerkirche und ehrt mit Gedenktafeln
Stars wie die britischen Theater- und Filmschauspielerinnen
Edith Evans (1888–1976) und Vivian Leigh (1913–1967).

Erkunden Sie auch die kleinen Straßen rundherum –
den Indoor Jubilee Market, das London Transport Museum
und London Film Museum (S. 170), die schmale Drury Lane
mit ihren Theatern, das Royal Opera House (S. 174), die unwiderstehlichen Läden an der Kreuzung Seven Dials und
die St Martin's Lane/Monmouth Street. Die etwas versteckt
liegende bunte Häuserenklave Neal's Yard wirkt wie ein
Relikt aus Hippiezeiten. Hier finden Sie Neal's Yard Remedies mit Toilettenartikeln und britischen Käse bei Neal's
Yard Diary.

KLEINE PAUSE

Worauf haben Sie Appetit? Die Auswahl ist riesig. Empfehlenswert sind das **Wild Food Café** (Fr–So, 1. Etage, 14 Neal's
Yard) und **Dishoom** (S. 171).

⚓ 220 A/B4 🚇 Covent Garden

⑨ ★★ British Museum

Warum?	Der Star an Londons Museumshimmel
Was?	Die Objekte Ihrer Wahl aus etwa acht Millionen Stücken!
Wie lange?	Zwei bis drei Stunden oder auch den ganzen Tag, weil es so schön und interessant hier ist
Wann?	Werktags, möglichst morgens
Was noch?	Oxus-Schatz und Standarte von Ur
Was nehme ich mit?	Wunderbare Eindrücke zur Kultur der Menschheit

Zentraler Ort und Anlaufstelle des Museums ist die von Stararchitekt Norman Foster gestaltete glasüberdachte Halle im Innenhof, der Great Court. Im wunderschönen Reading Room, dem Lesesaal der früheren British Library, arbeiteten schon Karl Marx und Mahatma Ghandi.

Von Assyrien bis Athen

Grandioser Blickfang: das Glasdach über dem Great Court

Einige der berühmtesten Schätze erwarten Sie gleich neben dem Great Court (Raum 4) bei den altägyptischen Plastiken: Der riesige Kopf von Ramses II. wurde im 13. Jh. v. Chr. für seine Begräbnisstätte in Theben angefertigt. Die Basalttafel,

der Stein von Rosette
(196 v. Chr.), wirkt dagegen klein, ist aber von
großer Bedeutung. Der
1799 im Nildelta ent-
deckte Stein lieferte
den Schlüssel für die
Entzifferung der Hie-
roglyphen. Erst da-
durch gewann man

Einblicke in die ägyptische Zivilisation. Auf dem Stein befinden sich Inschriften in drei »Sprachen«: unten auf Grie-
chisch, oben sind ägyptische Hieroglyphen und dazwischen
sind Zeichen in Demotisch (einer Alltagssprache).

Unweit davon (Räume 6–10) können Sie wunderschöne
antike Exponate aus Assyrien, dem heutigen Nordirak, bestaunen. In Raum 10 stehen massive Holzschnitzarbeiten,
sie zeigen geflügelte Stiere mit menschlichen Köpfen. Einst
bewachten sie den Eingang zu Khorsabad, dem Palast des
Herrschers Sargon (721–705 v. Chr.). Die gut erhaltenen Re-
liefs an den Wänden zeigen Löwenjagdszenen; sie schmück-
ten einst den Palast des Königs Ashurbanipal, des letzten
großen Assyrerkönigs.

Den einzigartigen Plastiken und Friesen vom Parthe-
non-Tempel auf der Akropolis von Athen ist ein eigener
Raum (18) gewidmet. Sie werden oft als »Elgin Marbles« bezeichnet, weil Lord Elgin 1801 den Skulpturenschmuck aus
dem Tempel herausbrechen und nach London bringen ließ.
Seither ist dieser immer wieder Gegenstand heftiger Debatten. Lange forderte Griechenland die Rückgabe der Kunst-
werke, die vor allem vom Fries des Tempels aus dem 5. Jh.
v. Chr. stammen und den Festzug zu Ehren der Göttin
Athena zeigen. Nicht nur die Menschen sind wunderschön
gezeichnet, auch die lebendig wirkenden Pferde.

Glanzvolles Persien

Dem Mittleren Osten ist eine ganze Reihe von Räumen (52–
59) gewidmet. Zu den herausragenden Stücken aus dem per-
sischen Reich des 6. Jhs. v. Chr. gehören der aus Ton gefertig-
te Kyros-Zylinder (Raum 52), der mit königlichen Inschriften

versehen ist, sowie ein goldener Armreif mit Vogelmotiven (4./5. Jh. v. Chr.), der zum Oxus-Schatz gehört. Die feinen Metallarbeiten des Schatzes – dessen Name sich an die Region seines Fundorts am Fluss Oxus anlehnt – sind beispielhaft für diese Zeit. Gipsabgüsse von Skulpturen aus Persepolis ergänzen diesen Teil der Ausstellung.

Die Standarte von Ur (2600–2400 v. Chr.), ein Holzkasten aus einem Königsgrab, ist mit Friesen verziert. Die feinen Einlegearbeiten aus Sandstein, Muscheln und Lapislazuli zeigen Menschen in Krieg und Frieden (Raum 56).

Gespielt wurde schon immer!

Dass man in Europa schon seit alten Zeiten gerne spielt, beweist das Schachspiel Lewis Chessmen (ca. 1150–1175) von der schottischen Insel Lewis (Raum 40). Weiteres Highlight in dieser Abteilung – Britannien und Europa von 300 v. Chr. bis heute – ist das angelsächsische Sutton Hoo Ship Burial, ein Schiffsgrab aus dem 7. Jh. (Raum 41), das 1939 in Ostengland ausgegraben wurde. Am schönsten ist wohl der Helm mit einer Gesichtsmaske.

Feine Schätze ... und einige Leichen

Den Aufstieg des römischen Reiches zu einer Kaisermacht mit Ausdehnung in den Nahen Osten und bis nach Schottland veranschaulichen die Objekte mit einer Zeitspanne von 1000 Jahren. Zu sehen sind Skulpturen von Kaisern und Göttern, Töpferwaren, Schmuck und Glas. Berühmtes Stück ist die Portland Vase: Auf dunkelblaues Glas wurde eine Schicht weißes Glas aufgetragen, aus dem dann die Bilder graviert wurden (Kameentechnik, Raum 70).

Der große Einfluss der römischen Besatzer auf die Kulturgüter Großbritanniens zeigt sich in Form von Skulpturen, Glaswaren und feinen Metallarbeiten. Bestes Beispiel ist in Raum 49 der Schatz von Mildenhall mit seinen römischen Silberwaren aus dem 4. Jh. Dazu gehört eine 8 kg schwere Scheibe, The Great Dish, mit Bildern des Meeresgottes und Gestalten aus der griechisch-römischen Mythologie.

Die mumifizierte Moorleiche eines ca. 25 Jahre alten Mannes etwa aus dem 1. Jh. n. Chr., dem sogenannten Lindow Man, der vermutlich einen rituellen Tod erlitt und

dann im Moor bei Manchester versenkt wurde, sehen Sie in
Raum 50. Den Toten Ägyptens und damit weiterer Mumien
begegnen Sie in den Ancient Egypt Galleries (Räume 61–66).
Särge, Sarkophage, Grabmasken, Schmuck, Schriftrollen,
Porträts und andere Gegenstände, die mit dem Verstorbenen
bestattet wurden, bringen die Grabkultur nahe. Besonders
beeindruckend sind die drei Särge des Henutmehyt (ca. 1290
v. Chr.) aus Holz, Gold und Glas.

KLEINE PAUSE

Im Museum können Sie zwischen dem **Court Restaurant**
(S. 171), den beiden **Court Cafés** und der familienfreund-
lichen **Pizzeria** (neben Raum 12) wählen.

Zahllose Schät-
ze in den Vitri-
nen – Galerie
im British
Museum

✛ 217 F3
🚇 Holborn, Tottenham Court Road,
Russell Square
✉ Great Russell St., WC1
☎ 020 73 23 80 00
🌐 www.britishmuseum.org
🕐 Hauptgalerien Sa–Do 10–17, Fr
10–20.30 Uhr; letzter Eintritt 1 Std. vor
Schließung
🎫 frei

ℹ Touren: Eye Opener (30–40 Min.,
mehrmals am Tag, frei), Spotlight-Tour
(Fr, 20 Min., frei), Around the World
(Fr–So, 90 Min., £ 14), Hands-on-
desks-Tour (tgl. 11–16 Uhr, frei).
Unabhängiger ist man mit der Audio
App des Museums (engl.).
Die Museum-Highlights gibt's als Liste
auf der Webseite zum Download; die
Museum-Podcasts ebenso.

⑩ Madame Tussauds

Warum?	So nah kommt man dem König und der Royal Family oder auch George Clooney sonst nie
Was?	Sternchen, Sportler, Royals und Idole fast in echt
Wie lange?	Zwei bis drei Stunden
Wann?	Morgens, werktags außerhalb der Schulferien
Was noch?	Am besten mit dem vorgebuchten Ticket
Was nehme ich mit?	Ein Selfie mit Brad Pitt

Die Museumsgründerin, Marie Grosholtz (1761–1850), spätere Tussaud, erlernte in Paris das Modellieren der Wachsfiguren von ihrem Mentor, dem Arzt Curtius. Damals wurden von den Köpfen der Modelle Abdrücke genommen; Napoleon soll dabei Strohhalme für die Nasenlöcher benutzt haben, um atmen zu können, hielt jedoch ängstlich Josephines Hand. Nach Curtius' Tod zeigte Marie ab 1802 die Wachsfiguren viele Jahre in England in einer Wanderausstellung, bevor sie 1835 das Londoner Museum gründete.

Beginnen Sie Ihren Rundgang bei den glamourösen Filmstars in der Abteilung Awards Party und begegnen Sie Helen

Und welches Lied der Beatles kommt Ihnen spontan in den Sinn?

Mirren, Brad Pitt, Kate Winslet oder umarmen Sie David Beckham. Auch Kinolieblinge wie Arnold Schwarzenegger als Terminator, Audrey Hepburn im kleinen Schwarzen oder E. T. wollen besucht werden. Ganz ohne Backstage-Pass dürfen Sie neben Musikergrößen wie Taylor Swift, Ed Sheeran, David Bowie, Beyoncé auf der Bühne stehen oder den Beatles zusehen, wie sie auf dem Sofa lümmeln. In der Sportabteilung zeigt Usain Bolt seine Siegerpose und mit dem Tennisstar Rafael Nadal oder Fußballer Mo Salah können Sie Selfies machen.

Für viele unvergessen: Diana, Königin der Herzen

Regelmäßige Haarwäsche und bloß keine Sonne

Bekannte Größen der Welt sind in der Abteilung Kultur vertreten: Charles Dickens, Pablo Picasso, Madame Tussaud selbst und Albert Einstein. Seine typisch lange graue Haarmähne ist echt, wie bei allen Figuren, und so müssen die Haare regelmäßig gepflegt werden. In der Abteilung World Leaders dürfen Sie das Telefon an Barack Obamas Schreibtisch benutzen oder Sie begegnen Mahatma Gandhi, dem Führer der indischen Unabhängigkeitsbewegung. Stellen Sie sich auf den Royal Balcony zur Queen und den jungen Royals. Die Wachsfigur von Meghan Markle, Prinz Harrys Angetrauter, wurde 2018 rechtzeitig zur Hochzeit fertig.

Und dann das Gruselkabinett: Folter, Hinrichtung und Mord sind drastisch dargestellt und akustisch mit schauerlichen Soundeffekten untermalt. Darbietungen von Schauspielern sollen das Grauen zusätzlich verstärken.

Im Museum gibt es keine Fenster: Würden die Figuren ein Sonnenbad nehmen, bliebe nicht viel von ihnen übrig …

KLEINE PAUSE

Gesunde Salate, Burger und Steaks gibt's im **Bill's Baker Street Restaurant** (119–121 Baker St.) ganz in der Nähe.

⊹ 216 B4
🚇 Baker Street
✉ Marylebone Rd., NW1
🌐 www.madametussauds.com
🕐 Mo–Fr 10–15, Sa/So 10–16 Uhr, im Sommer länger

🎟 £ 37, online mit Zeitfenster ab £ 33.50, zahlreiche Kombitickets mit anderen Attraktionen im Angebot (London Eye, London Dungeon, Sea Life)

⑤ British Library

Als John Lennon und Paul McCartney den Song »Help, I Need Somebody ...« 1965 niederschrieben, hätten sie sich bestimmt nicht träumen lassen, dass ihre handgeschriebenen Notizen einmal in der British Library ausgestellt werden.

In der Bibliothek mit dem weltweit größten Medienbestand werden über 170 Mio. Objekte aufbewahrt und täglich kommen etwa 8000 neue hinzu – ein Exemplar von jeder Publikation in Großbritannien. Untergebracht ist die British Library seit 1998 in einem Gebäude umstrittener Architektur; es war das größte öffentliche Bauwerk Großbritanniens im 20. Jh. und wurde 2015 unter Denkmalschutz gestellt. Auf der großen Piazza vor dem Komplex werden Sie von Eduardo Paolozzis Bronzeskulptur »Newton«, auch bekannt als »Newton after Blake« (also William Blakes Studie von Isaac Newton; Abb. S. 31), empfangen.

Recht nüchtern ist die Atmosphäre in der Library.

Kostbarkeiten auf Papier

Die größten Schätze der Bibliothek, Exponate aus drei Jahrtausenden, werden in der John Riblat Gallery aufbewahrt. Darunter das

buddhistische Diamant-Sutra von 868
nach Chr. genauso wie eine Gutenberg-Bibel
von 1455 und die Magna Charta (1215). Zu
den kostbaren Stücken gehören Karten,
Briefe, literarische Manuskripte, Partituren
und religiöse Texte, wie das Book of Lindisfarne (Ende 7. Jh.), eine der schönsten frühen englischen illustrierten Handschriften.
Lindisfarne ist ein Kloster in Northumberland. Um das Material zu schützen, ist das
Licht gedämpft, was die Atmosphäre fast
andächtig macht.

Ein Highlight für Liebhaber der Buchkunst: Deckel des Lindisfarne-Evangeliars

In schönster Schrift

Auch die Skizzen zu Hohlspiegeln und einer mechanischen
Orgel von Leonardo da Vinci mit seinen Notizen in der cha-
rakteristischen Spiegelschrift (von links nach rechts), Origi-
nalmanuskripte von Charlotte Brontë und eines aus Jane
Austens Teenagerzeit mit frühen Schreibübungen dürfen
Sie bewundern. Natürlich darf eine Ausgabe von Shakespeare (Sonette und Gedichte, 1640 von John Benson veröffent-
licht) nicht fehlen. In die Pionierzeit führt ein Brief der englischen Mathematikerin Ada Lovelace (1815–52) an Charles
Babbage. Ada gilt als erste Programmiererin der Welt und
hielt in diesem Brief das Prinzip des Computerprogramms
schriftlich fest.

Neben Lennons/McCartneys »Help!« ist auch der hand-
geschriebene Text von Paul McCartneys »Yesterday« zu sehen. Beiden Songs können Sie per Kopfhörer lauschen, aber
auch Händels »Messias« von 1741.

Die National Philatelic Collections sind Teil der Nationalbibliothek – großartig die Sammlung der Briefmarken.

KLEINE PAUSE

Nicht verpassen sollten Sie das **King's Library Café**. Nehmen
Sie neben dem sechsstöckigen Glasturm Platz (Abb. S. 164).
Hier werden die 65 000 ledergebundenen Bücher aus der
Bibliothek von Georg III. aufbewahrt!

✝ 217 F5
🚇 King's Cross, St Pancras, Euston
✉ 96 Euston Rd., NW1
☎ 019 37 54 60 60

🌐 www.bl.uk
🕐 Mo–Do 9.30–20, Fr bis 18, Sa bis 17,
So und Fei 11–17 Uhr ❶ Touren Fr–So
11 und 14 Uhr, £ 10 (Tel. 01937 54 65 46)

Nach Lust und Laune!

52 Camden Market

Als Camden Market werden verschiedene Märkte entlang der Camden High Street bezeichnet: Camden Canal Market, Camden Lock Market, Stables Market … Sieben Tage die Woche geht es hier trubelig zu. Zahlreiche schrille, bunte Läden und rund 1000 Marktstände mit günstigen Shirts, Secondhand-Klamotten, Kunsthandwerk, Büchern, Souvenirs und jede Menge Streetfood aus der ganzen Welt gilt es zu entdecken.

Im Stables Market, 1854 erbaut, wird Geschichte durch lebensgroße Pferdestatuen, Gespanne und einen Schmied lebendig, der Hufe beschlägt, denn damals standen hier Werkstätten und Pferdeställe. Heute können Sie an den Ständen Vintageklamotten, Krimskrams, Leder, Schmuck, Kunst, Schallplatten und Sammlerstücke kaufen und ein Selfie mit der Skulptur der 2011 verstorbenen Sängerin Amy Winehouse machen, die in Camden lebte.

Am besten starten Sie an der U-Bahn-Station Camden Town und laufen langsam gen Norden; das andere Ende des von Camden Market liegt bei der U-Bahn-Station Chalk Farm. Abends können Sie im Shaka Zulu südafrikanisch essen und dazu einen Cocktail trinken oder in The Hawley Arms, der ehemaligen Stammkneipe von Amy Winehouse, der Livemusik lauschen.

Immer ganz schön viel los am Camden Market

Camden Market
www.camdenmarket.com
tgl., meist 10–19 Uhr   frei

Shaka Zulu
The Stables Market, Chalk Farm Rd.
www.shaka-zulu.com
Mo–Fr 17–23, Fr–So ab 12 Uhr

The Hawley Arms
2 Castlehaven Rd.
www.thehawleyarms.co.uk
tgl. ab 12 Uhr

53 Regent's Park

Der Regent's Park gehört neben dem St James's Park zu den schönsten Londoner Grünflächen (S. 23). Die großartige Regency-Architektur am Rand des Parks schuf der englische Architekt John Nash ab 1811. Einheimische und Touristen lieben den Rosengarten, die Freilichtbühne (S. 167), den See und den London Zoo (S. 168), auch von Primrose Hill auf der Nordseite aus den Blick auf London. Hübsch ist Little Venice westlich des Parks, das man am besten per Bootsausflug auf dem

Theater unterm Sternenhimmel

Dieser leichte Rosenduft ... Steht der Wind richtig, sind die Ränge des sommerlichen Open-Air-Theaters vom Duft aus Queen Mary's Garden umweht. Von Mai bis September ist Freiluftsaison, auch für Shakespeare-Aufführungen – vielleicht läuft gerade »Ein Sommernachtstraum«, was könnte passender sein? Oder Sie verfolgen unter freiem Himmel die magischen Abenteuer von Peter Pan ...

Der Regent's Canal bleibt eine Inspiriation.

1820 angelegten <u>Regent's Canal</u> erkundet. Auf 13 km Länge verläuft er durch den Park bis zum Limehouse in den Docklands, um schließlich in die Themse zu münden. Der besonders attraktive Kanalabschnitt durch Little Venice ist von Hausbooten gesäumt, die im Sommer mit Topfpflanzen und Blumen übersät sind.

Mehrere Unternehmen bieten <u>Schiffsfahrten</u> zwischen Little Venice und Camden Lock an. Natürlich kann man am Kanalufer auch einen Spaziergang oder eine kleine Radtour unternehmen.

✚ 216 B5

London Waterbus Company
⊕ www.londonwaterbus.com
🕐 April–Sept. tgl. 10.15–17.45, Okt. tgl. 11–16, Winter tgl. 11–15 Uhr

Jason's Trip
⊕ www.jasons.co.uk
🕐 April–Okt. tgl. 3-mal

Walkers Quay (Jenny Wren)
☎ 020 74 85 44 33
⊕ www.walkersquay.com
🕐 April–Okt. tgl. (tgl. 2-mal, Sa/So 3-mal, Aug. 4-mal), Besichtigungsfahrten von Camden Town bis Little Venice und zurück (90 Min.)

54 ZSL London Zoo

Als der Londoner Zoo 1828 als erste Institution zur wissenschaftlichen Erforschung von Tieren eröffnet wurde, galt er als der schickste Platz der Stadt und pro Jahr pilgerten in den 1950er-Jahren mehr als 3 Mio. Besucher hierher. Heute stehen Arterhaltung, Forschung und eine angemessene Umgebung für die Tiere im Fokus. An die 20 000 Tiere aus über 650 Arten sind zu sehen.

Checken Sie bei Ihrer Ankunft oder vorab über die Zoo-App die <u>Fütterungszeiten</u> und Vorführungen. Mit einem Extra-Ticket (ab £ 10) dürfen Sie helfen, die Pinguine oder Gorillas zu füttern. Beeindruckend sind der <u>Indoor-Regenwald</u>, der <u>Löwenpark</u> und das neue <u>Monkey Valley</u>.

✚ 216 nördl. F5 🚇 Camden Town
✉ Regent's Park, NW1
☎ 034 42 25 18 26 ⊕ www.zsl.org
🕐 April–Aug. tgl. 10–18, Sept.–Okt. tgl. 10–17.30, Nov.–März tgl. 10–16 Uhr; letzter Einlass 1 Std. vor Schließung
🎟 £ 26.50–35.50

55 Wallace Collection

Eine elegante Villa auf dem begrünten Platz – die <u>erstklassige Sammlung</u> hier könnte das am besten gehütete Geheimnis von London sein. Im 18. und 19. Jh. wurde sie hauptsächlich von Richard Wallace zusammengetragen, später dem Staat vermacht. Der Innenhof ruht unter einem Glasdach und beherbergt ein

Restaurant und einen Skulpturen-
garten. In 25 Galerien sind französische Möbel, Sèvres-Porzellan aus
dem 18. Jh. und eindrucksvolle Waffen ausgestellt sowie Malerei von
Tizian, Rubens, Murillo, van Dyck
und vielen anderen.

Zu den bekanntesten Werken
zählen »Der lachende Kavalier« von
Frans Hals und das Porträt »Die
Dame mit dem Fächer« von Diego
Velázquez als herausragendes Bei-
spiel des europäischen Barock.

56 Chinatown

Im Herzen Londons umweht Sie in
den Straßen von Chinatown asiati-
sches Flair. Supermärkte bieten exo-
tische Lebensmittel an und in den
Fenstern der Restaurants brutzeln
goldbraun die Enten. Sie finden ma-
laysische, mongolische, Szechuan-
und kantonesische Spezialitäten.

Die chinesischen Neujahrsfeier-
lichkeiten gehören zu den größten
außerhalb Asiens. Wenn Sie müde
vom Sightseeing sind, können Sie
Ihren Akku in einem der kleinen
Läden bei einer (Fußreflexzonen-)
Massage wieder aufladen.

57 Cartoon Museum

In der Sammlung gibt es rund 1700
Originalarbeiten bekannter Car-
toonzeichner und -künstler vom
18. Jh. bis heute. Im Jahresverlauf
werden verschiedene thematische
Ausstellungen gezeigt. Sie können
politische Cartoons und Karikatu-
ren, Kindercomics oder Cartoons für
Zeitungen entdecken. Es gibt Work-
shops für Erwachsene und Kinder
sowie viele themenorientierte
Events. Aktuelle Infos findet man
auf der Webseite des Museums.

58 London Transport Museum

200 Jahre öffentlicher Personennah-
verkehr in London: Vom Pferdebus
von 1882 bis zum neu designten
Doppeldeckerbus ist alles vertreten.
Schön sind die Bilder von 1863, als
die weltweit erste U-Bahn-Linie für
den Verkehr freigegeben wurde und
Dampfloks die Waggons zogen.
Metropolitain Nr. 23, die einzige
erhaltene Lokomotive aus jener
Zeit, befindet sich hier.

Heute bewältigen die Transport-
systeme bis zu 2,5 Mio. Passagiere
täglich. Das Museum lädt zum Mit-
machen ein: Im Simulator darf man
eine U-Bahn fahren. Ein Display
zeigt das Zusammenspiel der Arbeit

über und unter der Erde. Fast alle
möchten einmal auf der hinteren
offenen Plattform des roten Route-
master-Busses stehen. Wer meint,
London zu kennen, sollte sich am
Test für die Taxilizenz versuchen.

59 London Film Museum

Das Museum widmet sich in wechselnden Ausstellungen der britischen Filmgeschichte. Zu sehen
waren bisher Requisiten, Kostüme,
Fotos, Clips und Sets aus Spiel-
filmen wie »Terminator« oder
»Batman« und aus Charlie-Chaplin-
oder Bond-Filmen (»Bond in Motion«, mit Waffen, Smokings etc.).

Seit 2021 zeigt die Harry Potter
Photographic Exhibition einzigartige Fotos von den Dreharbeiten
um den Zauberschüler aus der Feder
von J. K. Rowling – und erlaubt so
einen Blick hinter die Kulissen.

60 King's Cross

Die King's Cross Station ist nicht
erst durch die »Harry-Potter«-
Bücher und das Gleis 9 ¾ bekannt.

Abschied in Bronze gegossen in St Pancras
Station: die 9 m hohe Statue »The Meeting
Place« von Paul Day

Sie gehört mit ihrem Nachbarn, der
St Pancras Station, zu den schönen
Beispielen für viktorianische Eisen-
bahnarchitektur. St Pancras ist der
Bahnhof des Eurostar-Zuges, der
durch den Eurotunnel Richtung Paris fährt. Der Bau beeindruckt durch
seine bogenförmige Halle mit 75 m
Spannbreite.

King's Cross Station wurde bis
vor etwa zehn Jahren umfassend
renoviert und bekam eine sehenswerte geschwungene Schalterhalle
aus Glas. Gleichzeitig wurde das
nördliche, etwas trostlose Bahnhofsgelände in ein belebtes Viertel mit
Restaurants, Wohnungen, Büros,
auch einer Universität, einem Open-
Air-Kino und Museen sowie
Street-Food-Anbietern verwandelt.

Wohin zum ...
Essen und Trinken?

Preise für ein Hauptgericht ohne Getränke und Service:

£	unter £ 25
£££	£ 25–50
£££	über £ 50

RESTAURANTS

Balthazar £–££

Die typisch-französische Atmosphäre einer Brasserie – wie in Paris: kleine Tische, die dicht beieinanderstehen. Es ist groß, laut und ein wenig hektisch, aber die Kellner sind versiert. Probieren Sie die Austern mit einem Glas Champagner, Hummer oder *moules frites*.

✛ 220 A4 ☗ Covent Garden
✉ 4–6 Russell St., WC2 ☎ 020 33 01 11 55
⊕ http://balthazarlondon.com
◑ Mo–Do 11.30–21.45, Fr 11.30–22.45, Sa/So ab 10 Uhr; Mo–Fr 11.30–19 Uhr Zwei- oder Drei-Gänge-Menü zum Festpreis; Sa/So Brunch 10–16 Uhr mit Live-Jazz

Bill's Restaurant £

Bill's liegt in einer schicken modernen Einkaufsmeile in einer Nebenstraße des Long Acre und setzt mit bunt-trendigem Vintagelook und Plüschsofas auf gute Laune. Geboten wird ein gutes Frühstück, danach Hamburger, Steaks, gesunde Salate bis hin zum Kinder-Menü. Am Wochenende trifft man sich hier zum Brunch.

✛ 220 A4 ☗ Covent Garden
✉ 28 St Martin's Courtyard, WC2
☎ 020 45 12 66 69
⊕ http://bills-website.co.uk
◑ Mo–Sa 8–23, So 9–22 Uhr

Brasserie Max £££

Der exquisite Ort befindet sich im Covent Garden Hotel und eignet sich für besondere Anlässe, bei denen man weniger auf die Ausgaben schaut. Serviert werden Gourmetgerichte wie in Champagner pochierter Hummer, Krabben aus Dorset, Seezunge aus Dover, schottisches Steak, Zitronentarte und Schokoküchlein mit Himbeersorbet. Preiswerter, aber nicht weniger lecker sind das Zwei- oder Drei-Gänge-Menü oder der üppige Afternoon Tea (12–17 Uhr).

✛ 220 A4
☗ Covent Garden, Leicester Square
✉ 10 Monmouth St., WC2
☎ 020 78 06 10 07 ⊕ www.firmdale.com
◑ Mo–Sa 7–23, So 8–22 Uhr

Dishoom £

Wie in einem alten Irani-Café im Bombay der 1950er-/1960er-Jahre fühlt man sich hier. Dafür sorgen gedämpftes Licht, surrende Deckenventilatoren und sepiavergilbte Familienfotos an den Wänden. Beginnen Sie den Tag mit einem kräftigen Bombay Omelette mit Tomaten, Zwiebeln, Chili und Koriander. Bis in den Abend gibt es von der »All-day-Karte« Chicken Tikka, Huhn in Marinade nach dem Familienrezept, das besonders gute Black Daal, Grillgerichte wie Sheekh Kabab – mit Koriander und Kumin gewürztes Lammfleisch – und zum Nachtisch Zimt- oder Chili-Eiscreme.

✛ 217 F2 ☗ Leicester Square
✉ 12 Upper St. Martin's Ln., WC2
☎ 020 74 20 93 20 ⊕ www.dishoom.com
◑ Mo–Fr 8–23, Sa/So ab 9 Uhr

Great Court Restaurant £–££

Unter dem blauen Glasdach im British Museum zu speisen, ist ein Erlebnis! Für die Menükarte hat eine Rückbesinnung auf traditionelle britische Küche stattgefunden – mit Fish & Chips, Bubble & Squeak (gebratener Kartoffelbrei mit Gemüse), Lammschulter mit Karotten oder Roastbeef. Auch vegane und vegetarische Gerichte stehen auf der Karte. Der Afternoon Tea hier ist eine gute Alternative zu dem in den Grandhotels.

✛ 217 F3 ☗ Russell Square
✉ British Museum, Great Russell St., WC1
☎ 020 73 23 89 90 ⊕ www.britishmuseum.org
◑ tgl. 11.30–15 Uhr, Afternoon Tea 11.30–17 Uhr

Hawksmoor Seven Dials ££–£££

Das Restaurant ist bekannt für seine üppigen Fleischportionen, vor allem die großen

Steaks, die gut abgehangen auf dem heißen Holzkohlegrill exzellent gebrutzelt werden. Da Soßen und Beilagen extra bestellt werden, kommt man schnell auf £ 50 fürs Hauptgericht. Günstiger sind die 2- oder 3-Gänge-Menüs mittags, am frühen Abend oder nach 21 Uhr für £ 24/£ 28.

✝ 220 A4 ⛬ Covent Garden
✉ 11 Langley St., WC2 ☎ 020 74 20 93 90
⊕ www.thehawksmoor.com
⏰ Mo–Fr 12–15 und 16.30–22, Fr bis 23, Sa 12–23, So 12–21 Uhr

J Sheekey ££–£££

Eines der ältesten und bekanntesten Fischrestaurants der Hauptstadt, seit 1896. Die Speisekarte geht weit über das hinaus, was man als traditionelle britische Fischgerichte kennt und bietet alles, was Meer und Gewässer hergeben: Austern, Krabben, Kaviar, Hummer, Aal, Oktopus, Kabeljau, Seezunge in vielen Zubereitungen. Dazu gibt es eine gute Auswahl an Weinen und Champagner.

✝ 217 F1 ⛬ Leicester Square
✉ 28–32 St Martin's Court, WC2
☎ 020 72 40 25 65 ⊕ www.j-sheekey.co.uk
⏰ Mo–Sa 12–23.30, So 12–22.30 Uhr

Monmouth Coffee Company £

Einer der besten Coffeeshops: von außen nur ein Laden, der Kaffeebohnen aus allen Anbaugebieten der Welt und Coffee-to-go verkauft. Aber drinnen gibt es ein paar Tische, an denen man den Kaffee mit leckerem Gebäck probieren kann. Weitere Filialen: Borough Market und Bermondsey.

✝ 217 F2 ⛬ Covent Garden, Leicester Square
✉ 27 Monmouth St., WC2
☎ 020 72 32 30 10
⊕ www.monmouthcoffee.co.uk
⏰ Mo–Sa 8–17 Uhr

Rock and Sole Plaice £

Der Fish & Chips-Laden schlechthin! Bereits 1871 öffnete er seine Tore und behauptet, das beste *chippie* im West-End zu sein. Sie können im Restaurant essen (reservieren) oder Gerichte mitnehmen (günstiger)!

✝ 220 A4 ⛬ Covent Garden
✉ 47 Endell St., WC2
☎ 020 78 36 37 85
⊕ www.rockandsoleplaice.com
⏰ tgl. 11.30–22.30, So 12–22 Uhr

Rules ££

Es rühmt sich, das älteste Restaurant der Stadt (1798) zu sein und wartet mit dem entsprechenden Ambiente auf. Gekocht werden klassisch-britische Gerichte mit dem Schwerpunkt auf Wild, Austern und Pastete, Lammhaxe, Entenbrust, Schweinebäckchen, Steak-Pie. Zahlreiche Prominente waren hier bereits zu Gast, unter anderem der Schriftsteller Charles Dickens und der Schauspieler Lord Olivier. Der Princess of Wales, Prinz Williams Frau Kate, wird hier ein eigener Cocktail gewidmet, u. a. mit Wodka und rosa Gin.

✝ 220 A4 ⛬ Covent Garden
✉ 35 Maiden Lane, WC2
☎ 020 78 36 53 1 ⊕ www.rules.co.uk
⏰ Di–Sa 12–23.30, So 12–22 Uhr

Rules: klassische Küche, klassisches Interieur

Wahaca £

Farbenfroh und lebhaft wie auf einem mexikanischen Markt geht es hier zu – die Räume sind künstlerisch von Street-Artisten gestaltet. Es gibt kleine Streetfood-Portionen aus Tacos, Tostadas und Quesadillas und für den größeren Appetit gegrilltes Yukatan-Hühnchen, Steak-Burritos oder Huhn-Enchiladas. Dazu trinkt man, neben Cocktails wie dem bekannten Mojito, mexikanisch inspirierte: Jalapiña, Wahaca Mule oder Earl of Mexico. Einige Gerichte der Karte können Sie auch als Take-away bekommen.

✝ 220 A3 ⛬ Charing Cross
✉ 66 Chandos Place, WC2
☎ 020 39 51 97 41 ⊕ www.wahaca.co.uk
⏰ tgl. 12–22 Uhr

Wan Chai Corner £–££

Der Name verweist auf die Verbindung zu Hongkong und den dortigen Stadtteil Wan Chai. So wird hier wie dort kantonesische Küche geboten: Dim Sum, mit Fisch, Fleisch oder Tofu gefüllte Klößchen, die gedämpft oder frittiert von 12 bis 17 Uhr serviert werden. Probieren sollten Sie auch Ente, Chili-Rindfleisch und gebratenen Reis mit Meeresfrüchten.

✝ E/F 1/2 ⚑ Leicester Square
✉ 3 Gerrard St, W1D
☎ 020 74 34 11 88 ⊕ https://chinatown.co.uk/en/restaurant/wan-chai-corner
🕐 tgl. 12–23.30 Uhr

BARS

Gerade Soho bietet eine große Palette an Bars, die in der Regel lange geöffnet sind. Das Dekor im **Cahoots Underground** (13 Kingly Ct.) versetzt Sie in eine alte U-Bahn-Station. Sie sitzen auf Bahn-Bänken, es läuft Musik aus den 1940ern, die Cocktails werden kreativ und exzellent gemixt.

So italienisch wie der Name ist auch die Karte in der **Bar Termini** (7 Old Compton St.). Hier gibt es nicht nur wohlklingende Cocktails, sondern auch exzellente Kaffeekultur.

Die Cocktail-Kellerbar **Bourne & Hollingsworth** (28 Rathbone Place) verführt zwischen farbenfrohen Stühlen und rosa Seidensofas zu Drinks, die eine Reminiszenz an Europa sind.

Wohin zum ... Einkaufen?

COVENT GARDEN

An diesem lebhaften Ort (S. 156) gibt es alles, von Trödel bis Design! Gute Startpunkte sind die U-Bahn-Stationen Covent Garden oder Leicester Square. Im **Covent Garden Market** werden Mitbringsel aller Art verkauft.
In der **Floral Street** befindet sich der britische Designer Paul Smith (Nr. 40, www.paulsmith.co.uk). Die **Long Acre** säumen

Der Name ist Programm – Schokolade in allen Varianten zum Durchprobieren.

Schuhläden, wie auch in der Neal Street:
Seit 1857 verkauft Jones Bootmaker alles für
die Füße (Nr. 70, www.jonesbootmaker.com).
Die für gesundes Laufen bekannte Schuh-
marken Vivabarefoot (Nr. 64, www.
vivobarefoot.com) oder Birkenstock (Nr. 48,
www.birkenstock.com) sind hier auch vertreten. Bei Schuh (Nr. 30–32, www.schuh.
co.uk) findet man alles von Bequem bis High
Heels, auch veganes Schuhwerk und die
bunten Strümpfe von Happy Socks (Nr. 62,
www.happysocks.com).

Neal's Yard (S. 157) ist zwar in der Nähe,
geht aber nicht direkt von der Neal Street
ab, sondern von den Shorts Gardens.

Westlich liegt das Seven Dials mit seinen
vielen Trendshops (www.sevendials.co.uk),
z. B. mit dem fröhlich bunten Britain-
Schmuck von Tatty Devine (44 Monmouth
St., www.tattydevine.com), hübsche Papete-
rie von Choosing Keeping (21 Tower St., https://choosingkeeping.com) oder dem edlen
Schokoladengeschäft Hotel Chocolat
(4 Monmouth St., www.hotelchocolat.com,
tgl., Abb. S. 173).

CHARING CROSS ROAD

Buchliebhaber aufgepasst! Stöbern Sie
durch die Läden dieser Straße nördlich und
südlich der U-Bahn-Station Leicester
Square. Der berühmteste Buchladen ist
Foyles (Nr. 107, www.foyles.co.uk). Er existiert seit über 100 Jahren und hat sich nach
dem Umzug 2014 modernisiert. Any Amount
of Books (Nr. 56, www.anyamountofbooks.
com) verkauft billige Drucke wie seltene
Erstausgaben.

Der Cecil Court (www.cecilcourt.co.uk)
vier Gehminuten östlich mit den altmodisch
wirkenden Läden, spezialisiert auf Kunst-,
Theater-, Musikbücher und Drucke, ist ein
Muss für Bücherwürmer.

SOHO

In den Swinging Sixties war die Carnaby
Street der Ort für hippe Läden. Nach einer
Flaute ist sie heute wieder ein gutes Revier
für die Jagd nach Mode (www.carnaby.
co.uk). Viele bekannte Lables sind hier
vertreten, wie Barbour, The Kooples, IZIPIZI
oder Scotch & Soda. Sport-Outfits und Out-
door-Zubehör findet man in den Stores von
Office, Timberland und The North Face.

In Berwick Street Market zwischen Oxford Street und Piccadilly Circus finden Sie
außer Streetfood auch Geschäfte für kleine
feine Sachen; Vintage ist auch dabei.

Wohin zum ... Ausgehen?

Das Londoner West End ist eines der größ-
ten Unterhaltungsviertel der Welt. Camden
zieht jüngere Leute an und bietet alternative
Musik. Veranstaltungstipps finden Sie bei
»Time Out« (www.timeout.com/london).
Infos zum Kartenkauf finden Sie auf S. 210.

THEATER, OPER, TANZ UND MUSICAL

Einige der beliebtesten Theater sind in der
Nähe des angrenzenden Piccadilly Circus
(S. 52). Auf der Shaftesbury Avenue stehen
gleich vier geschichtsträchtige Häuser nebeneinander: das Lyric, das Apollo (beide:

Bronzene Primaballerina vor dem Opernhaus
am Covent Garden

   COVENT GARDEN, BLOOMSBURY UND SOHO

Belebter Leicester Square – nach dem Shoppen kann man gleich ins Kino gehen.

www.nimaxtheatres.com), das Gielgud und das Sondheim (beide: www.delfontmack intosh.co.uk).

Auch **Covent Garden** und **Strand** bieten erstklassige Theater mit Musicals wie das **Novello Theatre** (Aldwych, www.delfont mackintosh.co.uk) und zwei große Opernhäuser: das **Royal Opera House** (www.roh. org.uk) und die **English National Opera** (St Martin's Lane, www.eno.org). Das Royal Ballet ist Teil des Royal Opera House. Im **Sadlers Wells** (Rosebery Ave., östl. King's Cross, www.sadlerswells.com) gastieren Tanzensembles und bieten modernen Tanz bis Hip-Hop und Tango.

The Gate Theatre in Camden (26 Crowndale Rd., www.gatetheatre.co.uk) zeigt ambitioniertes Theater von aufstrebenden Autoren, Intendanten und Schauspielern.

KINO

Die wichtigsten neuen Filme werden im **West End** uraufgeführt: im **Odeon Luxe Haymarket** (11/18 Panton St., www.odeon. co.uk), **Cineworld Leicester Square** (Leicester Square, www.cineworld.co.uk) und **Vue West End** (Leicester Square, www.myvue. com).

CLUBS

Der legendäre **Ronnie Scott's Jazz Club** (47 Frith St.) ist das Lokal für Jazz-Fans und bietet nicht nur Musik bis spät in die Nacht, sondern sonntags zusätzliche Lunchtimekonzerte.

Seit 80 Jahren präsentiert der **Electric Ballroom** (184 Camden High St., http://elec tricballroom.co.uk) Bands. Auch im **The Underworld** (174 Camden High St., www.theun derworldcamden.co.uk) gibt's Livemusik. **The Roundhouse** (Chalk Farm Rd., www. roundhouse.org.uk) zeigt von allem etwas: Livemusik, Tanz und Theater bis Zirkus. Im **Camden Assembly** (49 Chalk Farm Rd., https://camdenassembly.com) steigen die Club Nights von Do bis Sa.

Besucher strömen in die St George's Chapel von Windsor, die prächtig ausgestaltet ist.

Ausflüge

Lust auf Grün? Windsor Castle mit der großen Parkanlage und die Botanischen Gärten von Kew liegen vor der Londoner Haustür.

Kew Gardens

In den feuchten Tropen

Im Gewächshaus Princess of Wales Conservatory können Sie von den Orchideen und Mangroven der feuchten Tropen bis zu den Agaven und Kakteen der trockenen Tropenzone wandern. In zehn simulierten Klimazonen wird Ihnen der enorme Einfluss von Wärme, Feuchtigkeit und Trockenheit auf die Pflanzenarten richtig bewusst. Eine der bizarrsten Pflanzenarten sind die Lithops aus Namibia, die Steinen gleichen, bis sie herrlich farbige Blüten hervorbringen.

Palmen, Seerosen und Tee erwarten Sie im Palm, Temperate und Evolution House. Das Palm House, ein Meisterwerk der viktorianischen Ingenieurskunst, wurde ab 1848 mit über 200 Tonnen Eisen und 16 000 Glasscheiben errichtet. Darin konnten die Regenwaldpflanzen, die damalige Forscher in der ganzen Welt sammelten, kultiviert werden. Über die schmiedeeisernen Wendeltreppen gelangen Sie zu den erhöhten Stegen, die Sie durch den üppigen Regenwald führen. Im Waterlily House in der Nähe des Palm House ist es heiß und feucht – der ideale Lebensraum für tropische Wasserpflanzen, wie Farne, Lotusse, Kürbisse, Luffaschwämme und natürlich Seerosen.

Das Temperate House, das noch größer als das Palm House ist, ist ein elegantes viktorianisches Gewächshaus, in dem u. a. subtropische Pflanzen wie Zitronen- und Teebäume sowie Rhododendron aus dem Himalaja wachsen. Nach fünfjähriger Renovierungszeit wurde es im Sommer 2018 wieder geöffnet. The Hive (Bienenstock), eine 17 m hohe Kunstinstallation mit 1000 LED-Leuchten und Musik in der Tonart summender Bienen, macht ihre Welt erlebbar.

Im Palm House werden auch Korallen kultiviert, was außerhalb ihres Lebensraumes eine Herausforderung ist.

Hoch hinauf: Baumkronenpfad und Pagode

Weithin sichtbar ist die fast 260 Jahre alte zehnstöckige Pagode. Sie war ein Geschenk an die Gartengründerin Prinzessin Augusta. Immerhin 15 m hoch ist der Treetop Walkway: Sie spazieren zwischen Baumkronen und betrachten die Bäume und den Park aus der Vogelperspektive.

Wissenschaftlich wertvoll

Kew ist aber nicht nur eine hübsche Parkanlage mit Gewächshäusern, sondern seit jeher wird hier wissenschaftliche Forschung betrieben. In den Royal Botanical Gardens und in der Außenanlage in Wakehurst (Sussex) werden etwa 19 000 Pflanzenarten kultiviert, darunter viele, die vom Aussterben bedroht sind.

Kew Gardens ist einer der ältesten botanischen Gärten der Welt; er sammelt seltene Pflanzen und deren Samen.

⚓ ca. 15 km westl. vom Zentrum
🚇 U-Bahn: Kew Gardens; Zug: Kew Bridge Station
⛴ Sommer: ab Westminster, Richmond und Hampton Court zum Kew Pier (www.thamesriver boats.co.uk, £ 16.50; online £ 15)
✉ Victoria Gate, Kew, Richmond, TW9
☎ 020 83 32 56 55
🌐 www.kew.org
🕐 tgl. 10 Uhr bis Einbruch der Dunkelheit; Infos online, Gewächshäuser schließen früher
ℹ Kew-Explorer-Bahn: tgl. 11–17.30 Uhr, £ 6.50; mit Führungen: Mai-Aug. tgl. 12 und 13.30 Uhr; Themenführung: tgl. 12.30 Uhr

Windsor

Warum?	Schauen, wo die Queen ihren Alterssitz hatte
Was?	Die größte bewohnte Burg der Welt
Wie lange?	Einen Tag
Wann?	An einem schönen Tag, um auch durch den Ort zu bummeln
Was noch?	Ein hübsches Städtchen und ein Elite-College
Resümee	Das Schloss ist noch prächtiger als Buckingham Palace!

Bei dem Brand 1992 wurden einige Staatsgemächer zerstört. 6 Mio. Liter Wasser wurden zum Löschen verwendet, die Renovierung kostete £ 38 Mio. Den größten Teil der Summe brachte die königliche Familie auf.

Windsor Castle sieht genauso aus, wie man sich eine Burg vorstellt: mit Türmen und Zinnen, von uniformierten Soldaten bewacht. Schloss Windsor wurde ca. 1080 von Wilhelm dem Eroberer als Teil der Verteidigungsanlagen rund um London angelegt. Im Lauf der Geschichte entwickelte es sich zur königlichen Residenz – die Royals schätzten vor allem die Jagdreviere der Umgebung. Königin Elisabeth II. lebte an den Wochenenden und seit der Covid-19-Pandemie dauerhaft hier. Die Renovierung des Castle nach dem Brand von 1992 wurde durch die Eintrittsgelder von Windsor und Buckingham Palace möglich, der im Sommer 1993 erstmals für Besucher geöffnet wurde.

Von ganz groß bis ganz klein: Highlights im Castle

Die Räume, die der Öffentlichkeit zugänglich sind, sind u. a. die State Rooms. Unter den Schätzen befinden sich antike, aufwendig verzierte Möbel und Gemälde von Künstlern wie Rembrandt, Reynolds und Canaletto. Auf der zwei- bis dreistündigen Tour sind großartige Schätze zu sehen.

Wachablösung in strengem Ablauf auch in Windsor Castle

Das prächtige Große Treppenhaus und das prunkvolle Große Vestibül mit Skulpturen, Rüstungen und riesigen Vitrinen führen zu den Staatsgemächern. Der opulente Große Empfangssaal ist mit Kronleuchtern und vergoldeten Wänden ausgestattet. Die St George's Hall – nach dem

Feuer von 1992 prächtig restauriert – ist der größte Saal in der Burg. Allein die Länge der Halle von über 55 m ist beeindruckend. Zehn Monarchen liegen in St George's Chapel bestattet, einem Meisterwerk der Hochgotik; 2022 wurde auch die Queen hier bestattet, in einer Seitenkapelle neben ihrem Mann, ihren Eltern und ihrer Schwester. Queen Mary's Doll's House in den Gemächern ist ein hübsches Puppenhaus im Maßstab 1:12. Beachten Sie die winzigen, in Leder gebundenen Bücher in der Bibliothek, den Staubsauger, das Geschirr.

Mit großem Wappen: historische Dampflok im Bahnhof von Windsor

In und um Windsor

Wenn Sie noch Zeit zur Verfügung haben, besuchen Sie das Eton College, das einen 15-minütigen Spaziergang von Windsor entfernt liegt. Es ist eine der ältesten und teuersten Privatschulen Großbritanniens und gilt noch heute als Eliteschule, deren Schüler meist aus reichen und einflussreichen Familien stammen. Die Kleineren interessiert Legoland, ein Freizeitpark mit Karussells und vielen Spielsteinbauten.

Anreise
Windsor liegt 40 km westlich von Central London. 🚄 direkte Züge nach Windsor und Eton Riverside von Waterloo Station alle 30 Min., Fahrzeit ca. 55 Min.; von Paddington Station nach Windsor und Eton Central, mit Umsteigen in Slough, alle 30 Min., Fahrzeit ca. 40 Min.
🚌 Green Line 702 und 703 von der Victoria Coach Station, auch bis Legoland; Fahrzeit bis Windsor ca. 100 Min., www.reading-buses.co.uk/greenline

Informationszentrum
✉ The Old Booking Hall, Central Station, Windsor, SL4 1PJ
☎ 01753 74 39 00
🕐 Mi–So 10–16 Uhr, im Sommer länger

Windsor Castle
☎ 03 03 1 23 73 04
🌐 www.rct.uk/visit/windsor-castle
🕐 März–Okt. Do–Mo 10–17.15 Uhr (letzter Einlass 16 Uhr), Nov.–Feb. 10–16.15 Uhr (letzter Einlass 15 Uhr); St George's Chapel: Mo, Do–Sa; So nur Gottesdienst; State Apartments: ganzjährig (Schließungen der Website entnehmen); Semi-State Rooms: nur Ende Sept.–März; Wachablösung April–Juli (Mo–Sa) um 11 Uhr, Aug.–März alle zwei Tage; 💷 £ 26.50, Sa £ 28.50 (inkl. Audioguide)

Eton College
☎ 017 53 37 01 00
🌐 www.etoncollege.com, https://collections.etoncollege.com
🕐 Touren Mai–Aug. Fr 14 und 16 Uhr 💷 £ 10 (Tickets buchen)

Legoland Windsor Resort
✉ Winkfield Rd., SL4 4AY
☎ 017 53 62 64 16
🌐 www.legoland.co.uk
🕐 April–Okt. (siehe Website)
💷 £ 58–62

Als ein Symbol der Nächstenliebe und weniger als
Darstellung des Amor war die Engelsskulptur an
Piccadilly Circus gedacht.

Spaziergänge

Ein Bummel durch Mayfair, mit dem Boot ins grüne Greenwich oder ein Spaziergang durch prächtige Häuserzeilen in Hampstead.

Seite 182–195

Mayfair Square

Wann?	Wochentags, da samstags und sonntags viele Galerien und Läden geschlossen sind
Länge	5 km
Zeit	2 Stunden; für einen Schaufensterbummel, eine Einkehr und Kirchenbesichtigungen sollte mehr Zeit eingeplant werden
Start	U-Bahn-Station Piccadilly Circus ⊹ 217 E1
Ziel	U-Bahn-Station Oxford Circus ⊹ 217 D2

1–2

Gehen Sie von der U-Bahn-Station Piccadilly Circus (Ausgang Piccadilly, South Side) die Straße Piccadilly entlang. Sie passieren auf Ihrem Weg die von Wren entworfene Kirche St James's und die Princes Arcade mit exklusiven Läden. Bald erreichen Sie das Kaufhaus Fortnum & Mason (S. 57).

2–3

Überqueren Sie Piccadilly und gehen Sie zum Burlington House, einem Herrenhaus aus dem 18. Jh., heute Sitz der Royal Academy of Arts. Die benachbarte Burlington Arcade wurde 1819 errichtet (S. 51). Am Ende der Passage biegen Sie nach rechts in die Burlington Gardens und nach ca. 100 m links in die Savile Row.

3–4

Die Savile Row (S. 57) ist das Synonym für Maßschneider. Im Haus Nr. 1 ist seit 1785 die Schneiderei Gieves & Hawkes ansässig. Biegen Sie an der ersten Kreuzung links in die Clifford Street ein und gehen weiter bis zur New Bond Street. In der Fußgängerzone links wurde 1995 »Allies« (Abb. S. 58), eine Bronzeskulptur von Winston Churchill und Franklin D. Roosevelt, errichtet, die der 50 Jahre Frieden seit Ende des Zweiten Weltkriegs gedenkt.

4–5

Folgen Sie der New Bond Street, vorbei an Boutiquen. Höhe Burlington Gardens wird sie zur Old Bond Street; dort biegen Sie gleich rechts in die Royal Arcade und wieder rechts in die Albemarle Street. Links steht das Brown's Hotel, eines der ältesten Hotels der Stadt (1837). Gehen Sie bis zur Grafton Street, biegen links ab und links in die Dover Street und nehmen dann rechts den Hay Hill.

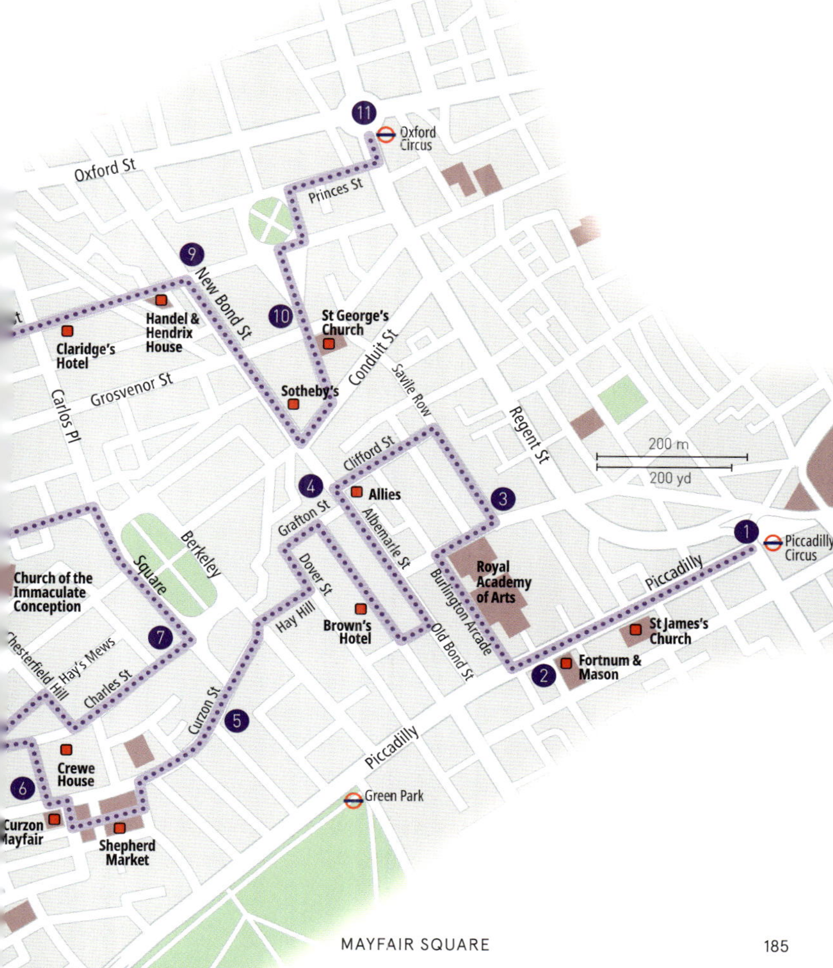

Überqueren Sie die Straße am Ende und gehen Sie in der
Landsdowne Row bis zur Curzon Street.

5–6
Folgen Sie der Curzon Street; nach ca. 180 m gelangen Sie zu
Nr. 9 auf der rechten Seite, dem 1875 erbauten Haus des höfi-
schen Friseurs und Parfümherstellers G. F. Trumper, mit
original dunklem Holz und Fenstern und einer »Herren-
pflege«, zu der eine Nassrasur mit Messer und Dachshaar-
pinsel gehört. Links führt ein überdachter Gang zum
Shepherd Market. Die 1735 errichteten Gebäude bergen viele
kleine Geschäfte und Cafés. Biegen Sie am Ye Grapes Pub
rechts in die Fußgängerzone, überqueren die gepflasterte
Trebeck Street, biegen rechts in die Hertford Street und gehen am Kino Curzon Mayfair vorbei zur Curzon Street. Dort
steht das Crewe House (heute: Botschaft von Saudi-Arabien),
ein Beispiel für die schöne Mayfair-Architektur des 18. Jhs.

6–7
Biegen Sie links in die Curzon Street und dann rechts in die
elegante Chesterfield Street ein, an deren Ende links in die
Charles Street und rechts in die Hay's Mews. Die hier einst
untergebrachten Stallungen für die Kutschenpferde der reichen Bevölkerung sind längst zu Wohnungen umgebaut.
Nehmen Sie den Chesterfield Hill, an seinem Ende biegen
Sie links in die Charles Street. Folgen Sie dieser Straße bis an
ihr Ende am Berkeley Square.

7–8
Der Berkeley Square wurde Mitte des 18. Jhs. angelegt und
hat auch heute noch eine ganz eigene Ausstrahlung. Gehen
Sie an der Westseite entlang, die den einstigen Charakter am
besten bewahrt hat. An der Nordwestecke biegen Sie links in
die Mount Street; nach etwa 180 m wenden Sie sich wieder
nach links und erreichen die Mount Street Gardens. Der
Hochaltar der Church of the Immaculate Conception wurde
von Augustus Pugin entworfen, der auch an den Parlaments-
gebäuden arbeitete. Gehen Sie durch die Gärten und biegen
rechts in die South Audley Street. Diese führt zum Grosvenor Square, einem der größten Plätze Londons.

   SPAZIERGÄNGE

8–9

Diagonal über den Platz gehend, erreichen Sie an der Nordostecke die Brook Street. Folgen Sie der Straße, kommen Sie am Claridge's vorbei, einem der nobelsten Hotels der Stadt, das oft von Mitgliedern des Königshauses frequentiert wird. Weiter vorn, Nr. 25, wohnte Georg Friedrich Händel 36 Jahre lang. Ein Museum ist ihm zu Ehren eingerichtet. In der Nachbarwohnung (Nr. 23) lebte der legendäre Gitarrist Jimi Hendrix. Im Handel & Hendrix House wird den zwei großen Musikern gehuldigt.

9–10

An der nächsten Kreuzung biegen Sie in die New Bond Street ab. Links ist Sotheby's, in dem Versteigerungsobjekte ausgestellt sind. Biegen Sie an der Conduit Street nach links und gleich wieder in die St George Street, der Sie bis zur 1725 geweihten St George's Church folgen. Hier ging Händel zum Gottesdienst.

10–11

Am Ende der St George Street markiert die Skulptur von William Pitt, der im Alter von 24 Jahren Premierminister wurde, den Zugang zum Hanover Square. Vom Platz nehmen Sie die Princes Street bis zur Regent Street. Biegen Sie nach links; von dort sind es nur 50 Meter bis zur U-Bahn-Station Oxford Circus.

KLEINE PAUSE
In einem **Coffeeshop** der Landsdowne Row oder **Pub** im Shepherd Market.

Gestuftes Kirchenportal der Immaculate Conception

St James's Church
⚜ 217 E1 ☗ Green Park
☎ 020 77 34 45 11 ⊕ www.sjp.org.uk
🕐 tgl. 9–18 Uhr; Mo, Mi, Fr Gratis-Konzerte um 13.10 Uhr; Abendkonzerte

Handel & Hendrix House
⚜ 216 C2 ✉ Eingang 25 Brook St.
☎ 020 74 95 16 85
⊕ https://handelhendrix.org
🕐 wg. Sanierung bis 2023 geschl.

St George's Church
⚜ 217 D2 ✉ Hanover Sq.
⊕ www.stgeorgeshanoversquare.org
🕐 Mo–Fr 8.30–16.30, So 8–12 Uhr

Greenwich

Die Welterbestätte Greenwich liegt 13 km östlich von Central London. Am besten fahren Sie wie früher die Monarchen mit dem Boot von Westminster aus zum Nullmeridian nach Greenwich.

1–2

Starten Sie am Besucherzentrum am Greenwich Pier. Hier liegt die 1869 in Schottland erbaute »Cutty Sark«, der einzige erhaltene Teeklipper der Welt. Er brachte Tee aus China und Wolle von Australien nach England. Bei guten Windbedingungen schaffte er an einem Tag 580 km. 2012 wurde das Schiff nach einem Brand wieder der Öffentlichkeit zugänglich gemacht.

Folgen Sie nun dem Uferweg gen Osten. Das Old Royal Naval College zur Rechten war einst der Standort des Greenwich Palace, des Geburtsorts von Heinrich VIII. und Königin Elisabeth I. Der Palast wurde Anfang des 18. Jhs. von den namhaften britischen Architekten Sir Christopher Wren, Nicholas Hawksmoor und Sir John Vanbrugh erbaut. Generationen von Offizieren stu-

Blick über das Royal Naval College nach Canary Wharf

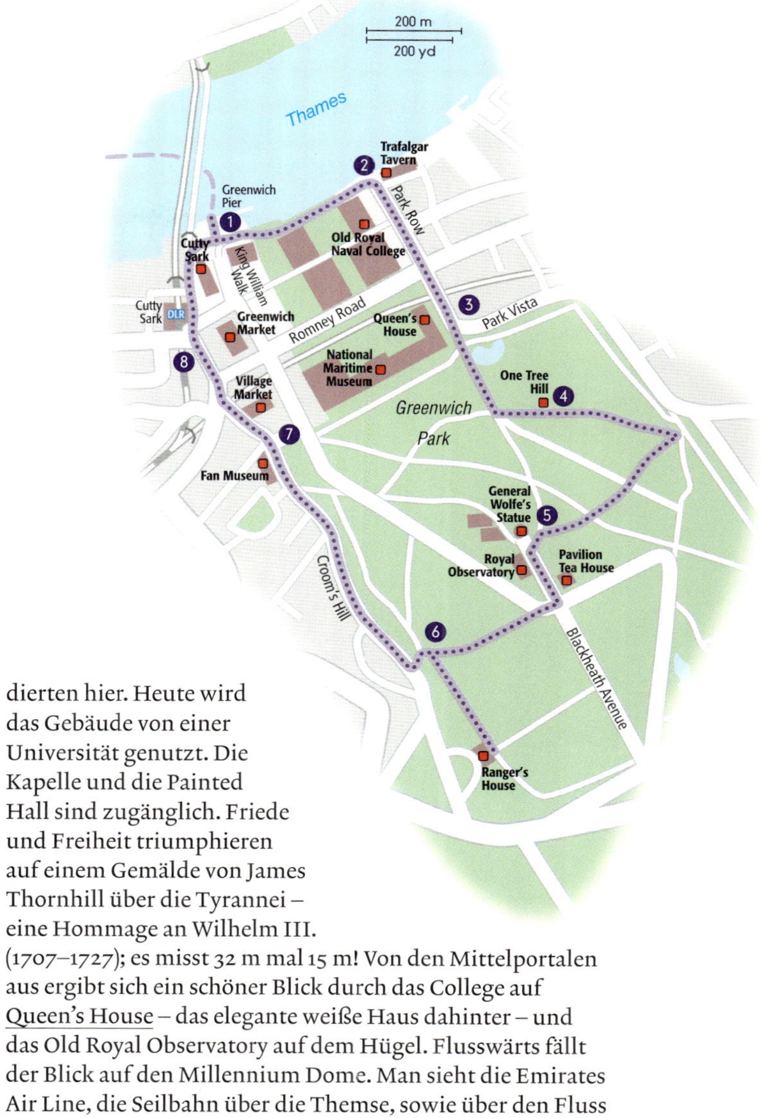

dierten hier. Heute wird
das Gebäude von einer
Universität genutzt. Die
Kapelle und die Painted
Hall sind zugänglich. Friede
und Freiheit triumphieren
auf einem Gemälde von James
Thornhill über die Tyrannei –
eine Hommage an Wilhelm III.
(1707–1727); es misst 32 m mal 15 m! Von den Mittelportalen
aus ergibt sich ein schöner Blick durch das College auf
Queen's House – das elegante weiße Haus dahinter – und
das Old Royal Observatory auf dem Hügel. Flusswärts fällt
der Blick auf den Millennium Dome. Man sieht die Emirates
Air Line, die Seilbahn über die Themse, sowie über den Fluss
hinweg den Canary Wharf. One Canada Square, der riesige
Koloss aus Edelstahl und Glas mit 50 Stockwerken und

235 m Höhe, ist das dritthöchste Gebäude in London. Gehen Sie auf dem Flussweg weiter zur Park Row und der Trafalgar Tavern.

2–3

Gehen Sie die Park Row hinauf und überqueren die Hauptstraße (Romney Road). Rechts sehen Sie das Queen's House, das erste klassizistische Gebäude Englands, das Inigo Jones (1573–1652) für Königin Anne von Dänemark, Gemahlin von Jakob I. (reg. 1603–1625), erbaute. Im National Maritime Museum daneben erfährt man viel zur Seefahrt und zu den Reisen von James Cook. Zurück auf der Park Row geht's in den Greenwich Park.

3–4

Gehen Sie geradeaus und halten Sie sich an der ersten großen Weggabelung links, um auf den grasbedeckten One Tree Hill zu gelangen. Königin Elisabeth I. kam oft hierher, um den Blick zu genießen.

4–5

Vom One Tree Hill laufen Sie querfeldein zum Old Royal Observatory. Auf Ihrem Weg kommen Sie an der Skulptur von General James Wolfe vorbei; er befehligte 1759 die britische Armee während der Einnahme von Quebec. 1675 gründete König Karl II. das Royal Observatory. Hier heißt es Schlangestehen, um sich über den Nullmeridian zu stellen und sich mit einem Fuß in der westlichen und dem anderen in der östlichen Hemisphäre fotografieren zu lassen. Zu den Exponaten in den Time Galleries gehört auch der Schiffschronometer »H4« von John Harrison, der 1765 das Längenproblem löste – der Längengrad war damit zu bestimmen. Benachbart ist das Astronomy Centre mit Londons Planetarium.

5–6

Gehen Sie am Pavilion Tea House vorbei die Blackheath Avenue hinunter. Am Kreisverkehr biegen Sie nach rechts in

Verzierung am Old Royal Naval College

den Pfad ein, der unter Bäumen zu einem Tor in der Parkmauer führt. Folgen Sie dem Schotterweg zum Croom's Hill. 180 m entfernt zur Linken liegt das Ranger's House aus dem 17. Jh. mit Kunstwerken aus Mittelalter und Renaissance.

6–7

Wenn es nicht offen ist, gehen Sie rechts den Hügel hinab und vorbei an Häusern aus dem 17./18. Jh. Linker Hand steht das in zwei Gebäuden aus dem 18. Jh. untergebrachte Fan Museum; das einzige Fächermuseum der Welt.

7–8

Vom Museum folgen Sie dem Croom's Hill, dann geht's in die Stockwell Street mit den Universitätsgebäuden. Biegen Sie in die Greenwich High Road ein, gehen Sie weiter auf der Greenwich Church Street und kreuzen Sie die Nelson Road. Zum Greenwich Market gelangen Sie durch eine Passage auf der rechten Seite. Gehen Sie zur Greenwich Church Street zurück, biegen Sie nach rechts ab, kreuzen Sie den College Approach und Sie stehen vor der »Cutty Sark«.

KLEINE PAUSE

In der **Old Brewery** (bei Discover Greenwich), im **Pavilion Tea House** (Greenwich Park) oder Cafés im **Greenwich Market**.

Anfahrt
⚓ ab Tower of London, Charing Cross oder Westminster bis Greenwich Pier

Cutty Sark
✉ King William Walk, SE10
☎ 020 83 12 6565
⊕ www.rmg.co.uk
🕐 tgl. 10–17 Uhr; letzter Einlass 16.15 Uhr
💰 £ 16

Old Royal Naval College
✉ Eingang von King William Walk, SE10
☎ 020 82 69 47 47
⊕ www.ornc.org

🕐 tgl. 10–17 Uhr
💰 frei

Queen's House, National Maritime Museum, Royal Observatory/ Planetarium/Astronomy Centre
✉ Greenwich Park, SE10
☎ 020 83 12 65 65
⊕ www.rmg.co.uk
🕐 tgl. 10–17 Uhr
💰 £ 16

Ranger's House
✉ Chesterfield Walk, Greenwich Park, SE10
☎ 03 70 3 33 11 81
⊕ www.english-heritage.

org.uk 🕐 April–Okt. Mi–So 11–16 Uhr
💰 £ 10

Fan Museum
✉ 12 Croom's Hill, SE10
☎ 020 83 05 14 41
⊕ www.thefanmuseum. org.uk
🕐 Mi–Sa 11–17 Uhr
💰 £ 5

Greenwich Market
✉ Greenwich Town Centre, SE10
☎ 020 82 69 50 96
⊕ www.greenwich marketlondon.com
🕐 tgl. 10–17.30 Uhr

Hampstead

<table>
<tr><td>Wann?</td><td>Hampstead Village ist zu jeder Zeit belebt, wochentags sind alle Geschäfte geöffnet</td></tr>
<tr><td>Länge</td><td>4 km</td></tr>
<tr><td>Zeit</td><td>2 Stunden; mit Pausen und Besichtigungen etwas länger</td></tr>
<tr><td>Start/Ziel</td><td>U-Bahn-Haltestelle Hampstead</td></tr>
</table>

London wird häufig als eine Ansammlung von Dörfern beschrieben, jedes mit einem individuellen Charakter. Hampstead ist dafür ein schönes Beispiel.

1–2

Wenn Sie aus Londons tiefster U-Bahn-Haltestelle Hampstead (58,5 m) »auftauchen«, überqueren Sie die Hampstead High Street an der Ampel. Linker Hand geht es dann hügelabwärts und rechts in den Perrin's Court, eine autofreie Gasse mit Kopfsteinpflaster und Restaurants, Galerien und Shops. Auf halber Höhe stoßen Sie rechts auf den schmalen Eingang des vielseitigen Hampstead Antique & Craft Emporium mit rund 30 Läden voller Schmuck und Mode.

2–3

Am Ende der Perrin's Lane gehen Sie rechts und geradeaus über die Straße in die Church Row – eine der schönsten Straßen Londons, mit Wohnhäusern aus dem 18. Jh., die feine Kunstschmiedearbeiten zieren. An ihrem Ende steht die 250 Jahre alte Parish Church of St John-at-Hampstead. Hinter dem Tor gehen Sie linker Hand bis zur äußeren Mauer; hinter einem Eisengitter liegt das Grab des Malers John Constable (1776–1837), der lange im Dorf lebte. In der Kirche selbst gibt es neben dem Pult auf der rechten Seite eine Büste von John Keats zu sehen.

3–4

Nach Verlassen der Kirche gehen Sie links und über die Straße in den Holly Walk. Bergan passieren Sie den Friedhof, 200 Jahre alte Häuser und die von französischen Revolut-

ionsflüchtlingen erbaute katholische <u>Kirche St Mary's</u>, in der
General de Gaulle im Zweiten Weltkrieg betete. Am Ende
der Straße wenden Sie sich am Abernethy House, wo der
Autor R. L. Stevenson wohnte, nach rechts. Sie gehen bergan,
dann scharf rechts und in die zweite Querstraße links und
den Hügel abwärts. Das Schild des <u>Holly Bush</u> verweist auf
einen rund 200 Jahre alten Pub in der Holly Mount.

4–5

Es geht den Holly Bush Hill hinauf. Ein schmiedeeisernes
Tor markiert den früheren Eingang des <u>Fenton House</u>. Das
älteste Herrenhaus Hampsteads (17. Jh.; heute Hampstead
Grove) ist für seine Musikinstrumente berühmt und besitzt
einen »Walled Garden« mit Rosen, Obst und Gemüse.

5–6

Folgen Sie der Hampstead Grove und staunen Sie an der
Kreuzung linker Hand über das einem Achterdeck nach-
empfundene Dach des <u>Admiral's House</u>. Vor 200 Jahren ge-

hörte es einem Offizier im Ruhestand. Er stand Pate für den Admiral Boom in »Mary Poppins«. Am Ende von Hampstead Grove stoßen Sie auf den Whitestone Pond, wo früher Lastpferde getränkt wurden. Biegen Sie scharf rechts ab und überqueren Sie die Heath Street. Wiederum rechts spazieren Sie den Berg hinab.

6–7

Kurz vorm Friends Meeting House biegen Sie links in den Hampstead Square und passieren die Christ Church. Geradeaus folgen Sie, sich links haltend, der Straße Cannons Place. An deren Ende geht es rechts, dann rechter Hand steil den Berg hinab. Sie laufen rechts in die Well Road, queren Christchurch Hill und weiter zum New End Square, dann links und den Hügel hinunter. Das 300 Jahre alte Burgh House zur Linken birgt ein kleines Café und Museum, das sich dem Maler John Constable und dem einstigen Bewohner Dr. William Gibbons widmet. Der Arzt machte Anfang des 18. Jhs. die positiven Auswirkungen des eisenhaltigen Mineralwassers der Quellen Hampsteads bekannt.

7–8

Hinter dem Burgh House gehen Sie links in den Well Walk mit der Wells Tavern, einem exzellenten Gastropub. Sie biegen rechts in die Christchurch Hill und halten sich an der Einmündung der Willow Road hügelabwärts. No 2 Willow Road wirkt heute unscheinbar, als der Architekt Ernö Goldfinger (1902–1997) es 1939 baute, war es zukunftsweisend.

8–9

Biegen Sie erst rechts in die Downshire Hill ab, vorbei am Freemasons Arms und an Gebäuden aus der ersten Hälfte des 19. Jhs., und dann an der St John's Church (1820) links in die Keats Grove. Rechts sehen Sie hinter einer Rasenfläche das Keats House (No 10). In einer der Wohnungen lebte der Dichter John Keats (1795–1821). 2009 pflanzte man einen Zwetschgenbaum als Hommage an sein Poem »Ode an eine Nachtigall«, das er 1819 unter einem solchen Baum schrieb.

Hampstead Heath – weit draußen, doch die Stadt im Blick

9–10

Es geht zurück zur St John Church, linker Hand den Hügel hoch und dann rechts. Vor der U-Bahn-Haltestelle biegen Sie rechts in den Flask Walk. Der Name (»Flasche«) stammt aus Hampsteads Blütezeit als Kurort, als hier Mineralwasser in Flaschen verkauft wurde.

KLEINE PAUSE

Das **Buttery Café** im Burgh House und die **Wells Tavern** (30 Well Walk) sind empfehlenswert.

Fenton House
✉ 20 Hampstead Grove, Windmill Hill, NW3
☎ 020 74 35 34 71
⊕ www.nationaltrust.org.uk ❶ März–Okt Fr, So 11–16 Uhr
✦ £ 10

Burgh House
✉ New End Sq., NW3
☎ 020 74 31 01 44 ⊕ www.burghhouse.org.uk

❶ Mi–Fr, So 10–16 Uhr
✦ frei

No 2 Willow Road
✉ 2 Willow Rd., NW3
☎ 020 74 35 61 66
⊕ www.nationaltrust.org.uk
❶ März–Okt Do, Sa 11–15 Uhr; Tour (45 Min.) 11, 12, 13, 14 Uhr, nur mit Zeitfensterticket
✦ £ 9

Keats House
✉ Keats' Grove, NW3
☎ 020 73 32 38 68
❶ Mi–Fr, So 11–13, 14–17 Uhr ✦ £ 8, bis 17 J. frei

Kenwood House
✉ Hampstead Lane, NW3
☎ 370 3 33 11 81
⊕ www.english-heritage.org.uk
❶ tgl. 10–17 Uhr
✦ Haus und Gärten frei

Shoreditch im Osten von London ist mit seinen Bars
und Kneipen ein beliebtes Ausgehviertel.

Praktische Informationen

Was vor der Reise wichtig ist, wie Sie vor Ort gut zurechtkommen und viele Infos mehr erfahren Sie hier.

Seite 196–211

Auskunft

Touristeninformation: In London selbst gibt es nur noch ein Büro, das v. a. Busrundfahrten und Theaterkarten verkauft, aber auch Hotelreservierungen vornimmt.

City of London Information Centre
✛ 221 E4
✉ St. Paul's Churchyard, EC4
☎ 020 76 06 30 30 🌐 www.visitthecity.co.uk
🕐 Fr/Sa 10–16 Uhr

Websites: Auf zahlreichen Webseiten kann man sich vor der Reise informieren und erhält Tipps zu Sehenswürdigkeiten, Übernachtung, Ermäßigungen und Events.
www.visitlondon.com
www.visitbritain.com
www.londononline.co.uk
www.londontown.com
www.timeout.com/london

Barrierefreies Reisen

Die meisten Sehenswürdigkeiten sind behindertengerecht gestaltet, nicht aber alle U-Bahn-Stationen und öffentlichen Gebäuden. Näheres auf: www.visitlondon.com/traveller-information/essential-information/accessible-london

Botschaften

Deutsche Botschaft
✛ 215 F3
🚇 Hyde Park Corner, Sloane Square
✉ 23 Belgrave Sq./Chesham Place, SW1
☎ 020 78 24 13 00 🌐 https://uk.diplo.de

Botschaft der Republik Österreich
✛ 215 F3
🚇 Hyde Park Corner, Sloane Square
✉ 18 Belgrave Mews West, SW1
☎ 020 73 44 32 50
🌐 www.bmeia.gv.at/oeb-london

Schweizer Botschaft
✛ 216 A3 🚇 Baker Street
✉ 16–18 Montagu Place, W1
☎ 020 76 16 60 00
🌐 www.eda.admin.ch/london

Elektrizität

Die elektrische Spannung beträgt 230/240 V. Für Steckdosen wird ein Adapter (drei rechteckige Kontaktstifte) benötigt, für Geräte, die mit 110–120 V Spannung arbeiten, ein Transformator.

Feiertage

1. Jan.: Neujahr
März/April: Karfreitag/Ostermontag
1. Mo im Mai: May Day Holiday
Letzter Mo im Mai: Spring Bank Holiday
Letzter Mo im Aug.: Late Summer Bank Holiday
25./26. Dez.: Christmas Day/Boxing Day
Viele Attraktionen haben an Feiertagen geschlossen oder geänderte Öffnungszeiten, vor allem am 25. Dezember steht fast das ganze Land still. Außer Heathrow Express und dem Stansted Express fahren keine öffentlichen Verkehrsmittel in London! Fällt der 1. Januar oder 25./26. Dezember auf ein Wochenende, ist der folgende Wochentag ein Feiertag.

Geld

Währung: Die Währung in Großbritannien ist das Pfund Sterling = £ oder GBP. Ein Pfund hat 100 Pennies oder Pence (p). Banknoten werden ausgegeben zu: £ 5, £ 10, £ 20 und £ 50 und Münzen zu p 1, p 2, p 5, p 10, p 20, p 50, £ 1 und £ 2. Seit dem 01. Januar 2021 gilt für Großbritannien eine Deklarationspflicht bei Barmitteln ab 10.000 €.
Der Wechselkurs liegt für £ 1 bei ca. 1,17 € bzw. ca. 1,18 CHF. Großbanken sind auch am Samstagvormittag geöffnet, Wechselstuben täglich bis spätabends.
Kreditkarten: Die meisten internationalen Kreditkarten (MasterCard, Visa, American Express) werden von Hotels, Restaurants und vielen Geschäften akzeptiert.
Sperrnummern: Unter der einheitlichen Sperrnotruf-Nummer +49 116 116 kann man in Deutschland Bank- und Kreditkarten, Online-Banking-Zugänge, Handykarten und die elektronische Identitätsfunktion des Personalausweises bei Verlust sperren lassen.

Für Österreich gilt die Telefonnummer:
☎ +43 1 204 88 00

Die Schweiz hat keine einheitliche Notfall-
nummer; die wichtigsten sind:
☎ +41 44 659 69 00 (Swisscard)
☎ +41 44 828 31 35 (UBS Card Center)
☎ +41 58 9 58 83 83 (VISECA)
☎ +41 44 8 28 32 81 (PostFinance)

Umtausch: Sie können fremde Währungen
und Reiseschecks in Banken und Wechselstuben *(bureaux de change)* umtauschen,
ferner in größeren Reisebüros, in großen
Kaufhäusern, Hotels und in den meisten
Postämtern. Überprüfen Sie den Wechselkurs und die Gebühren – beide können sehr
unterschiedlich ausfallen. Mit einer Bank-
oder Kreditkarte können Sie Bargeld auch
am Automaten (ATM) abheben. Automaten
gibt es in ganz London. Ihre Bank wird Ihnen
sagen können, welche Ihrer Karten in London akzeptiert werden. Kreditkarten werden
in vielen Geschäften und Restaurants akzeptiert.
Ermäßigungen: Wer einen internationalen
Studentenausweis besitzt, erhält Ermäßigungen für Fahrkarten, Eintrittskarten, einige Waren und Dienstleistungen. Informieren
Sie sich auf der Website von ISIC (www.isic.
org). Ermäßigungen für Senioren gibt es für
Zug- oder Busfahrten, Eintrittskarten sowie
einige Veranstaltungen und Shows. Ein Al-
tersnachweis ist jedoch nötig.
London Pass: Dieser »Pass« (www.london
pass.de) bietet Preisnachlässe für den Besuch von rund 80 Sehenswürdigkeiten ohne
Schlangestehen, für Restaurants und
Geschäfte.

Gesundheit
Krankenversicherung: EU-Bürger (EHIC-
Karte) und Besucher aus der Schweiz (Be-
scheinigung ihrer Krankenversicherung)
haben im akuten Krankheitsfall in Großbritannien Anspruch auf eine kostenlose
Grundversorgung im Krankenhaus. Eine private Reisekrankenversicherung wird auf-
grund des Brexits empfohlen.
Zahnarzt: Besucher mit der Europäischen
Krankenversicherungskarte (EHIC-Karte) er-

halten auch eine Zahnbehandlung, voraus-
gesetzt, die Behandlung ist akut medizinisch
erforderlich und geschieht durch einen
Zahnarzt des National Health Service. Eine
private Reisekrankenversicherung ist wegen
des Brexits empfehlenswert.
Medikamente: Gibt es in Apotheken (mit
Beratung) oder Drogerien (z. B. Boots). Informationen zu den Notdiensten finden Sie auf
den Hinweisschildern in den Fenstern der
Apotheken.
Trinkwasser: Leitungswasser kann beden-
kenlos getrunken werden.

In Kontakt bleiben
Post: Postämter öffnen Mo–Fr 9–17.30, Sa
9–12.30 Uhr. Ausnahme am Trafalgar Square
(24–28 William IV St., Mo–Mi 8.30–18.30 und
Di, Sa 9–17.30 Uhr). Postlagernde Sendungen
können hier abgeholt werden.
Telefon: Telefonieren vom Hotel aus ist teuer. Beim Telefonieren mit dem Mobiltelefon
müssen Sie die Vorwahl 020 mitwählen.

Internationale Vorwahlen
Deutschland: ☎ +49
Österreich: ☎ +43
Schweiz: ☎ +41
Großbritannien: ☎ +44
Vorwahl nach London: ☎ +44, danach ent-
fällt die Null für die Ortsvorwahl (020 für
London).

Notruf

Allgemeiner Notruf
(Polizei, Feuerwehr, Ambulanz)
☎ 999

Mobilfunk: Mit dem Mobiltelefon telefoniert
man einfach im britischen Partnernetz. Informieren Sie sich vor Ihrer Anreise, ob bei
Ihrem Telefonanbieter Roaming-Gebühren
in Großbritannien anfallen. Ab dem Zeit-
punkt lohnt es, eine lokale Prepaid-SIM-
Karte zu kaufen bzw. sich beraten lassen,
z. B. bei Carphone Warehouse (www.car
phonewarehouse.com).
WLAN und Internet: Cafés und Restaurant-
ketten (z. B. McDonalds, Pret a Manger) bie-

ten kostenlose Internetnutzung via WLAN (WiFi) an; die meisten Hotels ebenfalls. Eine Auflistung kostenloser Hotspots findet sich unter www.o2.co.uk/connectivity/free-wifi. Weitere Londoner Hotspots sind der Website www.btwifi.co.uk zu entnehmen. Auch in 260 U-Bahn- und 70 Overground-Stationen (https://tfl.gov.uk/campaign/station-wifi) gibt es freies WLAN.

Reisedokumente

Bürger aus Deutschland, Österreich und der Schweiz benötigen seit dem 01. Oktober 2021 für die Einreise einen **Reisepass** (auch Kinder brauchen einen eigenen Ausweis oder Pass). Ohne Visum ist die Aufenthaltsdauer max. 6 Monate.

Wer mit dem Auto anreist, muss **Führerschein, Fahrzeugschein** und die **internationale Versicherungskarte** (IVK, ehemalige Grüne Karte) mit sich führen.

Es empfiehlt sich ebenfalls, die **Europäische Krankenversicherungskarte** (EHIC) mitzunehmen (S. 199).

Reisezeit

London hat klar abgegrenzte Jahreszeiten. Der **Frühling** (März–Mai) bietet Sonnenschein und Niederschläge, oft meldet sich der Winter nochmals zu Wort. Im **Sommer** (Juni–August) sind die Wetterbedingungen unvorhersehbar: blauer Himmel und Hitze an einem Tag, schwül, bewölkt und gewittrig am nächsten. Der **Herbst** beginnt im September, jedoch oft mit wolkenlosem Himmel und sommerlichen Temperaturen. Richtig herbstlich wird es oft erst im Oktober, gefolgt von einer deutlichen Abkühlung im November. Der **Winter** (Dezember bis Februar) ist generell mild, es gibt selten Schnee, aber seien Sie auf gelegentliche Kälteeinbrüche gefasst.

Die Unberechenbarkeit des britischen Klimas ist sprichwörtlich – ziehen Sie mehrere Schichten an und nehmen Sie Regenkleidung oder einen Schirm mit. Im Sommer sind Sonnencreme, Kopfbedeckung und Getränke im Gepäck ratsam.

Hauptreisesaison ist von April bis Oktober. Während der englischen Half-Term-Ferien (Mitte Februar, Ende Mai, Ende Oktober je eine Woche) sowie in den Oster- und Sommerferien sind die Sehenswürdigkeiten und Museen oft sehr voll.

Sicherheit

London ist prinzipiell eine sichere Stadt, Polizisten sind in der Innenstadt häufig anzutreffen. Beachten Sie dennoch die üblichen Vorsichtsmaßnahmen: Nehmen Sie sich in der U-Bahn, vor allem beim Ein- und Aussteigen, auf Märkten, an Attraktionen oder auf überfüllten Plätzen vor Taschendieben in acht.

Achten Sie beim Geldabheben an Automaten auf Personen, die Sie beobachten. Prüfen Sie Automaten auf Manipulationen. Die Abfrage von Kartendaten durch Betrüger ist ein Problem. Führen Sie nicht mehr Geld als nötig bei sich und lassen Sie keine Tasche in der Öffentlichkeit unbeaufsichtigt stehen. Meiden Sie bei Nacht Parkanlagen und dunkle Gassen.

Fotografieren ist in Großbritannien an öffentlichen Orten erlaubt, in schützenswerten Bereichen jedoch reagieren Polizisten bisweilen empfindlich

In allen öffentlichen Gebäuden, auch in Pubs, Restaurants und U-Bahn-Stationen, ist Rauchen streng verboten.

Zeit

In London gilt im Winter die Greenwich Mean Time (GMT = MEZ −1 Std.), von Ende März bis Ende Oktober gilt die Sommerzeit (GMT +1 Std.). Die Zeitangaben werden vormittags mit a.m. = 0-12 Uhr und nach Mittag mit p.m. = 12-24 Uhr angegeben.

Zollbestimmungen

Seit dem Brexit gelten für den Warenverkehr Reisefreimengen wie bei einem Drittland (Nicht-EU), z. B. für steuerpflichtige Alkohol- und Tabakprodukte. Dinge für den persönlichen Gebrauch können zollfrei eingeführt werden. Hat man jedoch ein teures Gerät dabei (Kamera, Laptop, Schmuck o. ä.) ist ein Herkunftsnachweis sinnvoll. Dies gilt auch für Medikamente des eigenen Bedarfs. Es empfiehlt sich der Nachweis eines Arztes. Infos dazu: gov.uk/uk-border-control sowie unter www.zoll.de und www.ezv.admin.ch.

… mit dem Flugzeug

London hat fünf Flughäfen, die bequem und günstig erreicht werden können. London Heathrow (LHR), London Stansted (STN) und London Gatwick (LGW) sind die wichtigsten. London Luton (LTN) und der London City Airport (LCY) sind kleiner, aber ebenfalls gut frequentiert und angebunden.

Während die gängigen Linienfluggesellschaften wie die Lufthansa, deren Tochter Eurowings oder British Airways die großen Flughäfen anfliegen, bedienen Billigflieger (Easyjet, Ryanair etc.) die kleineren Drehkreuze.

Ungefähre Flugzeiten von Deutschland, Österreich oder der Schweiz nach London: 1 ½ – 2 Std. Die Ticketpreise richten sich nach Angebot und Nachfrage, sind in der Nebensaison von November bis März tendenziell günstiger – ausgenommen zu Ostern und zu Weihnachten.

London Heathrow: Heathrow (www.heathrow.com) liegt etwa 24 km westlich von London und hat gute Straßen- und Bahnverbindungen in die Stadt. Tipp: Prüfen Sie vor der Anreise, an welchem Terminal Sie ankommen und mit welchem Verkehrsmittel Sie dann am besten in die Stadt gelangen.

Es gibt mehrere Möglichkeiten zur Weiterfahrt: Die Londoner **U-Bahn** (https://tfl.gov.uk), die Piccadilly-Linie, verkehrt alle 5–10 Min. von Heathrow in die Innenstadt. Die Fahrt dauert etwa 50 Min.; etwas schneller geht es mit der neuen Elizabeth Line. Sie verkehrt alle 30 Min. nach Paddington und braucht dafür ca. 30 Min. Die Bahn ist die bequemste und preiswerteste Variante. Es gibt drei U-Bahn-Stationen: eine für Terminal 2 und 3, je eine für 4 und 5, Ticketpreis je nach Uhrzeit und Linie, £ 3.50–11.50.

Der **Heathrow-Express** (www.heathrowexpress.com; von Heathrow Central/ Terminal 3, 4 oder 5) ist ein Schnellzug zur Paddington Station. Er fährt alle 15 Min.; die Fahrt dauert 15–20 Min., einfache Fahrt ab £ 25. Mit dem Zug bis nach Paddington (www.thetrainline.com, ab Terminal 3 braucht man ca. 45 Min.); einfache Fahrt ab £ 14.50.

Busse von National Express (www.nationalexpress.com, von Terminal 3, 4 und 5) fahren in ca. einer Stunde zur Victoria Bus Station. Einfache Fahrt ab £ 6.

Wenn Sie eines der Londoner schwarzen **Taxis** nehmen, die vor jedem Terminal bereitstehen, sollten Sie zur Stadtmitte eine Stunde Fahrzeit und etwa £ 59–90 Fahrtkosten kalkulieren.

Flughafen Stansted: Stansted (www.stanstedairport.com) befindet sich etwa 55 km nordöstlich der Innenstadt. Der **Stansted Express** (www.stanstedexpress.com) bringt Sie alle 15–30 Min. nach Tottenham Hale Station und zur Liverpool Street Station. Die Fahrt dauert 35–55 Min.; einfache Fahrt ab £ 20.50.

Verschiedene **Busunternehmen** wie National Express (www.nationalexpress.com) und Easy Bus (www.easybus.com) bringen Sie in ca. 45–100 Min. in die Innenstadt; einfache Fahrt ab £ 15.

Flughafen Gatwick: Gatwick liegt 43 km südlich der Innenstadt (www.gatwickairport.com). Der **Gatwick Express** (www.gatwickexpress.com) bringt Sie alle 30 Min. zur Victoria Station; die Fahrt dauert etwa 30 Min.; einfache Fahrt ab £ 18.50. Mit **Thames Link** (www.thameslinkrailway.com) braucht man 30 Min. nach London Black Friars oder Victoria; mit **Southern Rail** (www.southernrailway.com) kommt man in 35 Min. nach Victoria oder gelangt mit der **Train Line** (www.thetrainline.com) in 55 Min. nach St Pancras; einfache Fahrt ab £ 12.50.

National-Express-Busse (www.nationalexpress.com) fahren in ca. eineinhalb Stunden zum Busbahnhof Victoria, Easy Bus (www.easybus.com) nach West Brompton/ Earls Court; einfache Fahrt ab £ 7.

Flughafen Luton: Luton liegt 56 km nordwestlich der Innenstadt; www.london-luton.co.uk. Mit der Bahn **East Midlands Trains** kommt man alle 15 Min. nach St Pancras Station. Die Fahrzeit beträgt ca. 40 Min. und die einfache Fahrt kostet ab £ 7.50. **Thameslink** fährt etwa alle 15 Min. nach St Pancras und braucht 40 Min. Die einfache Fahrt kostet £ 7.50. Es gibt einen Zubringerbus vom Terminal zum Bahnhof, Tickets über: www.thetrainline.com.

Es gibt verschiedene **Busanbieter,** die bis z. B. Victoria Station oder Paddington Station etwa 75 Min. brauchen. Eine einfache Fahrt kostet ab 12 £. Mit dem **Taxi** dauert die Fahrt je nach Tageszeit etwa 75–90 Min. und kostet um die £ 90.

London City Airport: Er ist der zentralste der Londoner Flughäfen und liegt nur etwa 15 km östlich der Innenstadt (www.london cityairport.com. Das schnellste Verkehrsmittel ist die **Docklands Light Railway** (DLR; https://tfl.gov.uk). Züge fahren alle 8–15 Min. Bis zur U-Bahn-Station Bank der Linie Central dauert die Fahrt 22 Min.

Taxis warten am Terminal – die Fahrt dauert bis zur Liverpool Street rund 30 Minuten und kostet £ 29-35. Wenn Sie in die Innenstadt wollen, zahlen Sie etwa £ 40-58, abhängig von den Verkehrsverhältnissen.

… mit der Bahn

Vom europäischen Festland kann man mit dem Zug nach London reisen. Über Paris oder Brüssel kommt man mit dem **Eurostar** durch den Kanaltunnel zentral in London St Pancras International Terminal an, wo man in die U-Bahn umsteigen kann (www.eurostar. com). Infos zur Anreise mit dem Zug erteilen auch die Websites von Rail Europe (www.rai leurope.com) oder der Deutschen Bahn (www.bahn.de). Einfache Fahrt ab 70 €.

… mit dem Auto

Der Autoreisezug **Eurotunnel** (www.euro tunnel.com) verkehrt zwischen Calais (Frankreich) und Folkestone (England); einfache Fahrt je nach Fahrzeug ab 99 €. Passagier- und Autofähren wie P&O (www.po ferries.com) oder DFDS Seaways (www.dfds seaways.de) verkehren von Frankreich (Calais–Dover, Dünkirchen–Dover), Belgien (Zeebrügge–Hull) und den Niederlanden (Hoek van Holland–Harwich) aus. Preise für

eine Überfahrt sind abhängig von Fahrzeug, Strecke und Saison (Frühbucherrabatte!).

Um in Großbritannien Auto fahren zu können, müssen Sie einen nationalen (oder internationalen) **Führerschein,** den **Fahrzeugschein** und die **internationale Versicherungskarte** (IVK, ehem. Grüne Karte) mit sich führen.

In Großbritannien herrscht Linksverkehr. In den **Verkehrsregeln** ist vorgeschrieben, Sicherheitsgurte anzulegen. Die **Höchstgeschwindigkeiten** sind auf 30 Meilen (48 km) pro Stunde in bebautem Gebiet, 60 Meilen (97 km) pro Stunde außerhalb geschlossener Ortschaften auf zweispurigen Straßen und 70 Meilen (113 km) pro Stunde auf vierspurigen Straßen und Autobahnen festgelegt.

Alkohol am Steuer wird streng bestraft. Busspuren sind öffentlichen Bussen und Fahrrädern vorbehalten.

Nach **London mit dem Auto** zu fahren ist nicht ratsam, denn zum einen herrscht ein massives Verkehrsaufkommen in und um London, zum anderen werden **Mautgebühren** fällig. Darüber muss man sich bereits vor der Anreise informieren (https://tfl.gov. uk/modes/driving oder www.adac.de) und registrieren!

Der Großraum London ist eine **Umweltzone** (Low Emission Zone, LEZ, bzw. Ultra Low Emission Zone, ULEZ). Hat man ein Dieselfahrzeug, so werden vorab Gebühren fällig (https://tfl.gov.uk/modes/driving/ low-emission-zone; Informationen in Großbritannien unter Tel. 0343 222 22 22, international unter Tel. +44 343 2 22 22 22).

Für die Fahrt in Central London wird für alle Fahrzeuge eine *congestion charge* erhoben; Privatfahrzeuge zahlen £ 15 am Tag (Mo–Fr 7–18, Sa/So und Feiertage 12-18 Uhr). Je nachdem, wo man fährt, wird noch eine Gebühr für LEZ oder ULEZ fällig. Gezahlt wird übers Internet: https://tfl.gov.uk/ modes/driving/congestion-charge oder per Telefon, innerhalb Großbritanniens: Tel. 0343 2 22 22 22, international: Tel. +44 207 649 91 22.

Da auch **Parken** in London sehr teuer ist, sollte man gut abwägen, wie sinnvoll die Mitnahme des eigenen Autos in Groß-London ist.

Piccadilly Circus – Verkehrsknotenpunkt für The Tube, Busse und Taxen

UNTERWEGS IN LONDON

Wer nach London kommt, gewöhnt sich bald an das älteste U-Bahn-System der Welt. Trotz des Busnetzes ist die Londoner Underground oder »Tube« (https://tfl.gov.uk/tube) die einfachste Option. Mit der Tube erreichen Sie alle bedeutenden Sehenswürdigkeiten u. v. m.

London Underground/The Tube

Das Tube-System bedient 12 Linien, die auf Plänen verständlich durch unterschiedliche Farben gekennzeichnet sind. Die Namen der Tube-Linien orientieren sich an der jeweiligen Strecke, die sie bedienen. So fährt die **Circle Line** (gelb) ringförmig um die Londoner Innenstadt und die **District** (grün) bis in die Vororte.

Wochentags fährt die letzte U-Bahn zwischen 24 und 0.30 Uhr; Freitag und Samstag fahren fünf Linien (Victoria, Central, Jubilee, Northern und Piccadilly) rund um die Uhr.

Oyster Card

Beim Fahrkartenkauf sparen Sie Zeit und Geld mit der »pay as you go«-Oyster Card, einer **Guthabenkarte.** Für London-Besucher gibt es die Visitor Oyster Card. Sie kann bereits vor Reiseantritt online (www.visit britainshop.com) mit einem Startguthaben von z. B. £ 20 erworben und an jeder U-Bahn-Station aufgestockt (engl.: *to top up*) werden. Das Guthaben verfällt nicht.

Alternativ sind Travelcards oder für längere Aufenthalte eine Oyster Card, die Sie für eine bestimmte Woche oder einen Monat aufladen, in U-Bahn-Stationen erhältlich.

Das U-Bahn-Netz ist in **neun Tarifzonen** aufgeteilt, die meisten Attraktionen befinden sich in den Zonen 1 und 2. Die Travelcard umfasst die Zonen 1 bis 4 (bzw. *off peak* 1 bis 6) und ermöglicht beliebig viele Fahrten innerhalb der gewählten Zone(n). Kaufen Sie täglich eine **1-Day-Card** oder – bei einem Aufenthalt von mindestens drei Tagen – die günstigere 7-Day-Card. Diese gilt nur in Kombination mit einer Oyster Card, also nicht als Papierfahrschein. Sie müssen sich also eine Oyster Card kaufen und dann eine 7-Day Travelcard draufladen.

Oyster Cards sind gültig in allen U-Bahnen, Bussen, Trams und einigen regulären innerstädtischen Zügen. An den U-Bahn-Sperren oder beim Einsteigen in den Bus führen Sie die Karte über das gelbe elektronische Lesegerät. Es ertönt ein Signalton. Nach Fahrtende – außer bei Fahrt mit Bus und Tram – müssen Sie diesen Vorgang wiederholen.

Kinder bis 10 Jahren fahren in Begleitung eines Erwachsenen mit gültigem Ticket/ Visitor Oyster Card zu jeder Zeit kostenlos mit (www.visitlondon.com/de/reise informationen/transport/kinder-reisen-in-london-kostenlos).

Weitere Verkehrsmittel
London hat ein sehr gut ausgebautes Bussystem. Vor Fahrtantritt benötigen Sie einen gültigen Fahrausweis, denn im **Bus** können Sie keine Tickets kaufen!

Wer keine Oyster Card oder Travelcard hat, kauft das Ticket am Automaten an der Haltestelle (nicht überall möglich!). Dieser gibt kein Wechselgeld heraus.

Führen Sie die Karte (engl.: *touch in*) anders als bei einer Fahrt mit der U-Bahn nur bei Fahrtantritt (!) über das Lesegerät neben dem Busfahrer.

In Londons Osten verkehrt oberirdisch die **Docklands Light Railway** von Bank Tube Station bis Stratford und den olympischen Sportstätten im Norden sowie über Greenwich (S. 188) bis Lewisham, im Süden. Angebunden an die DLR ist die Emirates Air Line, eine **Seilbahn** über die Themse nach Greenwich (April–Sept. 8–23, Okt.–März 8–21 Uhr, https://tfl.gov.uk).

Die **Elizabeth Line** wurde 2022 eröffnet und verkürzt die Fahrtzeit in West-Ost-Richtung, u. a. vom Flughafen Heathrow nach Canary Wharf oder Stratford, dank neuer Tunnel und Stationen.

Sightseeing
Einige **Busunternehmen** bieten Besichtigungsfahrten an, die alle Top-Sehenswürdigkeiten ansteuern. Die Fahrt findet meist in Doppeldeckerbussen statt, die Haltestellen sind über die Innenstadt verteilt. Dazu gehören Big Bus Company (www. bigbustours.com) und Toot Bus (www.toot bus.com/en/london/home).

Stadtführungen per **Fahrrad** in deutscher oder englischer Sprache bietet: www. londonbicycle.com an.

Deutschsprachige Stadtführungen kann man z. B. bei https://meinlondon-tours.de buchen. Ein Trinkgeld von £ 2–3 für den Guide ist üblich.

Nimmt man die reguläre Route mit den Bussen Nr. 6 und 15, die vom Marble Arch zum Tower of London führt, kann man **auf eigene Faust** viel von der Stadt sehen und zahlt nur den Fahrtarif mit der Travel- oder Oyster Card. Die Tour dauert ca. 1 Stunde, wobei man am besten die Hauptverkehrszeiten meidet (werktags 8-9.30, 16.30 bis 18 Uhr). Man startet an der U-Bahn-Station Marble Arch (am Hyde Park), und nimmt ab Park Lane den Bus Nr. 6 Richtung Aldwych/ Drury Lane.

Am meisten sieht man, wenn man im Doppeldeckerbus oben und möglichst weit vorne sitzt. Die Route passiert viele Londoner Sehenswürdigkeiten. Die Linie 6 fährt an der Ostseite des Hyde Park und die Piccadilly entlang und passiert den Piccadilly Circus mit Leuchtreklamen, den Trafalgar Square mit der Nelson-Statue und der National Gallery; dann fährt er The Strand entlang, vorbei an dessen beliebten Theatern, und hält in Aldwych.

Hier steigt man aus und nimmt den Bus Nr. 15 nach Blackwall, vorbei an den Royal Courts of Justice, weiter auf der Fleet Street zum Ludgate Hill und direkt auf St Paul's Cathedral zu. Mit Blicken auf einige City-Hochhäuser erreicht man den Tower of London. Der Bus hält direkt gegenüber.

Von der U-Bahn-Station Tower Hill weiter kann man wieder aufs unterirdische Verkehrsmittel umsteigen oder macht eine kleine Pause im Pub Hung, Drawn & Quartered (S. 87; 26–27 Great Tower St.).
Bootstouren: Andere Perspektiven vermittelt eine Bootsfahrt auf der Themse (S. 111).

Autoverleih
Mietwagen lohnen sich nur für Ausflüge in die Umgebung. Anbieter sind Avis (www.avis. co.uk), Europcar (www.europcar.co.uk) und Hertz (www.hertz.co.uk).

Taxis
Schwarze Taxis (heute oft auch bunt) warten an Taxiständen an den Bahnhöfen oder Hotels, man kann sie aber auch auf der Straße anhalten. Nicht besetzte Taxis erkennt man am beleuchteten Schild »For Hire«. Alle Taxis haben Taxameter, der Fahr-

preis richtet sich nach der Fahrzeit; nach 22 Uhr sind Aufschläge fällig. Ein Trinkgeld von 10 % ist üblich.

Telefonischer Taxiruf: Radio Taxis (Tel. 020 72 72 02 72) oder Dial-a-Cab (Tel. 020 72 53 50 00) sind rund um die Uhr erreichbar.

Black Taxi Tours of London (Tel. 020 79 46 10 69 39; www.blacktaxitours.co.uk) bieten zweistündige maßgeschneiderte Besichtigungsfahrten (ab £ 150).

Fahrrad

Eine andere Option, die Stadt zu erkunden, ist eine Tour mit dem Fahrrad. **Santander Cycle Hire** verleiht Räder für £ 2 für 30 Minuten. Die Räder sind über die Stadt verteilt und stehen jeweils an einer Docking-Station. Nehmen Sie sich eines der roten Fahrräder, das Sie via Kreditkarte freischalten und bezahlen, und stellen Sie es nach der Fahrt an einer beliebigen anderen Docking-Station wieder ab (https://tfl.gov.uk).

ÜBERNACHTEN

London ist ein teures Pflaster und ein großer Teil des Reisebudgets geht für die Übernachtung drauf. Es gibt jedoch Lastminute- oder Frühbucherrabatte, Flatrates und günstige Angebote aus dem Internet. An einer Alternative zum klassischen Hotel mangelt es nicht: Budgethotel mit kleinen Zimmern, manche ohne Fenster, Bed & Breakfast, Hostel und Apartment- oder Studentenzimmervermietung.

Übernachtungspreise

Für ein Doppelzimmer pro Nacht in der mittleren Saison:

£	unter £ 100
££	£ 100–170
£££	£ 171–250
££££	über £ 250

Der Preisskala ist bei Angeboten nach oben (fast) kein Limit gesetzt. Frühstück ist selten im Preis inbegriffen, die Mehrwertsteuer von 20 % nicht immer ausgewiesen. Ältere Hotels haben selten einen Aufzug und oft steile Treppen. Kostenloses WLAN (WiFi) bieten inzwischen viele Hotels an, wenn es jedoch kostenpflichtig ist, sind die Gebühren sehr hoch. Vor der Buchung sollte man nicht nur auf den Preis, sondern auch auf die Lage des Hotels schauen. Weit außerhalb ist die Übernachtung zwar günstiger, aber die Fahrtkosten zu den Sehenswürdigkeiten im Zentrum sind dann wieder höher. Ein Trinkgeld für den Zimmerservice in Höhe von £ 1-2 pro Tag ist üblich.

Saisonale Preisvorteile: London ist immer angesagt, doch Juli, August und September sowie Ostern und die Vorweihnachtszeit sind die beliebtesten Reisemonate. Während der Wintermonate lohnt es sich, nach Preisnachlässen oder Paketpreisen mit z. B. Theatertickets zu fragen.

Grandhotel: Geschichtsträchtig, nobel und teuer sind die Grandhotels. Hier zu übernachten übersteigt vielleicht das Budget, aber ein wenig Atmosphäre schnuppert man schön beim Afternoon Tea oder beim Cocktail in der Bar. Besuchen Sie dazu das Savoy (www.thesavoylondon.com) mit Beaufort Bar im Art-déco-Stil und der American Bar für Cocktail-Klassiker, das Dorchester am Hyde Park (www.dorchestercollection.com) oder das Ritz London für den traditionellen Afternoon Tea (S. 54; www.theritzlondon. com) oder auch das Claridge's (www.clarid ges.co.uk); alle weit über £ 300.

Luxushotel: Luxus erwartet Sie auch im The Chesterfield Mayfair (https://chesterfield mayfair.com), im W London (www.marriott. co.uk) oder im Shangri-La in The Shard (S. 117, www.shangri-la.com); alle über £ 300. Das St Pancras Renaissance London Hotel (www.marriott.com, £ 200–300) folgt diesem Anspruch.

Bed & Breakfast: B & Bs sind die preiswertere Alternative zum Hotel. Im einfachsten Falle mieten Sie ein Schlafzimmer in einem Privathaus mit einem Bad, das unter den Gästen geteilt wird.

Günstiger übernachten: Hotelketten im niedrigeren Preissegment sind easyHotels

Viktorianisch nächtigen
Als viktorianische Epoche wird die Regierungszeit von Königin Viktoria (1837–1901) bezeichnet. In der Architektur bildete sich ein besonderer Stil mit neogotischen Elementen heraus, den folgende Unterkünfte beibehalten haben:

Number Sixteen ££££: Dies war schon ein Boutiquehotel, bevor der Begriff überhaupt entstand. Hier sind viktorianische Häuser zusammengeführt, die 42 frische, moderne Zimmer bieten. Im Sommer ist es besonders schön, den Afternoon Tea im gepflegten Garten zu nehmen. Museen, Harrods und Knightsbridge sind in Gehweite des hübschen Hotels.
† bei 206 A 2 ✉ 16 Sumner Place, SW7 ☎ 020 75 89 52 32 ⊕ www.firmdalehotels.com ⊠ South Kensington

Twenty Nevern Square ££: Hübsch eingerichtete Zimmer, einige mit Himmelbett, in einem viktorianischen Stadthaus, das in einer ruhigen Seitenstraße am grünen Nevern Square in West London liegt. Gutes Preis-Leistungs-Verhältnis.
† bei 214 A1 ✉ 20 Nevern Sq., SW5 ☎ 020 75 65 95 55 ⊕ www.20nevernsquare. com ⊠ Earl's Court

(www.easyhotel.com) mit sieben Häusern sowie Travelodge (www.travelodge.co.uk) und Premier Inn (www.premierinn.com) mit weit über einem Dutzend Ableger. Hier muss man ca. £ 75 bis 150 im DZ bezahlen. Das Frühstück ist in der Regel extra zu buchen.

Schon bei einem mehrtägigen Aufenthalt kann sich ein **Apartment** lohnen. Reservieren Sie über Coach House Rentals (https:// chsrentals.com/london) oder SACO Apartments (www.sacoapartments.com). Die Citadines Group (www.citadines.com) betreibt sechs Apart'Hotels in London.

Die **Youth Hostel Association** (www.yha. org.uk) betreibt acht Herbergen, davon sind einige sehr zentral gelegen. Ebenfalls zentral liegen das Generator Hostel (https:// staygenerator.com) sowie das Clink78 Hostel (www.clinkhostels.com/london/clink78).

Während der Semesterferien können Besucher in den **Wohnheimen einiger Londoner Universitäten** preiswert unterkommen: London School of Economics (www.lsevacations.co.uk), University College London (www.ucl.ac.uk/residences), King's College (www.kcl.ac.uk/accommodation), Imperial College (www.imperial.ac.uk/visit/ summer-accommodation).

Ein **Verzeichnis** der Hotels und B&Bs finden Sie unter www.theaa.com/travel und www.visitlondon.com.

Hotelempfehlungen

Innenstadt

The Academy £££
Das gemütliche, helle Hotel mit Privatgarten liegt unweit des British Museum. Die Zusammenlegung von fünf georgianischen Stadthäusern mit 49 komfortablen Zimmern ist perfekt für einen Aufenthalt mit Komfort.
† 217 E4 ⊠ Goodge Street ✉ 21 Gower St., WC1 ☎ 020 76 31 41 15 ⊕ www.theacademyhotel.co.uk

Arosfa Hotel ££
Das B & B mit kleinen, funktionalen Zimmern, kostenlosem WLAN und englischem Frühstück befindet sich im 200 Jahre alten Elternhaus des Malers John Millais, direkt gegenüber einer der bekanntesten Londoner Buchhandlungen.
† 217 E4 ⊠ Russell Square ✉ 83 Gower St., WC1 ☎ 020 76 36 21 15 ⊕ www.arosfalondon.com

The Fielding £££
Das schlichte Hotel im Herzen Londons liegt nahe der Royal Opera in Covent Garden. Das Gebäude aus dem frühen 19. Jh. hat recht kleine Zimmer, was die herzliche Begrüßung aber wettmacht. Kein Frühstück.

✈ 220 A4 🚇 Covent Garden
✉ 4 Broad Court, Bow St., WC2
☎ 020 78 36 83 05
🌐 www.thefieldinghotel.co.uk

Flemings Mayfair ££££

Das Boutiquehotel hat 129 Zimmer, Suiten und Apartments, alle in einem historisch-eleganten Mix gestaltet. Ein Pluspunkt ist die zentrale Lage zu den Parks, Buckingham Palace, Piccadilly und den eleganten Vierteln St James's und Mayfair.
✈ 206 C5 🚇 Green Park
✉ 7–12 Half Moon St., W1J
☎ 020 74 99 00 00
🌐 www.flemings-mayfair.co.uk

Hazlitt's Hotel ££££

Lassen Sie sich in den 30 Zimmern mit Holzverkleidung, antiken Ölgemälden und Teppichen 300 Jahre zurückversetzen, ohne auf modernen Komfort und zuvorkommenden Service zu verzichten.
✈ 217 E2 🚇 Tottenham Court Road
✉ 6 Frith St., W1
☎ 020 74 34 17 71 🌐 www.hazlittshotel.com

Montagu Place ££££

16 gemütliche, ausgefallene Zimmer. Unweit von Museen und Geschäften präsentiert sich das Boutiquehotel von außen im georgianischen Stil, im Inneren hochmodern.
✈ 216 A3 🚇 Baker Street, Marble Arch
✉ 2 Montagu Place, W1 ☎ 020 74 67 27 77
🌐 www.montagu-place.co.uk

Seven Dials Hotel ££

Die Lage des Hotels zwischen British Museum und Covent Garden ist ideal für einen Wochenendtrip. Die Zimmer sind klein, aber sauber. In der Nähe gibt es viele Cafés und Restaurants und wer Shopping mag, ist hier richtig. Gutes Preisleistungsverhältnis.
✈ 217 F2 🚇 Tottenham Court Road
✉ 7 Monmouth St., WC2 ☎ 020 72 40 08 23
🌐 www.sevendialshotel.com

The Sumner Hotel £££

Wenige Meter von Oxford Street und dem weitläufigen Hyde Park entfernt, bietet das Boutiquehotel mit 20 Zimmern unaufdringlich gehobenes Interieur, freies WLAN und Frühstück inklusive.
✈ 216 A2 🚇 Marble Arch
✉ 54 Upper Berkeley St., W1
☎ 020 77 23 22 44 🌐 www.thesumner.com

West London

No 90 ££

Das B & B im schicken Chelsea verfügt über nur drei Luxuszimmer und einen hübschen Garten. Entsprechend individuell gestaltet sich der Aufenthalt - und Besitzerin Nina St Charles kennt alle angesagten Lokalitäten in der Gegend. Mindestaufenthalt zwei Nächte.
✈ bei 206 A1 🚇 South Kensington
✉ 90 Old Church St., SW3 ☎ 07831 68 91 67
🌐 www.chelseabedbreakfast.com

B & B Belgravia £££

Die 17 Zimmer im denkmalgeschützten, komfortablen Haus wurden mit modernem Design ausgestattet. Im Nachbarhaus kann man Apartments mieten. Verkehrsgünstig gelegen zur Victoria Coach Station.
✈ 206 C3 🚇 Sloane Square
✉ 64-66 Ebury St., SW1
☎ 020 72 59 85 70 🌐 www.bb-belgravia.com

The Chilworth London Paddington ££

Charmant geführtes Hotel in guter Lage: nah zum Bahnhof Paddington und einfache Reiseanbindung zum Flughafen Heathrow. Fußläufig zum Hyde Park, 2 km zur Portobello Road und mit der U-Bahn schnell bei den Sehenswürdigkeiten. Leckeres Frühstück.
✈ 215 D5 🚇 Paddington
✉ 55 Westbourne Terrace, W2
☎ 020 77 23 34 34 🌐 www.thechilworth.co.uk

Sloane Square Hotel £££

Das herrschaftliche Haus - ein Hotel seit 1900 - mit 102 Zimmern wurde vor einigen Jahren komplett saniert. Es bietet viel Komfort, liegt nur zwei Fußminuten zur gleichnamigen U-Bahn-Station, zur Saatchi Gallery und der Einkaufsstraße Kings's Road. In den 1960er-Jahren waren die Beatles hier zu Gast.
✈ 206 B2 🚇 Sloane Square
✉ 7-12 Sloane Sq., SW1 ☎ 020 78 81 59 84
🌐 www.sloanesquarehotel.co.uk

The Hoxton ££££

Angesagtes, trendiges Hotel mit 205 komfortabel ausgestatteten Zimmern in modernem Design mitten in Shoreditch. In der Bar bekommt man nicht nur Cocktails, sondern auch Frühstück und Brunch. In der Nähe der Märkte des East End und der Clubs.

✈ bei 222 B5   ☒ Old Street
✉ 81 Great Eastern St., Hoxton, EC2
☎ 020 75 50 10 00   ⊕ https://thehoxton.com/london/shoreditch/hotels

Hyatt Place London City East £££

Modernes Hotel mit komfortablen Zimmern in direkter Nähe zu Brick Lane und Spitalfields. Unbedingt einen Cocktail in der Rooftopbar nehmen: tolle Aussicht.

✈ 222 C5   ☒ Aldgate East
✉ Black Lion House, 45 Whitechapel Rd., E1
☎ 020 8159 1234   ⊕ www.hyatt.com/en-US/hotel/united-kingdom/hyatt-place-london-city-east

South London

London Bridge Hotel ££££

Das helle, moderne Hotel gegenüber der London Bridge und nahe dem Shard hat 138 Zimmer, einige davon mit Blick über die Stadt oder die Themse. Unweit von Shakespeare's Globe Theatre, Borough Market und Tate Modern.

✈ 222 A2   ☒ London Bridge
✉ 8–18 London Bridge St., SE1
☎ 020 78 55 22 00
⊕ www.londonbridgehotel.com

Mad Hatter Hotel £££

Übernachten Sie mal über einem Pub in direkter Nachbarschaft von Shakespeare's Globe, der Tate Modern und dem angesagten Stadtteil South Bank. 30 schlichte, gemütliche Zimmer in einer schön renovierten Hutfabrik. Deftige britische Speisen sind im Restaurant unten erhältlich.

✈ 221 D3   ☒ Waterloo
✉ 3–7 Stamford St., SE1
☎ 020 74 01 92 22
⊕ www.madhatterhotel.co.uk

ESSEN UND TRINKEN

London gilt mit seiner vielfältigen internationalen Küche als eine der kulinarischen Hauptstädte der Welt. Langweilige Abendessen und matschiges Gemüse gehören der Vergangenheit an. Reservierungen sind bei den angesagten Lokalitäten unumgänglich. Angesichts des steten Wandels in der Gastronomie fällt die Auswahl schwer. Es wird moderne Küche aus aller Herren Länder geboten. Die meisten Besucher sind jedoch besonders von der Qualität und Vielfalt der britischen Küche angetan, bei der frische, oft biologisch angebaute Zutaten aus Großbritannien zum Einsatz kommen.

Preise für ein Hauptgericht ohne Getränke:

£	unter £ 25
££	£ 25–50
£££	über £ 50

Essenszeiten: Mittagessen wird üblicherweise von 12 bis 15 Uhr, Abendessen von 19.30 bis 23 Uhr serviert. Jedoch sind viele Brasserien, Bistros und sogar Pubs in London mittlerweile so flexibel, dass Sie dort von morgens bis Mitternacht satt werden können. Angestellte aus London gehen meist zur Mittagspause zwischen 13 und 14 Uhr zu Tisch. Meiden Sie diese Zeiten, um den Ansturm zu umgehen. Beachten Sie das günstige Tagesgericht oder ein Zwei-Gänge-Menü zum Angebotspreis.

Viele Restaurants in der Nähe von Theatern im **West End** haben vor den Aufführungen ab 17 oder 17.30 Uhr zwei- oder dreigängige **Menüs** im Angebot. Nach dem Theaterbesuch sollten Sie außerhalb von Soho und dem West End nicht damit rechnen, nach Mitternacht noch Essen zu bekommen.

Trinkgeld: In Großbritannien ist ein Trinkgeld von 10 bis 12,5 % üblich, jedoch schlagen viele Restaurants automatisch 12,5 % auf den Rechnungsbetrag. Vergleichen Sie Speisekarte und Rechnung und fragen Sie im Zweifel nach, um ein zweites, unnötiges Trinkgeld zu vermeiden.

Gastronomieketten: Viele britische Ketten bieten verlässliche Qualität und ein gutes Preis-Leistungs-Verhältnis, z. B. Sandwiches, Suppen und Salate bei Pret a Manger; Sie können dort essen oder die Gerichte mitnehmen. Sushi und Suppen gibt's bei Itsu und Abokado. Marks & Spencer hat eine ähnlich große Auswahl an frischen Gerichten zum Mitnehmen. Möchten Sie zum Essen Platz nehmen, probieren Sie Pizza und Pasta bei Pizza Express, Prezzo, Strada und ASK. Kaffeehäuser sind Caffé Nero und Costa; in Carluccio's gehobenen Restaurant-Cafés werden auch italienische Lebensmittel verkauft.

Museen, Kirchen & Co.: Selten vermutet man in einer Kirche ein Café zu finden, was jedoch in vielen englischen Kirchen üblich ist. In London werden Sie auch in den Museen und Galerien satt, denn hier wird liebevoll mit frischen, heimischen Zutaten gekocht. Besuchen Sie die Krypta von St Martin-in-the-Fields (S. 56), das Restaurant im Obergeschoss der National Portrait Gallery (S. 54), das Restaurant des British Museum mit Ausblick auf den Great Court oder das in der Tate Modern mit Blick auf St Paul's Cathedral.

Pubs und Gastropubs: In den meisten Pubs werden traditionelle Imbisse *(pub grub)* angeboten: Suppen, Sandwiches, Würstchen. Gastropubs haben sich eine ambitioniertere Küche auf die Fahnen geschrieben (S. 16).

Bars: Londons lebendige Barszene reicht von traditionellen Weinlokalen wie dem jahrhundertealten Gordon's (S. 119) bis hin zu Cocktailbars wie Cahoots Underground (S. 173) und der Oxo Bar (S. 114) mit einer atemberaubenden Aussicht aus dem achten Stock des Oxo Tower.

Moderne britische Küche: Traditionelle Gerichte wie Rindfleisch-Nieren-Pastete, Fish & Chips, Würstchen mit Kartoffelbrei, Roastbeef und Yorkshire Pudding liegen schwer im Magen. Was die britische Küche heute zu bieten hat, ist jedoch leichter, voller Geschmack. Zugleich haben die Köche traditionelle Gerichte neu definiert und verwenden oft Bio-Produkte und regionale Zutaten: knuspriger Teig für den Fisch, Würstchen aus Schweinefleisch mit Apfel, Wildfleisch mit Chili … Gerichte wie Scotch Eggs (Eier im Fleischbrät) werden neu interpretiert und erleben eine Renaissance. Gleiches gilt für die traditionellen warmen Desserts Apple Pie, Rhubarb Crumble und Sticky Toffee Pudding.

Internationale Küche: Ethno-Restaurants sind überall zu finden. Soho war lange für italienische Küche bekannt; heute gibt es dort Köstlichkeiten aus aller Welt. Über das normale Angebot hinaus bieten in Chinatown diverse chinesische Restaurants authentische, oft scharfe Küche an. In der Edgware Road, nördlich von Marble Arch, sind zahlreiche nahöstliche, an der Brick Lane, in Londons East End, viele südasiatische Restaurants vertreten.

Auf den zahlreichen Märkten (S. 30) in London wird fantasievolles Streetfood aus der ganzen Welt angeboten.

Afternoon Tea: Zu einem großen Sortiment an Tee aus Indien und China werden kleine, delikate Sandwiches (Räucherlachs, Gurken, Käse usw.), köstliche Kuchen sowie Scones (Teebrötchen) mit Erdbeermarmelade und Clotted Cream (Rahm) gereicht. Die Atmosphäre ist meist formell, die Herren sollten mit Jackett und Krawatte erscheinen.

Im Grunde handelt es sich hier um eine komplette Mahlzeit, die in den Hotels schon ab vormittags mehrmals täglich angeboten wird. Zu den bevorzugten Tageszeiten muss man oft Wochen im Voraus reservieren. Die Rechnung für zwei Personen liegt bei 80 bis 100 £, mit Champagner auch höher.

Elegante West-End-Restaurants und kleinere Hotels bieten den traditionellen Afternoon Tea bereits günstiger an.

Fish & Chips: … sind das britische Pendant zum Hamburger – heiß, preiswert und mächtig wird der immer noch beliebte Fast-Food-Klassiker am besten mit den Fingern gegessen, auch wenn in vielen guten *chippies* im Sitzen und mit Messer und Gabel gespeist wird. Üblicherweise zahlen Sie pro Portion etwa £ 12–18.

Im The Roebuck (130 Richmond Hill) wird seit 1741 Bier ausgeschenkt.

AUSGEHEN

Ob Theater oder Musical, Ballett, klassische Musik oder Jazz und Blues: Das Unterhaltungsangebot ist grenzenlos und in allen Niveaus und Preisklassen zu haben – in prachtvollen Konzerthallen und Schauspielhäusern bis hin zu überfüllten Nachtclubs. Seit der Covid-19-Pandemie sind Mittwoch und Donnerstag beliebte Ausgehabende für Angestellte geworden, die montags und freitags eher im Homeoffice arbeiten. London rühmt sich zudem der O2 Arena in Greenwich, einer der weltbekannten Veranstaltungsorte für Musikevents mit 23 000 Plätzen und einem jährlichen Umsatz von über 2 Mio. Tickets. Im Wochenmagazin »Time Out« sind alle aktuellen Veranstaltungen aufgeführt.

Musik
Wohl keine andere Stadt verfügt über ein solch vielfältiges Spektrum an Musikevents. Im Sommer finden Open-Air-Konzerte und Picknickkonzerte in Parks oder Gärten herrschaftlicher Villen statt.

Livemusik/Clubbing
Allabendlich gibt es Live-Auftritte. Die beliebtesten **Konzerthallen** sind u. a. The O2 (www.theo2.co.uk, ⌖ North Greenwich), Eventim Apollo (www.eventimapollo.com, ⌖ Hammersmith), Brixton Academy (www.academymusicgroup.com/o2academybrixton, ⌖ Brixton), das Roundhouse (S. 175), Shepherd's Bush Empire (https://academymusicgroup.com/o2shepherdsbushempire; ⌖ Shepherd's Bush) und Wembley Arena (www.ovoarena.co.uk, ⌖ Wembley Park) sowie das Barbican Centre (S. 87), die Queen Elizabeth Hall, die Royal Festival Hall (S. 102) und die Royal Albert Hall (S. 145).

Kleinere Auftritte finden z. B. in dem berühmten Jazz-Club Ronnie Scott's (S. 175) oder Nachtclubs wie dem Camden Assembly (S. 175) statt. Im West End finden Sie eine ganze Bandbreite von **Musicalangeboten** in den Theatern. Auf der Internetseite www.londontheatre.co.uk/whats-on/musicals gibt es einen Überblick über die aktuellen Produktionen und Spielorte.

Wenn Sie Hip-Hop, House, Electro, Techno und Breaks mögen, dann sind Sie in London genau richtig. Namhafte **Nachtclubs** sind u. a. Xoyo in Shoreditch, The Jazz Cafe in Camden, Fabric in Farringdon, Scala in der Nähe von King's Cross und der Notting Hill Arts Club im gleichnamigen Viertel. In der Schwulen- und Lesbenszene sind Heaven (https://heaven-live.co.uk,

🚶 Charing Cross) und die Freedom Bar in Soho (https://freedombarsoho.com, 🚶 Leicester Square) beliebte Treffpunkte.

Kino

Filmliebhaber sollten auf jeden Fall am Leicester Square mit seinen zahlreichen großen Kinos, z. B. dem Odeon, vorbeischauen. Wer Klassiker und Programmkino bevorzugt, wird ein Stück weiter im Prince Charles Theatre fündig werden.

Klassische Musik, Oper und Theater

London verfügt über fünf **Orchester:** das London Symphony Orchestra, London Philharmonic, Philharmonia, Royal Philharmonic und das BBC Symphony Orchestra. Verpassen Sie keinesfalls die von Mitte Juli bis Mitte September in der Royal Albert Hall stattfindenden Proms (S. 145). In puncto Oper können Sie wählen zwischen dem renommierten Royal Opera House und der English National Opera (S. 174) mit Aufführungen in englischer Sprache.

London ist auch die **Theaterhauptstadt** der Welt schlechthin; rund 14 Mio. Zuschauer besuchen jedes Jahr die rund 50 Theaterbühnen. Das West End, die Gegend um Piccadilly Circus und Covent Garden, gilt als Mekka für Theaterbesucher.

Ebenfalls zentral, wenn auch nicht im West End, befinden sich das Royal National Theatre im South Bank Centre sowie das Barbican Centre und Shakespeare's Globe in Bankside. Das Royal Court und das Old Vic bringen sowohl Werke junger, unbekannter Künstler als auch bekanntere, neue Avantgarde-Stücke auf die Bühne. Flottes Off-West-End- und Alternativtheater erleben Sie z. B. im Almeida (Almeida St.; https://almeida.co.uk).

In London putzt man sich selbst für Theater-, Oper-, Ballett- oder Restaurantbesuche nur noch zu besonderen Anlässen heraus. Smart casual ist die Norm, aber selbst in gepflegten Jeans und Turnschuhen ist man bei einer normalen Aufführung nicht underdressed.

Ticketkauf: Kaufen Sie die Karten direkt an der Theaterkasse (in der Regel von 10 Uhr bis kurz vor Vorstellungsbeginn); so entfällt oft eine Bearbeitungsgebühr. Machen Sie sich aber aufs Schlangestehen bei tkts (Mo bis Sa 10.30–18, So 12–16.30 Uhr) auf dem Leicester Square, WC2, gefasst. Hier gibt es am Tag der Vorstellung und auch bis eine Woche im Voraus vergünstigte Karten – allerdings der teuersten Kategorie und zuzüglich einer kleinen Bearbeitungsgebühr.

Am besten halten Sie nach **Sonderangeboten** auf der Website der Society of London Theatre (https://officiallondon theatre.co.uk) Ausschau. Eine geringe Buchungsgebühr wird erhoben. Sie können Karten auch über eine Ticketagentur beziehen; zu den bekanntesten zählen Mitglieder der Society of Ticket Agents & Retailers (www.star.org.uk). Kaufen Sie aber niemals Karten von einem Straßenhändler.

Die billigsten Sitze sind immer ganz oben im Theater, bekannt als *gods*.

Matinées (Vormittagsvorstellungen) sind preiswerter als Abendvorstellungen und man bekommt dafür viel leichter Karten. Einige Theater bieten Karten für Sitze mit schlechter Sicht verbilligt an.

EINKAUFEN

London hat alles, was das Käuferherz begehrt, bis hin zu jahrhundertealten Geschäften, die zum Schaufensterbummel und zum Stöbern einladen, selbst wenn ein Einkauf dort nicht zur Debatte steht. Im mittleren Preissegment herrscht eine riesige Auswahl, für den kleinen Geldbeutel sind preiswerte Läden und Märkte eher abseits der einschlägigen Shoppingmeilen vorhanden. Die Geschäfte öffnen normalerweise an sieben Tagen die Woche ab 10 Uhr und schließen in den Hauptgeschäftsstraßen oft erst spät abends. Sonntags ist oft viel Betrieb bei kürzeren Öffnungszeiten von 12 bis 17/18 Uhr. Am Wochenende ist im Bankenviertel der Innenstadt nicht viel los.

Mode: Seit den Swinging Sixties ist London für skurrile Designer und schräge Mode bekannt. Die Hauptstadt hat für jeden Geschmack, jedes Alter und jeden Geldbeutel etwas zu bieten.

Eine Londoner Institution: Das Kaufhaus Harrods ist eines der exklusivsten der Welt.

Die Ketten in den großen **Einkaufsstraßen** verkaufen gute Qualität zu moderaten Preisen. Die größte Auswahl findet man auf der Regent Street, Oxford Street, Covent Garden und Kensington High Street. Marks & Spencer sind in der Stadt mehrfach vertreten; die größte Filiale findet sich in der Oxford Street Nr. 173.

Wenn Sie alles unter einem Dach haben möchten, sollten Sie sich in den großen **Modekaufhäusern** umschauen: Harrods (Abb. oben), Harvey Nichols, Liberty und Selfridges.

Boutiquen sind vor allem in Chelsea und Kensington zu finden; Designermode in der Bond Street und Sloane Street.

Klassische **nationale Marken** wie Burberry findet man in der Regent Street. Exklusive, traditionelle Herrenmode kauft man auf der Jermyn Street, maßgeschneiderte Kleidung in Savile Row.

Auf dem **Portobello Road Market,** dem **Camden Market** (S. 166) und der **Redchurch Street** in Ost-London (⛊ Old Street) finden Sie alternative Mode sowie Retro- und Vintagekleidung.

Das **Westfield Centre** in West London (U-Bahn-Stationen: Shepherds Bush, Wood Lane) oder das **Westfield Stratford City** am Olympiagelände (DLR: Stratford und Stratford International) sind mit jeweils ca. 300 Geschäften und Restaurants für einen ausgiebigen Shoppingtag geeignet.

Warenhäuser: Allgemein für Geschenkideen, für Haushaltswaren und Kleider eignen sich John Lewis (an der Oxford Street) und Peter Jones am Sloane Square.

Kunst und Antiquitäten: Der florierende Kunsthandel bietet Antiquitäten und Kunst aus vergangenen Zeiten genauso wie Gemälde, auf denen die Farbe erst noch trocknet. In vielen Galerien können Sie kleine Ausstellungen ohne Kaufzwang besuchen.

Die besten »Jagdreviere« für Antiquitäten-Liebhaber sind die **Auktionshäuser** Sotheby's (34–35 New Bond St. www.sothe bys.com) und Bonham's (101 New Bond St., www.bonhams.com, ⛊ Bond Street) sowie Christie's in St. James's (8 King St., www. christies.com, ⛊ Green Park). Besichtigungen an den Tagen vor der Auktion sind kostenlos und öffentlich.

Auch die Kensington Church Street ist bekannt für **Antiquitätenläden** und **Kunstgalerien.**

Eine Konzentration von **Galerien** gibt es in Mayfair, vor allem an der Cork Street und New Bond Street. Werke etablierter Künstler und sichere Anlageobjekte werden angeboten. Weniger einschüchternd sind die Galerien im trendigen Hoxton (⛊ Old Street), wo aufstrebende Künstler ihre Werke präsentieren.

Märkte: In nahezu jedem Londoner Stadtteil gibt es einen oder mehrere Märkte. Vom kleinen Farmer's Market mit Obst und Gemüse aus der näheren Umgebung bis zur Einkaufsquelle für Gourmetköche und den Garküchen der Streetfood-Stände mit internationalen Gerichten, Cupcakes, Gin-Tasting und Craft-Beer, von junger Designermode bis zum Vintagekleidchen, von der Fahrradklingel bis zur echten Antiquität. All das gibt's auf dem einen der vielen Märkte (S. 30).

Cityatlas

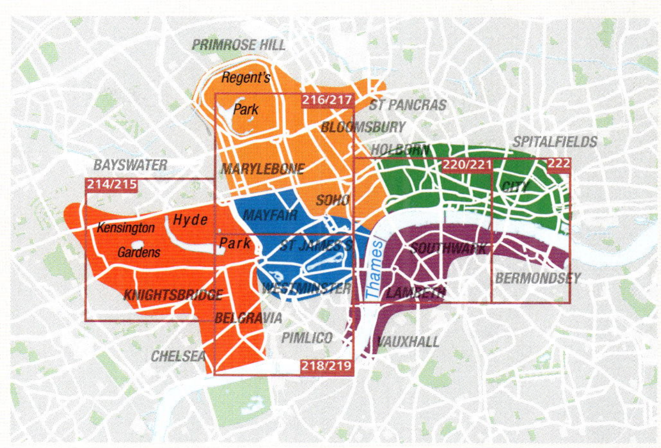

Legende

ℹ	Information	🚌	Busbahnhof
M̂	Museum	✡	Polizei
🎭	Theater, Oper	⊕	Krankenhaus
♟	Denkmal, Monument	✉	Post
✝	Kirche, Kapelle	⊖	Underground
✡	Synagoge	⇌	British Rail-Bahnhof
☾	Moschee	② ★ ★	TOP 10
P P	Parkhaus; Parkplatz	⑪	Nicht verpassen!
⚠	Jugendherberge	⑫	Nach Lust und Laune!
⌖	Fernsehturm		

1 : 13 500

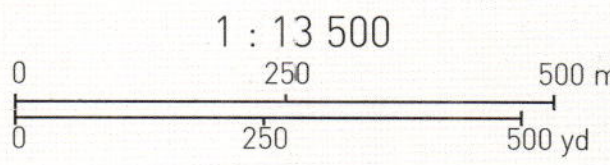

A
B
C
Bishop's Bridge
Powis Ter.
Talbot Rd.
Sutherland Pl.
Bridstow Place
Hereford Road
Kildare Gdns.
Alexander St.
Sunderland Ter.
bourne
Queensw.
Hatherley Gro.
Cleveland
Gloucester
Cleveland Square
Ms. West
Courtnell St.
Moorhouse Rd.
Needham Rd.
Northumberland Pl.
Chepstow Place
Hereford Rd.
Newton Rd.
Redan Pl.
Inverness
Hallfield Estate
Cleveland
Powis Sq.
Colville Ms.
Artesian Rd.
West-
bourne
Road
Garway Rd.
Monmouth Rd.
Queensw.
Leinster Gdns.
Queen's Garden
5
Colville Ter.
Lonsdale Rd.
Ledbury Road
Grove
Pembridge Villas
Chepstow Villas
Hereford Rd.
Leinster Square
Prince's Sq.
Porchester Gdns.
BAYSWATER
way
Leinster Pl.
Craven
Denbigh Rd.
Chepstow Pl.
Pembridge Ct.
Rede Place
Prince's
Queen's
Gdns.
Craven Hill Gdns.
49
Denbigh Ter.
Chepstow Ms.
Dawson Pl.
Pembridge Square
Square
Prince's Ms.
Moscow Rd.
Petersburgh Pl.
Bark Pl.
Queens-Mews
Rd. Bayswater
Inver. Pl.
Way
Craven Hill Gdns.
Leinster Ms.
Portobello
Pembridge Rd.
Pembridge Square
Palace Court
St. Petersburgh Pl.
Poplar Pl.
Caroline Pl.
Inver. Pl.
Terrace
Leinster Ter.
Lancaster
Park
Ledbury Rd.
Pembridge Gdns.
Linden Gdns.
Clanricarde Gdns.
Ossington St.
Orme La.
Orme Ct.
Queensway
Road
Nort
Ladbroke Square
Horbury Cr.
Pembridge Pl.
Bayswater
Road
Orme Sq. Gate
Black Lion Gate
Inverness Ter. Gate
4
Horbury Ms.
Victoria Gdns.
Bulmer Pl.
Gate
Queensway
Diana, Princess of Wales Memorial Playground
Ledbury Ter.
Ladbroke Rd.
Notting Hill Gate
Gate Cinema
Newcombe St.
Palace
Palace Gdns. Mews
The
Clock Tower
Ladbroke Wk.
Notting Hill
Farmer St.
St. James's St.
Palace
Kensington Palace Gardens
Kensington
48
Uxbridge St.
Hillgate St.
Budge
Hillsleigh Rd.
Campden Hill Gdns.
Hillgate Pl.
Kensington Pl.
St. Gdns.
Brunswick Gdns.
Gardens Terrace
The Orangery
Broad
The Round Pond
Hill Sq.
Peel St.
Campden St.
Vicarage Gdns.
Vicarage Gate
Kensington
Dial
3
Aubrey Walk
Campden Hill Rd.
Bedford Gdns.
Sheffield Terrace
Horton St.
Gloucester Walk
Campden Gro.
Kensington Palace
Palace Avenue
Podium
The Kensington and Chelsea College
Tor Gdns.
Campden Ho. Clo.
Observ. Gdns.
Pitt St.
Kensington-Green
Palace Green
6
Kensington Palace
Garde
Campden Hill
Queen Elizabeth College
Sheldrake Pl.
Gordon Pl.
Duke's La.
Kensington Palace Barracks
Walk
The
Holland Walk
Holland House
Duchess of Bedford's Wlk.
Holland St.
Kens. Ch. Walk
Kensington
Palace Gate Road
2
Cricket Ground
Upr. Phillimore Gdns.
Phillimore Pl.
Drayson Ms.
Horton Pl.
Street
Young St.
Kensington Court
Kensington Ct. Pl.
Prince of Wales Ter.
De Vere Gdns.
Hyde Park Gate
Hyde Park Gate
Phillimore Gdns.
Argyll Rd.
Campden Hill Rd.
Derry St.
Kensington Square
Thackeray St.
Cambridge Pl.
Palace Gate
Kensington Gate
Essex Villas
Stafford Ter.
Town Hall
Walk
Wright's Lane
High Street Kensington
Ansdell Ter.
Albert Pl.
Victoria Rd.
Canning Pl.
Commonwealth Institute
Linley Sambourne House
Kensington High Street
Adam & Eve Mews
Iverna Ct.
Iverna Gdns.
Douro Pl.
St Alban's Gro.
Queen's Gate
45
Design Museum
Phillimore
South End St.
St Alban's Gro.
Victoria Gro.
Toria Gro.
Lord Leighton House
Phil. Gdns. Clo.
Melbury Ct.
Abingdon St.
Allen St.
Scarsdale Pl.
Marloes Rd.
Kelso Pl.
Stanford Rd.
Launceston Pl.
Petersham La.
Elvasto
Park Rd.
Melbury Rd.
Pater St.
Cope Pl.
Abingdon Vs.
St Margaret's La.
Cottesmore Gdns.
Eldon Rd.
Petersham M.
Queen's
Abbot's Rd.
Earls Court Road
Kynance Mews
Gloucester Rd.
Queen's
h Street
S. Edwardes Sq.
Earl's Wlk.
Sch.
Scarsdale Vs.
Allen St.
St Mary's
Cornwall Gardens
Osten M.
Emperor's Ga.
Grenville Pl.
Southwell Gdns.
St Mary Abbot's Pl.
Pembroke Rd.
Pembroke Square
Stratford Rd.
Lexham M.
Lexham Gdns.
Marloes Rd.
McLeod's Ms.
214
Pembroke Gdns. Clo.
Pembroke Walk
Lexham
The Cromwell Hospital
Gloucester Rd.
Warwick Gardens
broke Road

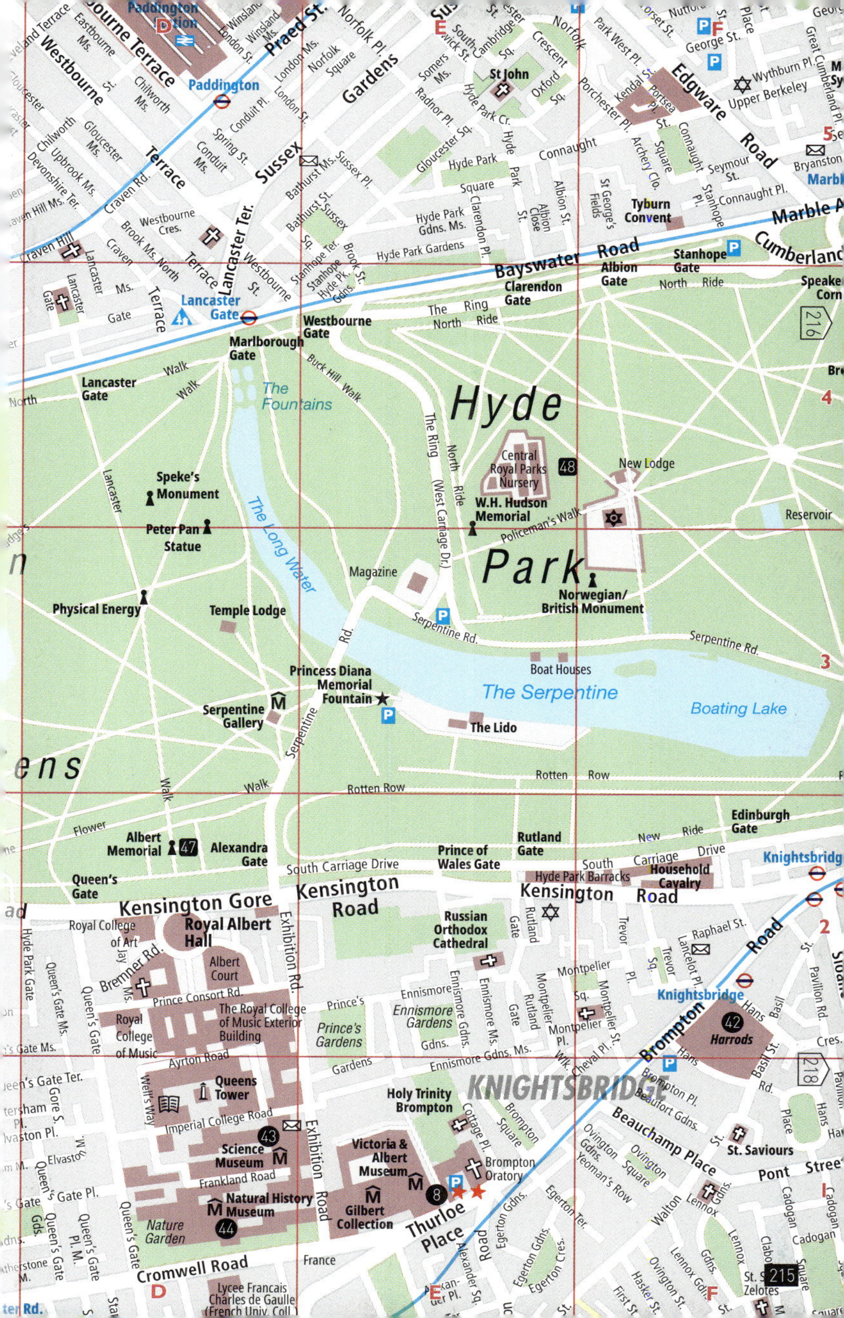

Paddington Station
Paddington
Praed St.
Westbourne
Sussex
Gardens
St John
Edgware
Road
Wythburn Pl.
Upper Berkeley
Marble
Westbourne Terrace
Eastbourne
Ms.
Chilworth
Gloucester
Ms.
Chilworth
Upbrook Ms.
Devonshire Ter.
Craven Hill Ms.
Conduit Pl.
Spring St.
Conduit St.
London St.
Winsland St.
Winsland Ms.
Norfolk Pl.
Norfolk
Square
London Ms.
Norfolk
Sq.
Somers
Ms.
Berwick St.
South Cambridge St.
Oxford
Porchester Pl.
Portsea
Kendal St.
St George's
Fields
George St.
Upper Berkeley
Seymour
St.
Bryanston
5
St.
Connaught
Square
Archery Clo.
Connaught Pl.
Tyburn
Convent
Albion St.
Albion
Close
Stanhope
Pl.
Radnor Pl.
Hyde Park Cr.
Hyde Park
Gdns. Ms.
Hyde Park Gardens
Clarendon Pl.
Gloucester Sq.
Gloucester
Square
Hyde Park
Craven Hill
Craven Rd.
Lancaster Gate
Lancaster
Ms.
Gate
Lancaster
Gate
Westbourne
Cres.
Brook Ms. North
Terrace
Terrace
Craven
Ms.
Gate
Lancaster Ter.
Lancaster
Gate
Marlborough
Gate
Westbourne
Gate
Bathurst Ms.
Sussex Pl.
Bathurst St.
Sussex
Sq.
Stanhope Ter.
Stanhope
Gdns.
Brook St.
Hyde Pk.
Gdns.
Bayswater
Road
The
North
Ride
Clarendon
Gate
Albion
Gate
North
Ride
Stanhope
Gate
Marble A
Cumberland
Speake
Corn
216
Bro
4
Lancaster
Gate
Walk
Walk
North
The
Fountains
Hyde
Buck Hill Walk
The Ring
North
Ride
(West Carriage Dr.)
Central
Royal Parks
Nursery
48
New Lodge
Reservoir
Speke's
Monument
Lancaster
Peter Pan
Statue
The Long Water
W.H. Hudson
Memorial
Policeman's Walk
Park
Physical Energy
Temple Lodge
Magazine
Rd.
Norwegian/
British Monument
Princess Diana
Memorial
Fountain
Serpentine
Gallery
Serpentine
Serpentine Rd.
Serpentine Rd.
Serpentine Rd.
Boat Houses
The Serpentine
Boating Lake
3
The Lido
Walk
Walk
Rotten Row
Rotten
Row
Flower
Edinburgh
Gate
New
Ride
Albert
Memorial
47
Alexandra
Gate
Queen's
Gate
South Carriage Drive
Kensington
Road
Prince of
Wales Gate
Rutland
Gate
Hyde Park Barracks
South
Carriage
Drive
Household
Cavalry
Knightsbridge
2
Kensington Gore
Royal College
of Art
Royal Albert
Hall
Bremner Rd.
Jay Ms.
Albert Court
Prince Consort Rd.
The Royal College
of Music Exterior
Building
Royal
College
of Music
Kensington
Road
Russian
Orthodox
Cathedral
Prince's
Gardens
Ennismore
Gardens
Ennismore Gdns.
Ennismore Ms.
Rutland
Gate
Montpelier
Pl.
Montpelier
Sq.
Montpelier
St.
Cheval Pl.
Wlk.
Rutland
St.
Trevor
Raphael St.
Lancelot Pl.
Trevor
Sq.
Basil St.
Pavilion Rd.
Knightsbridge
Knightsbridge
Hans
Cres.
218
Pavilion
Hans
Hyde Park Gate
Queen's Gate
Queen's Gate Ms.
Queen's Gate Ter.
en's Gate Ms.
Ayrton Road
Well's Way
Queens
Tower
Imperial College Road
Science
Museum
43
Frankland Road
Natural History
Museum
44
Nature
Garden
Queen's
Gate Pl.
Queen's Gate
Gdns.
Ayrton Road
France
Prince's
Gardens
Gardens
Ennismore Gdns. Ms.
Holy Trinity
Brompton
Victoria &
Albert
Museum
8
Gilbert
Collection
Thurloe
Place
Cottage Pl.
Brompton
Oratory
Brompton
Square
Montpelier
Pl.
Brompton
Brompton Pl.
Beaufort Gdns.
Knightsbridge
Harrods
42
Brompton
Beauchamp Place
St. Saviours
Pont
Street
Ovington
Gdns.
Ovington
Square
Yeoman's Row
Egerton Ter.
Egerton Gdns.
Walton
Lennox
Lennox
Cadogan
Cadogan
Cromwell Road
Lycee Francais
Charles de Gaulle
(French Univ. Coll.
Alexander Pl.
Alexander Sq.
Thurloe
Road
Egerton Gdns.
Egerton Cres.
First St.
Hasker St.
Ovington St.
Walton St.
Lennox
Gdns.
Cadogan
Square
Cadogan
St. S
Zelotes
215
D
E
F

Playground
A
B
Regent's Park
53
C
54
Regent's
London Central Mosque
St. John's Lodge
Regent's College
Chester
Road
Outer Circle
Albany Street
5
Outer Circle
Hanover Ter.
Hanover Ter.
Kent Ter.
Kent Pas.
Sussex Place
Boating Lake
Inner Circle
Open Air Theatre
Queen Mary's Gardens
Inner Circle
Broad Walk
Royal Coll. of Physicians
Rossmore Road
Taunton Pl.
Boston Pl.
Park Road
Regent's College
Outer Circle
York Ter. East
Park Square West
Park Square East
Park Square Gardens
Peto Pl.
Marylebone
Huntsworth M.
Glenworth St.
Chagford St.
Melcombe St.
Sherlock Holmes Mus.
Allsop Pl.
York Ter.
West Gate
York Gate
Royal Academy of Music
Road
Park Crescent
Regent's Park
Park Cr. Ms. East
Great Portland St.
4
Marylebone
Balcombe St.
Linhope St.
Dorset Square
Baker Street Road
Baker Street
50
Madame Tussaud's
Marylebone
St Marylebone
Devonshire St.
Harley St.
Park Crescent
Ms. West
Hallam St.
Harewood Avenue
Hayes Pl.
Marylebone
Melcombe Pl.
Great Central St.
Dorset Clo.
University of Westminster
Porter St.
Chiltern St.
Luxborough St.
Nottingham
Oldbury Pl.
Marylebone High St.
Beaumont St.
Devonshire Pl.
Devonshire Ms. West
Devonshire Ms. South
Upper Wimpole St.
Weymouth St.
Weymouth St.
Wimpole St.
Devonshire Clo.
Weymouth Mews
Portland Place
3
Grove
Samaritan Hospital
Magistrates Court
Walmer
Seymour Pl.
York Pl.
Marylebone
Wyndham St.
Enford St.
Knox St.
Thornton Pl.
Dunworth Pl.
Gloucester Place
Bickenhall St.
York St.
Crawford St.
Montagu Ms.
Clay St.
Baker Street
David Kenrick Rd.
Paddington St.
Nottingham St.
Cramer St.
Moxon St.
Aybrook
St Vincent St.
Blandford St.
New Cavendish St.
Welbeck St.
Bulstrode Pl.
Bulstrode St.
Queen Anne St.
Wimpole St.
Harley St.
Mansfield St.
Duchess St.
Chandos St.
Cavendish Square
Harcourt St.
Homer St.
Crawford Pl.
Seymour Leisure Centre
Montagu Pl.
Bryanston Pl.
Bryanston Square
Montagu Square
Gloucester Pl. M.
Blandford
Blandford Ms.
Chiltern St.
Dorset St.
Rodmarton St.
St James's
Wallace Collection
55
Thayer St.
Bentinck St.
Welbeck Way
Wimpole St.
Wigmore St.
Cato St.
Molyneux St.
Harrowby St.
Brown
Bryanston Ms. West
Montagu Square
George
George St.
R. Adam St.
Manchester
Hinde St.
Mande-ville Pl.
Marylebone Lane
Wigmore Hall
Wigmore Street
Welbeck Street
Henrietta Pl.
Holles St.
Oxford
2
Edgware Road
Forset St.
Nutford Pl.
George St.
Seymour St.
Wythburn Pl.
Upper Berkeley
Marble Arch Synagogue
Great Cumberland Pl.
Montagu St.
Portman Square
Fitzhardinge St.
Seymour Ms.
Picton Pl.
James St.
Barrett St.
Duke St.
Orchard Street
Portman St.
Edwards Ms.
Selfridges
Portman Ms.
West One Shopping Centre
Barrett St.
Stratford Pl.
Bond Street
Woodstock St.
Gilbert St.
Sedley Pl.
Binney St.
Dering St.
Blenheim St.
New Bond Street
Old Cavendish St.
Handel Museum
Kendal St.
Portsea Pl.
Connaught St.
Seymour St.
Bryanston
Old Quebec St.
Seymour St.
Connaught Pl.
Stanhope Pl.
Marble Arch
Oxford Street
North Row
Green St.
Balderton St.
Brown Hart Gdns.
Weighhouse St.
Davies St.
South Molton St.
South Molton La.
Brook St.
Avery Row
Brook's Ms.
Bourdon St.
Tyburn Convent
Albion Gate
Cumberland Gate
Marble Arch
Park Lane
North Row
Red Pl.
North Audley St.
St Mark
Providence Court
Duke's Yard
Anselm's Pl.
George Yard
Brook St.
Three Kings' Yd.
Grosvenor
Grosvenor Hill
Broadbent St.
Bruton Pl.
Stanhope Gate
North Ride
Speakers' Corner
Dunraven St.
Green St.
Woods Ms.
Lees Pl.
Upper Brook St.
Grosvenor
Roosevelt Memorial
Grosvenor Square
Carlos Pl.
Mount Row
Bourdon St.
Bruton St.
Berkeley Square
1
215
Brook Gate
Park Lane
Culross St.
Blackburn Mews
Upper Grosvenor St.
MAYFAIR
Adam's Row
Reeves Ms.
Mount St.
Immaculate Conception
Grosvenor Chapel
Mount St.
Hill St.
Hay's Ms.
New Lodge
216
Grosvenor Gate
218
Park Lane
Mount Row
Rex Pl.
Aldford St.
Balfour Pl.
South Audley St.
Chesterfield Hill

PARK
ST PANCRAS
BLOOMSBURY
SOHO
Cumberland Market
Robert St.
Clarence Gdns.
Munster Square
St Anne
Longford St.
Holy Trinity Church
Great Portland St.
Greenwell St.
Great Cleveland St.
Bolsover St.
Carburton St.
Clipstone St.
Clipstone Mews
BT Tower
Great Portland Street
Cavendish St.
Hanson St.
St Charles
Foley St.
Middlesex Hospital
Gosfield St.
BBC
Langham
All Souls
Langham Place
Mortimer
All Saints
Margaret St.
Little Portland St.
Caven-dish Place
Eastcastle
Cartoon Museum
57
Oxford Circus
Oxford Circus
Palladium Theatre
Princes St.
Hanover Square
Hanover St.
del House eum
St George
Maddox
Conduit Street
Regent Street
Boyle St.
Clifford St.
Saville Row
Burlington Gdns.
13
Royal Academy of Arts
Fortnum & Mason
219
Piccadilly
Bruton Lane
Hay Hill
Dover
Old Bond Street
Albemarle St.
Stafford St.
Berkeley St.
East Stanhope St.
Varndell St.
52
St James's Gardens
Hampstead Road
North
Starcross St.
Drummond St.
Euston Station
Euston Station Colonnade
DVG
Euston
Euston St.
Euston Square
Wellcome Gallery
Gower Pl.
Euston Underpass
Warren Street
University College Hospital
Grant Museum of Zoology
University College
Petrie Museum of Egyptian Archeology
Gower Street
Tottenham
University St.
Capper St.
Huntley St.
Chenies Ms.
American Church in London
Whitfield
Alfred Ms.
North Crescent
Goodge Street
Goodge Street
Scala St.
Tottenham
Court
Charlotte
Wind-mill St.
Percy St.
Rathbone St.
Stephen St.
Berners St.
Newman St.
Rathbone Pl.
Hanway St.
Tottenham Court Road
Oxford
Street
Market Pl.
Winsley St.
Poland
Noel
Berwick
Wardour
D'Arblay
Livonia
Carnaby St.
Ganton St.
Broadwick
Marshall
Great Marlborough St.
Foubert's Pl.
Kingly
Beak
Golden Square
Warwick St.
Brewer
Sherwood
Denman
Air St.
Glasshouse St.
14
15
Eros
Piccadilly Circus
Piccadilly Circus
Jermyn St.
Regent Street
Evershott Street
Eversholt Street
Doric Way
Churchway
Euston Road
The Place
St Pancras
Euston Square
Upper Woburn Place
Endsleigh
Gordon Street
Gordon Square
Gandhi
Travistock Square
University of London School of Orient. Studies
School of Hygiene & Trop. Med.
University of London
Senate House
Montague Place
British Museum
9
Bloomsbury Square Gardens
Great Russell St.
Bloomsbury St.
New Oxford Street
New Oxford Street
Bainbridge St.
Holborn
High
St Giles High Street
Charing
St Giles-in-the-Fields
Phoenix Theatre
Shaftesbury
Seven Dials
Cambridge Circus
Royal Shakespeare Company
Palace Theatre
Covent Garden
Donmar Warehouse
Royal Opera House
Monmouth
Neal St.
Shelton
Earlham St.
Long
Floral
Shaftesbury Avenue
Dansey Pl.
Gerrard
56
Lisle St.
Leicester
Trocadero Centre
Coventry St.
Newport Court
Leicester Square
Leicester Square
Garrick St.
New Row
Coliseum
Garrick
National Portrait Gallery
7
16
National Gallery
St Martin-in-the-Fields
Pall Mall East
Trafalgar
Nelson's Column
Charing Cross
Charing Cross
217
Strand
William IV Street
Duncannon St.
British Library
51
60
King's Cross
5
Euston Road
Bidborough St.
Judd St.
Cartwright Gdns.
Sandwich St.
Tavistock Place
Hebrand St.
Marchmont St.
Handel St.
Brunswick Centre
Bernard St.
4
Russell Square
Woburn Place
Russell Square Gardens
Square
South
St Ge the Na
220
3
Bloomsbury W
Central
2
Acre
Roya
Cha Cro
William Road
Regent's Park Free Church
Drummond St.
St Anne
Euston Centre
Church
Fitzroy Square
Fitzroy
Grafton Way
Warren St.
Maple
Howland St.
Chitty
Charlotte
Gresse St.

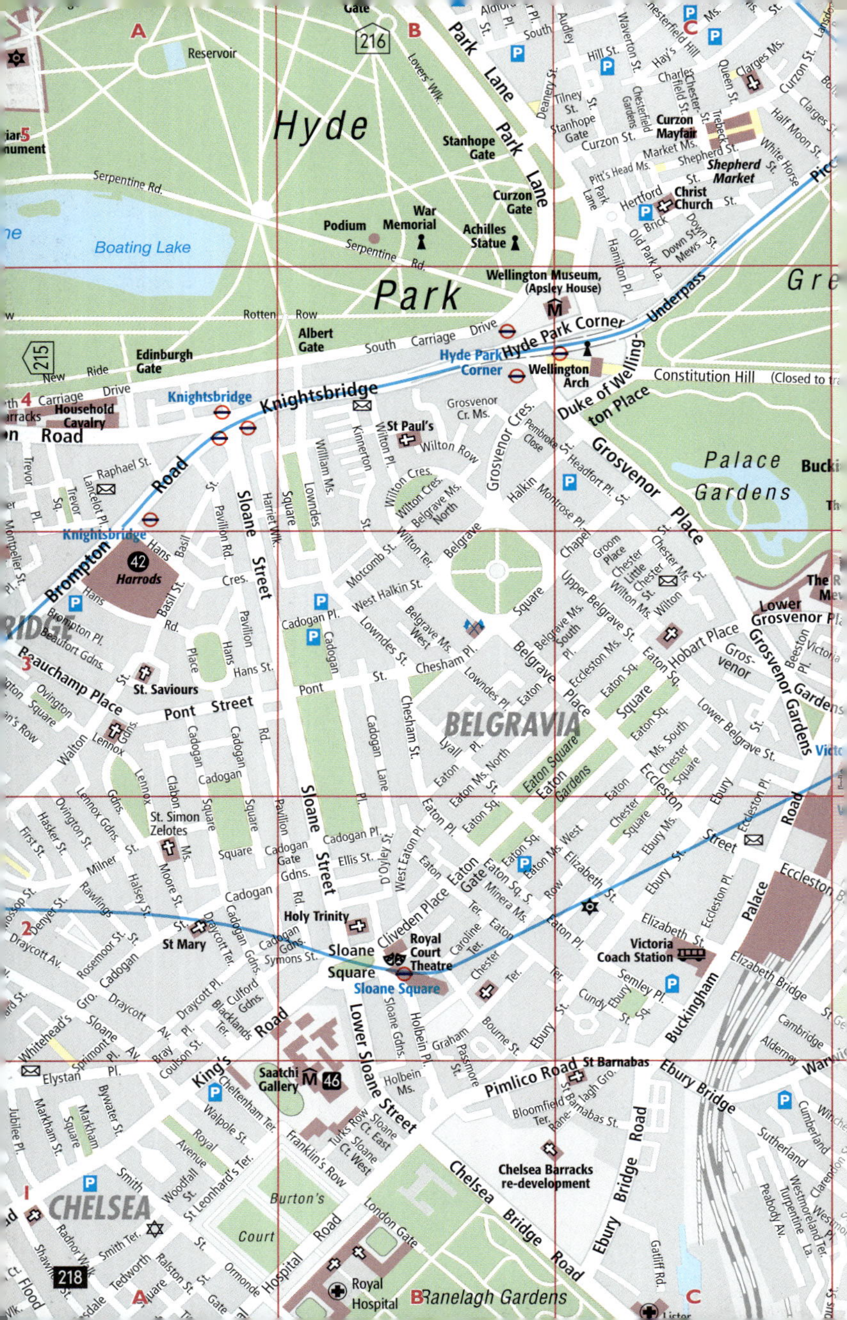
Gate
216
B
Park Lane
Reservoir
A
Hyde
Lovers' Walk
Stanhope
Gate
Hill St.
Curzon
Mayfair
Curzon St.
Market St.
Shepherd St.
Shepherd
Market
Podium
War
Memorial
Curzon
Gate
Achilles
Statue
Hertford St.
Christ
Church
Pitt's Head Ms.
Old Park La.
Down St.
Down St. Mews
Pic
Serpentine Rd.
Boating Lake
Serpentine Rd.
Park
Wellington Museum,
(Apsley House)
Gre
Hamilton Pl.
Rotten Row
Albert Gate
South Carriage Drive
Hyde Park Corner
Hyde Park Corner
Wellington Arch
Underpass
Duke of Welling-
ton Place
Constitution Hill
(Closed to tra
New Ride
215
Edinburgh Gate
Knightsbridge
Knightsbridge
Knightsbridge
Grosvenor
Cr. Ms.
Grosvenor Cres.
Pembroke Close
Grosvenor
Place
Palace
Gardens
Bucki
Th
Carriage Drive
Household
Cavalry
4
Road
Trevor Sq.
Raphael St.
Lancelot Pl.
St Paul's
William Ms.
Wilton Pl.
Wilton Row
St.
Square
Kinnerton St.
Wilton Cres.
Wilton Ter.
Belgrave Ms.
North
Halkin St.
Chapel St.
Groom Place
Chester St.
Little Chester St.
Wilton Ms.
Chester Ms.
Wilton St.
Headfort Pl.
Montrose Pl.
The R
Mev
Lower
Grosvenor Pl
Beeston Pl.
Victoria
Brompton
Montpelier St.
Knightsbridge
BRIDGE
3
Beauchamp Place
Harrods
42
Hans Cres.
Basil St.
Beaufort Gdns.
Brompton Pl.
Hans Rd.
Pavilion Rd.
Sloane Street
Harriet Wk.
Pavilion St.
Hans St.
Cadogan Pl.
Cadogan
Motcomb St.
West Halkin St.
Lowndes St.
Belgrave Ms.
West
Chesham Pl.
Belgrave
Square
Lowndes Sq.
Belgrave Ms.
South
Upper Belgrave St.
Eccleston St.
Eaton Sq.
Hobart Place
Gros-
venor
Gardens
Grosvenor
Lower Belgrave St.
Victo
St. Saviours
Pont
Street
Ovington Square
Walton St.
Lennox Gdns.
Pont St.
Cadogan Square
Cadogan
Cadogan
Lyall St.
BELGRAVIA
Eaton Sq.
Eaton Ms. North
Eaton Pl.
Eaton Square Gardens
Eaton
Eaton
Square
Eaton Sq.
Chester Square
Eaton
Chester St.
Ms. South
Eccleston
Street
Ebury
Ebury St.
Eaton Sq. West
Lennox Gdns.
Hasker St.
First St.
Ovington St.
Milner St.
Moore St.
St. Simon Zelotes
Clabon Rd.
Cadogan Square
Cadogan Gate Gdns.
Pavilion Rd.
Sloane Street
Ellis St.
D'Oyley St.
West Eaton Pl.
Eaton Gate
Eaton Pl.
Minera Ms.
Eaton Ms. West
Eaton Row
Elizabeth St.
Ebury Ms.
Chester Square
Ebury
Eccleston Pl.
Road
Eccleston B
Palace Street
Eccleston B
2
Denyer St.
Draycott Av.
Rawlings St.
Halsey St.
Cadogan St.
Holy Trinity
Cadogan Gdns.
Symons St.
Sloane
Square
Cliveden Place
Royal Court Theatre
Caroline Ter.
Eaton Ter.
Chester Row
Eaton Ter.
Elizabeth St.
Eccleston St.
Victoria
Coach Station
Elizabeth Bridge
Buckingham
Cambridge
Rosemoor St.
St Mary
Draycott Pl.
Draycott Ter.
Sloane Square
Chester
Ter.
Semley Pl.
Cundy St.
Ebury St.
Alderney
Whitehead's Gro.
Sloane Av.
Draycott Av.
Bray Pl.
Coulson St.
Culford Gdns.
Blacklands Ter.
Lower Sloane Street
Sloane Gdns.
Holbein Pl.
Graham Ter.
Passmore St.
Bourne St.
Ebury St.
Warw
Elystan Pl.
King's Road
Saatchi Gallery
46
Cheltenham Ter.
Sloane Ct. East
Sloane Ct. West
Holbein Ms.
Pimlico Road
St Barnabas
Bloomfield Ter.
St Barnabas St.
Ranelagh Gro.
Ebury Bridge
Sutherland
Winc
Cumberland St.
Jubilee Pl.
Bywater St.
Markham St.
Markham Square
Royal Avenue
Walpole St.
Turks Row
Franklin's Row
London Gate
Chelsea Bridge Road
Chelsea Barracks
re-development
Ebury Bridge Road
Clarendon
Westmoreland Ter.
Turpentine La.
Peabody Av.
CHELSEA
Smith St.
Woodfall St.
St Leonard's Ter.
Burton's Court
Ormonde Gate
Royal Hospital
Ranelagh Gardens
Lister
Smith Ter.
Tedworth Sq.
Ralston St.
218
Radnor Wk.
Flood St.
Shawf
A
B
C

Piccadilly
Fortnum & Mason
217
Charles II St
Pall Mall East
Nelson's Column
Charing Cross
Charing Cross
Green Park
ST JAMES'S
Cockspur St.
Square
Admiralty Arch
Craig's Court
Northumberland Aver.
Spencer House
Chapel Royal
Marlborough House
Duke of York Column
ICA Gallery
The Mall
Old Admiralty Offices
Whitehall
Old War Office
Great Scotland
Podium
St James's Palace
Queen's Chapel
Household Cavalry Museum
Guards Memorial
Horse
Banqueting House
Clarence House
Horse Guards
Green Park
Lancaster House
The Mall
St James's Park Lake
St James's Park
Parade
Ministry of Defence
Memorial Gardens
Duck Island
No. 10 Downing St.
Richmond Ter.
Queen Victoria Memorial
Spur Road
Foreign Office
Cenotaph
Derby Gate
River Trips
Buckingham Palace
Birdcage Walk
Churchill War Rooms
Treasury
Great
Westm
The Queen's Gallery
Birdcage Walk
Guards Museum
Guards' Chapel
Queen Anne's Gate
Old Queen St.
Storey's
King Charles St.
George Street
Parliament Bridge St.
Buckingham Gate
Home Office
Lewisham St.
Middlesex Guildhall
Square
St Margaret's Church
Big Be
Westminster Hall
Royal Mews
Westminster Chapel
Passport Office
Petty France Broadw.
St James's Park
Victoria
Broad Sanctuary
Westminster Abbey
Houses
Parlian
Bressenden Place
Wellington Barracks
New Scotland Yard
Dean's Yard
Jewel Tower
Abbey Garden
Black Rod Garden
WESTMINSTER
Westminster City Hall
Abbey Orchard St.
Church House
Victoria
Cardinal Place
Spenser St.
Old Pye St.
St Matthew
Great Peter St.
Smith Square
Victoria Street
Howick
Artillery Row
Greycoat Pl.
Emmanuel
St John's Concert Hall
Local Government Association
Terminus Pl.
Ashley
Chadwick
Channel 4 T.V.
Departments of Environment & Transport
Romney St.
Victoria
Wilton
Westminster R. C. Cathedral
New Royal Horticultural Society Hall
Horseferry
Medway St.
Dean Bradley St.
Neat-house Place
Vauxhall Bridge Road
Old Royal Horticultural Society Hall
Vincent Sq.
Regency St.
Page St.
St. John's Gardens
Road
Lam
Rochester
Westminster School Playing Field
Vincent St.
John Islip St.
Millbank
Gillingham
Warwick Way
Vincent Sq.
Page St.
Millbank Milleu Pier
Belgrave
Denbigh Road
Vauxhall Bridge Road
Chapter St.
Erasmus St.
Millbank Gardens
Tate Britain
Warwick Way
Tachbrook St.
Douglas St.
Islip
Atterbury St.
Herrick
Riverside Gardens
St Gabriel
Belgrave Road
St George's Square
Chelsea College of Art & Design
Bessborough
Thames
PIMLICO
Cambridge St.
Moreton Pl.
Pimlico
Drummond Gate
Bessborough Gardens
Ponsonby Ter.
Millbank
Cambridge St.
St George's Square
Bessborough Street
St Saviour
Pimlico Library
Chichester St.
Vauxhall Bridge
Vauxhall
219

HOLBORN
Gray's Inn
Chancery Lane
British Museum
Square Gardens
Vernon Place
Procter St.
Eagle St.
Staple Inn
Cartoon Museum
Bloomsbury Way
Holborn
High Holborn
Southampton Bldgs.
Chancery Lane
Fetter Lane
New Fetter Lane
New Oxford Street
Gate St.
Whetstone Park
Lincoln's Inn Fields
Sir John Soane's Museum
Lincoln's Inn Hall
Norwich St.
Cursitor St.
Bream's Bldgs.
New Oxford Street
High Holborn
Town Hall
Kingsway Hall
Lincoln's Inn Fields
Lincoln's Inn
Lincoln's Inn
King's College
Dr. Johnson's House
Giles High Street
Drury Lane
Freemasons' Hall
Royal College of Surgeons
St Dunstan-in-the-West
Shaftesbury Avenue
COVENT GARDEN
Kingsway
Royal Courts of Justice
Fleet Street
Temple Church
Donmar Warehouse
Peacock Theatre
Strand
Royal Shakespeare Company
Covent Garden
Royal Opera House
Aldwych Theatre
Theatre Royal
St Clement Danes
Middle Temple Hall
Inner Temple Hall
Inner Temple
Leicester Square
Film Museum
St Paul
Covent Garden
Transport Museum
Bush House
St. Mary-le-Strand
Courtauld Institute Galleries
Middle Temple
Inner Temple Garden
Garrick
Coliseum
Adelphi Theatre
Strand
Somerset House
King's College
Temple
Victoria Embankment
Temple Pier
H.Q.S. Wellington
National Portrait Gallery
St Martin-in-the-Fields
Thames Police Station
Garden Bridge (planned)
National Gallery
Trafalgar Square
Victoria Embankment Gardens
Queen Mary
Cleopatra's Needle
Savoy Pier
Waterloo Bridge
Gabriel's Wharf
The London Television Centre
Bernie Spain Gardens
Nelson's Column
Charing Cross
Embankment
Embankment Pier
Festival Pier
National Film Theatre
National Theatre
King's College
Admiralty Arch
Northumberland Avenue
Playhouse Theatre
Queen Elizabeth Hall
Royal Festival Hall
Hayward Gallery
Waterloo Road
Stamford Street
Old Admiralty Offices
Whitehall
Old War Office
Hungerford Bridge
South Bank Centre
IMAX
St John
St. Patrick's
Old Cavalry Museum
Guards Memorial
Horse Guards
Banqueting House
Ministry of Defence
Hispaniola
The Queen's Walk
Jubilee Gardens
Shell Centre
Mepham St.
Waterloo
Waterloo East
Horse Guards Parade
No. 10 Downing St.
Richmond Ter.
London Eye
Millennium Pier
Chicheley St.
Waterloo
Transport Police
The Old Vic Theatre
Foreign Office
Cenotaph
County Hall - Shrek's Adventure
Churchill War Rooms
Whitehall
Treasury
Derby Gate
River Trips
Westminster Pier
London Dungeon
SEA LIFE London Aquarium
York Road
Addington Street
Great George Street
Parliament Bridge St.
Westminster Bridge
Westminster
Middlesex Guildhall
St Margaret's Church
Westminster Hall
Big Ben
Florence Nightingale Museum
Becket House
Westminster
Parliament Square
Houses of Parliament
Thames
St Thomas' Hospital
Upper Marsh
Lambeth North
Road Sanctuary
Westminster Abbey
Jewel Tower
Abbey Garden
Black Rod Garden
Palace Road
LAMBETH
Christ Ch. & Upton Chapel
Great Smith Street
Great College St.
Lambeth
Kennington

St Etheldreda
The London Museum
St Bartholomew the Great
Moorgate
Markets
London Wall
Holborn
Circus St Andrew
City Temple
St Andrew Street
Shoe Lane
Plumtree Ct.
St Bartholomew's Hospital
Postman's Park
Guildhall
Basinghall Av.
Holborn Viaduct
Snow Hill
Hosier La.
Cock La.
Little Britain
Love La.
Noble St.
Wood St.
Manbury Sq.
Coleman
Farringdon Street
City (Thameslink)
Newgate Street
BT Centre
Angel St.
Gresham St.
Alder...
Kings Arms Yd.
Stone-cutter St.
Little New St.
Wine Office Ct.
Fleet La.
Central Criminal Court
Old Bailey
Warwick La.
London Stock Exchange
St Paul's
Foster Lane
Gutter Lane
Milk St.
Russia Row
Ironmonger La.
Old Jewry
Lothbury
Bank of England Museum
St Bride Street Ludgate
Circus Ludgate Hill
Fleet La.
St Martin's Church
Paternoster Sq.
St Paul's Churchyd.
St Paul's Cathedral
One New Change S.C.
Watling
Cheapside
Poultry
St Mary-le-Bow
Queen Victoria Street
Bank
Wellington
New Bridge St.
St. Brides
Salisbury Ct.
Salisbury Sq.
Dorset Rise
Pilgrim La.
Carter La.
Blackfriars La.
St. Andrew's Hill
Godliman St.
Distaff Lane
Bread St.
Bow
Mansion House
Temple of Mithras
St Stephen
Tudor St.
Tallis St.
Carmelite St.
J.Carpenter St.
Blackfriars
Blackfriars Station
Puddle Dock
St. Andrew by the Wardrobe
Queen Victoria Street
Castle Baynard St.
Upper Thames Street
High Timber St.
Mansion House
Garlick Hill
College St.
Cloak La.
Dowgate Hill
Cannon Street
Walbrook
Laurence Pountney La.
H.M.S. President
Blackfriars Millennium Pier
Blackfriars Bridge
White Lion Hill
Paul's Walk
Millennium Bridge
Three Barrels Walk
Queen Street Place
Bell Wharf La.
Cousin La.
Cannon Street
Swan Lane Pier
Fishmongers Hall
Oxo Tower
The Queen's Walk
Ground
King's Reach Tower
Rennie
Hatfields
Blackfriars Station
The Queen's Walk
Hopton St.
Holland St.
Bankside Pier
Shakespeare's Globe
Bankside
Bear Gdns.
Rose All.
Southwark Bridge
Bank End
Clink Prison Museum
Clink St.
Golden Hinde
Southwark Cathedral
London Experience
Upper Broad Wall
Paris Gdn.
Sumner St.
Tate Modern
Park St.
Emerson St.
Rose Theatre
Park St.
Winchester Wlk.
Borough Market
Duke
Christ
Colombo St.
Burrell St.
Bear La.
Chancel St.
Southwark Street
Zoar St.
Government Offices
Sumner Bldgs.
Peabody Bldgs.
Great Guildford St.
Thrale St.
Stoney St.
Bedale St.
Old Operating Theatre
Meymott St.
Nicholson St.
Gambia St.
Lavington St.
Kepple Row
Southwark Street
Kings Head Yd.
Southwark
Joan
Scoresby St.
SOUTHWARK
Union St.
Union St.
Maidstone Bdgs.
Guy's Hospital
Hatfields
Cut
Union St.
Great Suffolk St.
Ayres St.
Redcross Way
Union St.
Newcomen St.
Mermaid
Waterloo East
The Young Vic
St Andrews St.
Nelson Square
Copperfield St.
Loman St.
London Fire Museum
Mint Street Park
Marshalsea Road
Little Dorrit Ct.
Borough
Tennis St.
St. Georges Gardens
Tabard St.
The Old Vic Theatre
Mitre Rd.
Surrey Row
Pocock St.
Sawyer St.
Lant St.
Mint St.
Weller St.
Lant St.
Long Lane
Ufford St.
Chaplin Clo.
Valentine Pl.
St. Alphege
King's Bench St.
Rushworth St.
Sudrey St.
Totulmin
Borough High Street
St Georges Gardens
Webber St.
Baron's Pl.
Gray St.
Webber Row
Lancaster St.
Suffolk St.
Silex St.
King James St.
Borough Road
Bridge
Great Suffolk St.
Collinson St.
Avon Pl.
Swan St.
Cole St.
Pilgrimage St.
Sterry St.
Tabard
Manciple St.
Milcote St.
King St.
T. Doyle
Scovell Rd.
Borough Road
Polytechnic
Rotary Way
Keyworth St.
Southwark
Newington Causeway
Session's House
Harper Rd.
Brockham St.
Trinity Square
Merrick Sq.
Great Dover Street
Tabard Gardens
Bridge Road
Road
St George's Cathedral
Gladstone St.
Polytechnic
London Rd.
Sessions
Bait-ul-Aziz Islamic Centre
Imperial War Museum
Colinbrooke St.
Garden Row
Moorgate
City
Guildhall

Moorgate
Moorgate
Liverpool Street
Bishopsgate
Middlesex
Street
White's Row
Brune St.
Toynbee St.
Thrawl St.
Old Montague St.
Finsbury Circus
Bowling Green
Gardens
Circus
Bloomfield St.
New St.
Devonshire
Row
New St.
Devonshire
Sq.
Harrow Pl.
Metropolitan
University
Whitechapel
Art Gallery
WHITE-
Basinghall
Av.
London
Wall
New Broad
St.
Wormwood
St.
Heron
Tower
Camomile
St.
Houndsditch
Cutler St.
Gravel La.
Gouston St.
Old Castle St.
Whitechapel H
Coleman
St.
Throgmorton
Av.
Great Winchester
St.
St Helen
Camomile St.
Bevis Marks
Stoney La.
Goulston St.
Whitechapel
Kings Arms Yd.
Copthall Av.
Copthall Av.
Broad St.
Old Broad St.
Tower 42
Bishopsgate
Duke's Pl.
St. Botolph's
Aldgate
Aldgate
Braham Street
Buckle
Gresham St.
One Angel
Court
Austin
Friars
Throgmorton St.
Swiss RE Tower
The Gherkin
St Botolph St
Aldgate
Aldgate
High St.
Aldgate
East
Alie St.
Champer-
down St.
Ironmonger
Old Jewry
Lothbury
CITY
Bank of
England
Museum
22
Threadneedle Street
Bishopsgate
Twentytwo
Leadenhall
Building
St Mary
Axe
Bury St.
Creechurch La.
Mitre St.
Minories
CHA
North Tenter
St.
East Tenter
St.
Scarborough
St.
South Tenter
St.
Prescot
ultry
Queen
Victoria Street
Prince's
Street
Wellington
Royal Exchange
Cornhill
St Michael
Leadenhall
Street
Lloyd's
Building
The Scalpel
Willis
Building
Billiter St.
St Mary
Vine
St.
Haydon St.
Mansell St.
Chamber
Bank
Mansion
House
King William
Lombard
Street
St
Clements La.
Birchin La.
21
Leadenhall
Market
Lime
Fenchurch Av.
Fenchurch
Street
Lloyd's Av.
Crosswall
Portsoken St.
Goodmans
Yd.
Temple of
Mithras
St
Stephen
St Swithins La.
4
Walbrook
Philpot La.
20 Fenchurch
Street
Fenchurch
Fenchurch
Street
Station
St Olave's
Mark La.
Crutched Friars
Cooper's Row
Cloak La.
Dowgate Hill
Laurence
Pountney La.
Arthur St.
Cannon Street
Eastcheap
Great Tower Street
Rood La.
Mincing La.
20
Corn
Exchange
Seething La.
Pepys St.
Trinity
House
Vine St.
Royal
Cannon
Street
Monument
Upper
Thames
Street
The
Monument
Monument St.
Lovat La.
St Mary at
Hill
Street
Trinity Sq.
Tower Hill
Tower Hill
Tower
Gateway
DLR
Minories
Royal Mint
Court
Royal Min
Cannon
Street
Fishmongers
Hall
Lower
Thames
Street
St Magnus
the Martyr
Custom
House
Byward St.
All
Hallows
by-the-Tower
Gloucester
Ct.
Sugar Quay Walk
Tower Hill
The Ditch
Chapel of St. Peter
and Vincula
Tower
19
of London
World
Trade
Centre
East S
Swan Lane
Pier
221
London Bridge
Traitor's
Gate
West
Dock
Ivory
Clink Prison
Museum
3
Clink St.
Golden
Hinde
Southwark
Cathedral
London Bridge
Experience
London Bridge
Hospital
London Bridge
City Pier
London Bridge
41
H.M.S. Belfast
Tower Millennium
Pier
Tower Bridge
St Katherine's
Dock's
St Katherine's
Way
Winchester
Wlk
Stoney St.
Bedale St.
Duke St. Hill
London
Bridge
Cottons La.
Hay's Galleria
Hay's La.
The Queen's Walk
Upper
Pool
St Katherine's
Pier
39
Borough
Market
Borough High Street
London
Bridge
Railway
Battle Bridge La.
English
Grounds
Crown
Court
Greater London
Authority
Headquarters
10
Tower Bridge
Tower Bridge App.
Tower Bridge Road
Tower Bridge
Exhibition
Thame
Street
Old Operation
Theatre & Herb Garrett
The Shard
40
London Bridge
at War
Experience
Tooley
Street
Morgan's La.
Abbots La.
Tooley
Street
Bermondsey
BERMONDSEY
Unicorn
Theatre
Magdalen St.
Shad Thames
Guy's
Hospital
Great Maze
Pond
Britain
Kings Head
Yd
St Thomas Street
Weston St.
Melior St.
Crucifix Lane
St. John's
Street
Fair
Druid St.
South
London
College
Horselydown La.
Gainsford St.
Queen
Elizabeth St.
Shad Thames
Dock
Newcomen
St.
Mermaid
Ct.
Snows-
Kipling
Guy St.
Fashion & Textile Museum
Tyers
Gate
White's
Barnham St.
Brunswick
Druid St.
Lafone St.
Three Oak La.
Curlew St.
Tower Bridge Road
Mill Str
2
St. Georges
Gardens
Crosby Row
Porlock
St.
Leathermarket St.
Tanner St.
Tanner
St.
Pope St.
Maltby St.
Wols
Tabard St.
Long
Lane
Weston St.
Leather
Market
Morocco St.
Lamb
Walk
Bermondsey Street
Tanner
St.
Jamaica
Great Dover Street
Pilgrimage St.
Tabard
Manciple St.
Staple St.
Bermondsey
Street
Newham
Row
St. Mary
Magdalen
Purbrook
St.
Riley
Rd.
Millstream
Rd.
Grange
Abbey
L
Merrick
Square
ziz
entre
Tabard
Gardens
Pardoner St.
Wild's Rents
Decima St.
Long
Lane
Bermondsey
Square Market
Abbey
Street
Neckinger Street
222
Spurgeon St.
A
Burbage
Rothsay
Law
Rept
B
Grange
Road
Grange Walk
The Grange
C
Grange
Walk
Neckinger Street

Straßenregister

A

Abbey Orchard St. **219 E4**
Abbey St. **222 C1**
Abbots La. **222 B2**
Abingdon Rd. **214 A1**
Abingdon St. **220 A1**
Abingdon Vs. **214 A1**
Adam & Eve Mews **214 B2**
Adam St. **220 B3**
Adam's Row **216 B1**
Addington St. **220 B2**
Adeline Pl. **217 F3**
Adelphi Ter. **220 B3**
Agar St. **220 A3**
Air St. **217 E1**
Alaska St. **220 C2**
Albany St. **216 C5**
Albemarle St. **217 D1**
Albert Pl. **214 C2**
Albion Close **215 F5**
Albion St. **215 F5**
Alder-Manbury Sq. **221 F5**
Alderney St. **218 C2**
Aldford St. **216 B1**
Aldgate High St. **222 C4**
Aldwych **220 B4**
Alexander Pl. **215 E1**
Alexander Sq. **215 E1**
Alexander St. **214 B5**
Alfred Ms. **217 E3**
Alfred Pl. **217 E3**
Alice St. **222 B1**
Alie St. **222 C4**
Allen St. **214 A2**
Allington St. **219 D3**
Allsop Pl. **216 A4**
Ambrosden Av. **219 D3**
Angel St. **221 E5**
Ansdell Ter. **214 B2**
Aquinas St. **220 C3**
Archery Clo. **215 F5**
Argyll Rd. **214 A2**
Argyll St. **217 D2**
Arlington St. **219 D5**
Arne St. **220 A4**
Arteslan Rd. **214 A5**
Artillery Lane **222 C5**
Artillery Row **219 E3**
Arundel St. **220 C4**

Ashburn Gdns. **214 C1**
Ashley Pl. **219 D3**
Atherstone M. **215 D1**
Atterbury St. **219 F2**
Augustus St. **217 D5**
Austin Friars **222 A5**
Avery Row **216 C2**
Avon Pl. **221 F1**
Aybrook St. **216 B3**
Aylesford St. **219 E1**
Ayres St. **221 E2**
Ayrton Rd. **215 D2**

B

Bainbridge St. **217 F3**
Baker St. **216 A4**
Balcombe St. **216 A4**
Balderton St. **216 B2**
Baldwins Gdns. **220 C5**
Balfour Pl. **216 B1**
Bank End **221 F3**
Bankside **221 E3**
Bark Pl. **214 B4**
Barnham St. **222 B2**
Baron's Pl. **221 D2**
Barrett St. **216 B2**
Barter St. **220 A5**
Bartholomew Clo. **221 E5**
Basil St. **218 A4**
Basinghall Av. **221 F5**
Basinghall St. **221 F5**
Bateman St. **217 E2**
Bath Ter. **221 E1**
Bathurst Ms. **215 E5**
Bathurst St. **215 E5**
Battle Bridge La. **222 B3**
Bayley St. **217 E3**
Baylis Rd. **220 C1**
Bayswater Rd. **214 B4**
Bear Gdns. **221 E3**
Bear St. **217 F1**
Beauchamp Pl. **215 F1**
Beaufort Gdns. **215 F1**
Beaumont St. **216 C3**
Bedale St. **222 A3**
Bedford Av. **217 F3**
Bedford Court **220 A4**
Bedford Gdns. **214 A3**
Bedford Row **220 B5**
Bedford Sq. **217 F3**
Bedford St. **220 A3**

Beeston Pl. **218 C3**
Belgrave Ms. N. **218 B4**
Belgrave Ms. S. **218 B3**
Belgrave Ms. W. **218 B3**
Belgrave Pl. **218 B3**
Belgrave Rd. **218 D2**
Belgrave Sq. **218 B4**
Bell La. **222 C5**
Bell Wharf La. **221 F4**
Belvedere Rd. **220 B2**
Bentinck St. **216 C3**
Berkeley St. **216 C1**
Bermondsey St. **222 B1**
Berners Ms. **217 E3**
Berners St. **217 E3**
Berwick St. **217 E2**
Bessborough Gdns. **219 F2**
Bessborough Pl. **219 E1**
Bessborough St. **219 E1**
Betterton St. **220 A4**
Bevis Marks **222 B5**
Bickenhall St. **216 A3**
Bidborough St. **217 F5**
Billiter St. **222 B4**
Binney St. **216 C2**
Birchin La. **222 A4**
Birdcage Wlk. **219 D4**
Bishop's Bridge **214 C5**
Bishopsgate **222 B4**
Blackburn Mews **216 B1**
Blackfriars Bridge **221 D3**
Blackfriars La. **221 D4**
Blackfriars Rd. **221 D2**
Blacklands Ter. **218 A2**
Blandford Ms. **216 B3**
Blandford St. **216 B3**
Blenheim St. **216 C2**
Blomfield St. **222 A5**
Bloomfield Ter. **218 B2**
Bloomsbury Pl. **220 A5**
Bloomsbury Sq. **220 A5**
Bloomsbury St. **217 F3**
Bloomsbury Way **220 A5**
Bolsover St. **217 D4**
Bolton St. **219 D5**
Borough High St. **222 A2**
Borough Rd. **221 E1**
Bourdon St. **216 C1**
Bourne St. **218 B2**
Bouverie St. **221 D4**
Bow La. **221 F4**

Bow St. **220 B4**
Boyfield St. **221 D1**
Boyle St. **217 D1**
Brad St. **220 C2**
Braham St. **222 C4**
Bray Pl. **218 A2**
Brd. Ct. **220 A4**
Bread St. **221 E4**
Bream's Bldgs. **220 C5**
Bremner Rd. **215 D2**
Bressenden Pl. **219 D3**
Brewer St. **217 E1**
Brick St. **218 C5**
Bridge Pl. **219 D3**
Bridge Rd. **221 D1**
Bridge St. **220 A1**
Bridle La. **217 E2**
Bridstow Pl. **214 B5**
Broad Sanctuary **219 F4**
Broad Wlk. **216 C4**
Broadbent St. **216 C1**
Broadway **219 E4**
Broadwick St. **217 E2**
Brockham St. **221 F1**
Brompton Pl. **215 F2**
Brompton Rd. **215 E1**
Brompton Sq. **215 E1**
Brook Ms. North **215 D4**
Brook St. **215 E4**
Brooke St. **220 C5**
Brooke's Ct. **220 C5**
Brook's Ms. **216 C2**
Brown Hart Gdns. **216 B2**
Brown St. **215 F5**
Brune St. **222 C5**
Brunswick Ct. **222 B2**
Brunswick Gdns. **214 B3**
Brushfield St. **222 C5**
Bruton Lane **217 D1**
Bruton Pl. **216 C1**
Bruton St. **216 C1**
Bryanston Ms. E. **216 A3**
Bryanston Ms. W. **216 A3**
Bryanston Sq. **216 A3**
Bryanston St. **216 A2**
Buck Hill Wlk. **215 E4**
Buck Pl. **219 D3**
Buckingham Gate **219 D4**
Buckingham Palace Rd. **218 C2**
Buckingham St. **220 A3**

Bucknall St. **217 F2**
Budge's Wlk. **215 D4**
Bulmer Pl. **214 A4**
Bulstrode Pl. **216 B3**
Bulstrode St. **216 B3**
Burbage Clo. **222 A1**
Burdett St. **220 C1**
Burlington Arc. **217 D1**
Burlington Gdns. **217 D1**
Burrell St. **221 D3**
Bury Pl. **220 A5**
Bury St. **222 B4**
Byward St. **222 B3**
Bywater St. **218 A2**

C
Cadogan Gate **218 A2**
Cadogan Gdns. **218 A2**
Cadogan Lane **218 B3**
Cadogan Pl. **218 B2**
Cadogan Sq. **218 A3**
Cambridge Circus **217 F2**
Cambridge Pl. **214 C2**
Cambridge Sq. **215 E5**
Cambridge St. **218 C2**
Camomile St. **222 B5**
Campden Gro. **214 A3**
Campden Hill Gdns. **214 A3**
Campden Hill Rd. **214 A2**
Campden Hill **214 A3**
Campden Ho. Clo. **214 A3**
Campden St. **214 A3**
Canning Pl. **214 C2**
Cannon Row **220 A2**
Cannon St. **221 F4**
Capper St. **217 E4**
Caradoc Clo. **214 A5**
Carburton St. **217 D4**
Cardington St. **217 E5**
Carey St. **220 C5**
Carlisle La. **220 B1**
Carlisle Pl. **219 D3**
Carlisle St. **217 E2**
Carlos Pl. **216 C1**
Carlton Gdns. **219 E5**
Carlton House Ter. **219 E5**
Carmelite St. **221 D4**
Carnaby St. **217 D2**
Caroline Pl. **214 B4**
Caroline Ter. **218 B2**
Carter La. **221 E4**

Carteret St. **219 E4**
Carting La. **220 B3**
Cartwright Gdns. **217 F5**
Cartwright St. **222 D3**
Castle Baynard St. **221 E4**
Cathedral St. **222 A3**
Catherine Pl. **219 D3**
Catherine St. **220 B4**
Causton St. **219 E2**
Cavendish Pl. **217 D3**
Cavendish Sq. **216 C2**
Caversham St. **218 A1**
Caxton St. **219 E3**
Cecil Court **217 F1**
Centaur St. **220 C1**
Central St. **220 A5**
Chadwick St. **219 E3**
Chagford St. **216 A4**
Chalton St. **217 F5**
Champerdown St. **222 C4**
Chancel **221 D3**
Chancery Lane **220 C5**
Chandos Pl. **220 A3**
Chandos St. **216 C3**
Chapel Pl. **216 C2**
Chapel St. **218 B4**
Chaplin Clo. **221 D2**
Chapter St. **219 E2**
Charing Cross Rd. **217 F2**
Charles II St. **217 E1**
Charles St. **216 C1**
Charlotte St. **217 E3**
Charlwood Pl. **219 E2**
Charlwood St. **219 D1**
Charterhouse St. **221 D5**
Cheapside Poultry **221 F4**
Chelsea Bridge Rd. **218 B1**
Chelsea Embankment **218 A1**
Cheltenham Ter. **218 A1**
Chenies Ms. **217 E4**
Chenies St. **217 E3**
Chepstow Cr. **214 A4**
Chepstow Pl. **214 B5**
Chesham Pl. **218 B3**
Chesham St. **218 B3**
Chester Ms. **218 C4**
Chester Rd. **216 C5**
Chester Row **218 B2**
Chester Sq. **218 C3**
Chester St. **218 C4**
Chester Ter. **216 C5**

Chesterfield Gdns. **218 C5**
Chesterfield Hill **216 C1**
Chesterfield St. **218 C5**
Cheval Pl. **215 F2**
Chicheley St. **220 B2**
Chichester St. **219 E1**
Chiltern St. **216 B3**
Chilworth Ms. **215 D5**
Chilworth St. **215 D5**
Chitty St. **217 E3**
Christchurch St. **218 A1**
Church Pl. **217 E1**
Churchill Gdns. Rd. **219 D1**
Churchway **217 F5**
Clabon Ms. **218 A3**
Clanricarde Gdns. **214 B4**
Clarence Gdns. **217 D5**
Clarendon Pl. **215 E5**
Clarendon St. **219 D2**
Clarges Ms. **216 C1**
Clarges St. **218 C5**
Claverton St. **219 E1**
Clay St. **216 B3**
Clement's Inn **220 B4**
Clements La. **222 A4**
Cleveland Gdns. **214 C5**
Cleveland Row **219 D5**
Cleveland Sq. **214 C5**
Cleveland St. **217 D4**
Cleveland Ter. **214 C5**
Clifford St. **217 D1**
Clink St. **221 F3**
Clipstone Ms. **217 D4**
Clipstone St. **217 D3**
Cliveden Pl. **218 B2**
Cloak La. **221 F4**
Cloth Fair **221 E5**
Cock La. **221 D5**
Cockspur St. **217 F1**
Coin St. **220 C3**
Cole St. **221 F1**
Coleman St. **221 F5**
Colinbrook St. **221 D1**
College St. **221 F4**
Collinson St. **221 E1**
Colombo St. **221 D3**
Conduit Ms. **215 D5**
Conduit Pl. **215 D5**
Conduit St. **217 D1**
Connaught Pl. **216 A2**
Connaught Sq. **215 F5**

Connaught St. **215 F5**
Constitution Hill **218 C4**
Conway St. **217 D4**
Cooper's Row **222 C4**
Cope Pl. **214 A1**
Copperfield St. **221 E2**
Copthall Av. **222 A5**
Coral St. **220 C2**
Cork St. **217 D1**
Cornhill **222 A4**
Cornwall Gdns. **214 C1**
Cornwall Rd. **220 C2**
Corum St. **217 F4**
Cosser St. **220 C1**
Cottage Pl. **215 E1**
Cottesmore Gdns. **214 C1**
Cottons La. **222 B3**
Coulson St. **218 A2**
Courtnell St. **214 A5**
Covent Gdn. **220 A4**
Coventry St. **217 E1**
Cramer St. **216 B3**
Craven Hill Gdns. **214 C4**
Craven Hill Ms. **215 D5**
Craven Hill **215 D4**
Craven Rd. **215 D5**
Craven St. **220 A3**
Crawford St. **216 A3**
Creechurch La. **222 B4**
Crispin St. **222 C5**
Cromwell Rd. **214 B1**
Crosby Row **222 A2**
Crosswall **222 C4**
Crown Ct. **220 A4**
Crown Office Row **220 C4**
Crucifix Lane **222 B2**
Crutched Friars **222 C4**
Ct. Pl. **214 C2**
Culford Gdns. **218 A2**
Culross St. **216 B1**
Cumberland Gate **216 A2**
Cumberland Market **217 D5**
Cumberland St. **218 C2**
Cundy St. **218 C2**
Curlew St. **222 C2**
Cursitor St. **220 C5**
Curzon St. **218 C5**
Cutler St. **222 C5**

D
D. Procter St. **220 B5**

D'Arblay St. **217 E2**
Dartmouth Clo. **214 A5**
Dartmouth St. **219 E4**
David Kenrick Pl. **216 B3**
Davies Mews **216 C2**
Davies St. **216 C2**
Dawson Pl. **214 A4**
De Vere Gdns. **214 C2**
Dean Bradley St. **219 F3**
Dean St. **217 E2**
Deanery St. **218 B5**
Dean's Yard **219 F3**
Decima St. **222 B1**
Denbigh Pl. **219 D2**
Denbigh St. **219 D2**
Denman St. **217 E1**
Denmark St. **217 F2**
Denyer St. **215 F1**
Derby Gate **220 A2**
Dering St. **216 C2**
Derra St. **214 B2**
Devonshire Clo. **216 C3**
Devonshire Ms. S. **216 C3**
Devonshire Ms. W. **216 C4**
Devonshire Pl. Ms. **216 B4**
Devonshire Pl. **216 B4**
Devonshire Row **222 B5**
Devonshire Sq. **222 B5**
Devonshire St. **216 C3**
Devonshire Ter. **215 D5**
Dilke St. **218 A1**
Distaff Lane **221 E4**
Dolphin Sq. **219 E1**
Donne Pl. **215 F1**
Doon St. **220 C3**
Doric Way **217 E5**
Dorset Clo. **216 A4**
Dorset Sq. **216 A4**
Dorset St. **216 A3**
Douglas St. **219 E2**
Douro Pl. **214 C2**
Dover St. **217 D1**
Dowgate Hill **221 F4**
Down St. Mews **218 C5**
Down St. **218 C5**
D'Oyley St. **218 B3**
Draycott Av. **218 A2**
Draycott Pl. **218 A2**
Draycott Ter. **218 A2**
Drayson Ms. **214 B2**
Druid St. **222 C2**

Drummond Cres. 217 E5
Drummond Gate 219 E2
Drummond St. 217 D4
Drury Lane 220 A5
Dryden St. 220 A4
Duchess of Bedford's Wlk.
214 A2
Duchess St. 216 C3
Duck Ln. 217 E2
Dufours Pl. 217 E2
Duke of Wellington Pl. 218 C4
Duke of York St. 217 E1
Duke St. Hill 222 A3
Duke St. 216 B2
Duke St. 219 E5
Duke's La. 214 B3
Duke's Pl. 222 C4
Duke's Rd. 217 F5
Duke's Yard 216 C2
Duncannon St. 217 F1
Durham Ter. 214 B5
Durweston St. 216 A3
Dyott St. 217 F2

E
Eagle St. 220 B5
Earlham St. 217 F2
Earls Court Rd. 214 A1
Earl's Wlk. 214 A1
Earnshaw St. 217 F2
Easley's Ms. 216 C2
East Stanhope St. 217 D5
East Tenter St. 222 D4
Eastbourne Ms. 215 D5
Eastbourne Ter. 215 D5
Eastcastle St. 217 D2
Eastcheap 222 B4
Eaton Gate 218 B3
Eaton Ms. North 218 B3
Eaton Ms. South 218 C3
Eaton Ms. West 218 B3
Eaton Pl. 218 B2
Eaton Sq. S. 218 B3
Eaton Sq. 218 B3
Eaton Ter. 218 B2
Ebury Bridge Rd. 218 C1
Ebury Bridge 218 C2
Ebury Ms. 218 C3
Ebury Sq. 218 C2
Ebury St. 218 B2
Eccleston Bridge 218 C3

Eccleston Ms. 218 B3
Eccleston Pl. 218 C3
Eccleston Sq. 219 D2
Eccleston St. 218 C3
Edgware Rd. 215 F5
Edwards Ms. 216 B2
Egerton Cres. 215 E1
Egerton Gdns. 215 E1
Egerton Ter. 215 E1
Eldon Rd. 214 C1
Eldon St. 222 A5
Elizabeth Bridge 218 C2
Elizabeth St. 218 B3
Ellis St. 218 B3
Elvaston M. 215 D1
Elvaston Pl. 214 C1
Elverton St. 219 E3
Emerson St. 221 E3
Emery Hill St. 219 E3
Emperor's Ga. 214 C1
Endell St. 220 A4
Endsleigh Gdns. 217 E5
Endsleigh St. 217 E5
Enford St. 216 A3
English Grounds 222 B3
Ennismore Gdns. Ms. 215 E2
Ennismore Gdns. 215 E2
Ennismore Gdns. 215 E2
Ennismore Ms. 215 E2
Erasmus St. 219 F2
Essex St. 220 C4
Essex Villas 214 A2
Esterbr. St. 219 E2
Euston Rd. 217 F5
Euston St. 217 E5
Euston Station Colonnade
217 E5
Euston Underpass 217 D4
Evelyn Yard 217 E3
Eversholt St. 217 E5
Ewer St. 221 E2
Exeter St. 220 B4
Exhibition Rd. 215 E1
Exton St. 220 C2

F
Fair St. 222 C2
Farm St. 216 C1
Farmer St. 214 A3
Farringdon St. 221 D5
Fashion St. 222 C5

Fenchurch Av. 222 B4
Fenchurch St. 222 B4
Fetter Lane 220 C4
Finsbury Av. 222 A5
Finsbury Circus 222 A5
First St. 215 F1
Fisher St. 220 B5
Fitzhardinge St. 216 B2
Fitzroy Mews 217 D4
Fitzroy Sq. 217 D4
Fitzroy St. 217 D4
Flaxman Ter. 217 F5
Fleet St. 220 C4
Floral St. 220 A4
Foley St. 217 D3
Fore St. 221 F5
Forset St. 215 F5
Foster Lane 221 E4
Foubert's Pl. 217 D2
Fournier St. 222 C5
Francis St. 219 D3
Frankland Rd. 215 D1
Franklin's Row 218 B1
Frazier St. 220 C1
Frith St. 217 E2
Furnival St. 220 C5

G
Gainsford St. 222 C2
Gambia St. 221 D2
Ganton St. 217 D2
Garden Row 221 D1
Garlick Hill 221 F4
Garrick St. 217 F1
Garway Rd. 214 B5
Gate St. 220 B5
Gatliff Rd. 218 C1
Gaywood St. 221 E1
Gdns. Cadogan 218 A3
Gdns. Pembridge 214 A4
Gdns. Sq. 214 B5
Gdns. Ter. 214 B3
Gdns. Victoria St. 219 D3
George St. 215 F5
George St. 216 A2
George Yard 216 B2
Geraldine St. 221 D1
Gerrard St. 217 E1
Gerridge St. 221 D1
Gilbert Pl. 220 A5
Gilbert St. 216 C2

Gillingham St. **219 D2**
Giltspur St. **221 D5**
Gladsstone St. **221 D1**
Glasgow Ter. **219 D1**
Glasshouse St. **217 E1**
Glentworth St. **216 A4**
Gloucaster Ms. West **214 C5**
Gloucester Ct. **222 B3**
Gloucester Ms. **215 D5**
Gloucester Pl. M. **216 A3**
Gloucester Pl. **216 A3**
Gloucester Rd. **214 C1**
Gloucester Sq. **215 E5**
Gloucester St. **219 D1**
Gloucester Ter. **214 B5**
Gloucester Wlk. **214 B3**
Godliman St. **221 E4**
Golden Sq. **217 E1**
Goodge St. **217 E3**
Goodmans Yd. **222 C4**
Gordon Pl. **214 A3**
Gordon Sq. **217 F4**
Gordon St. **217 E4**
Gore St. **215 D1**
Gosfield St. **217 D3**
Gough Sq. **221 D5**
Goulston St. **222 C5**
Gower Mews **217 F3**
Gower Pl. **217 E4**
Gower St. **217 E4**
Gr. Windmill St. **217 E1**
Gracechurch St. **222 A4**
Grafton M. **217 D4**
Grafton St. **217 D1**
Grafton Way **217 D4**
Graham Ter. **218 B2**
Grange Ct. **220 C4**
Grange Rd. **222 B1**
Grange Wlk. **222 B1**
Grange Yard **222 C1**
Grape St. **220 A5**
Gravel La. **222 C5**
Gray St. **221 D2**
Gray's Inn Sq. **220 C5**
Great Castle St. **217 D2**
Great Central St. **216 A4**
Great Chapel St. **217 E2**
Great College St. **219 F3**
Great Cumberland Pl. **216 A2**
Great Dover St. **222 A1**
Great George St. **219 F4**

Great Guildford St. **221 E3**
Great Marlborough St. **217 D2**
Great Maze Pond **222 A2**
Great Peter St. **219 E3**
Great Portland St. **217 D3**
Great Pulteney St. **217 E2**
Great Queen St. **220 A4**
Great Russell St. **217 F3**
Great Scotland Yd. **220 A3**
Great Smith St. **219 F4**
Great Suffolk St. **221 E2**
Great Titchfield St. **217 D3**
Great Tower St. **222 B4**
Great Winchester St. **222 A5**
Greek St. **217 F2**
Green St. **216 B2**
Greencoat Pl. **219 E3**
Greenham Clo. **220 C1**
Greenwell St. **217 D4**
Greet St. **221 D2**
Grenville Pl. **214 C1**
Gresham St. **221 F5**
Gresse St. **217 E3**
Greville St. **220 C5**
Greycoat Pl. **219 E3**
Greycoat St. **219 E3**
Groom Pl. **218 C3**
Grosvenor Cr. Ms. **218 B4**
Grosvenor Cres. **218 B4**
Grosvenor Gdns. **218 C3**
Grosvenor Hill **216 C1**
Grosvenor Pl. **218 C4**
Grosvenor Rd. **219 D1**
Grosvenor Sq. **216 B1**
Grosvenor St. **216 C1**
Guildhouse St. **219 D2**
Gutter La. **221 F5**
Guy St. **222 A2**

H

Half Moon St. **218 C5**
Halkin St. **218 B4**
Hallam St. **217 D3**
Hallfield Estate **214 C5**
Halsey St. **215 F1**
Hamilton Pl. **218 C5**
Hampstead Rd. **217 D5**
Hanover Sq. **217 D2**
Hanover St. **217 D2**
Hans Cres. **218 A3**
Hans Pl. **218 A3**

Hans St. **218 A3**
Hanson St. **217 D3**
Hanway St. **217 E3**
Harewood Pl. **217 D2**
Harley Pl. **216 C3**
Harley St. **216 C3**
Harper Rd. **221 F1**
Harriet Wlk. **218 A4**
Harrington Rd. **215 D1**
Harrington St. **217 D5**
Harrow Pl. **222 C5**
Harrowby St. **215 F5**
Hasker St. **215 F1**
Hatfields **221 D3**
Hatherley Gro. **214 B5**
Hatton Garden **221 D5**
Hay Hill **217 D1**
Haydon St. **222 C4**
Haymarket **217 E1**
Hays La. **222 B3**
Hay's Ms. **216 C1**
Headfort Pl. **218 B4**
Heddon St. **217 D1**
Heneage St. **222 D5**
Henrietta Pl. **216 C2**
Henrietta St. **220 A4**
Herbrand St. **217 F4**
Hercules Rd. **220 C1**
Hereford Rd. **214 B5**
Herrick St. **219 F2**
Hertford St. **218 C5**
Hide Pl. **219 E2**
High Holborn **220 A5**
High St. **221 F2**
High Timber St. **221 E4**
Hill Notting Gate **214 A4**
Hill St. **216 C1**
Hillgate Pl. **214 A3**
Hillgate St. **214 A3**
Hind Ct. **221 D4**
Hinde St. **216 B2**
Hobart Pl. **218 C3**
Holbein Ms. **218 B2**
Holbein Pl. **218 B2**
Holborn Circus **221 D5**
Holland St. **214 A2**
Holland St. **221 E3**
Holland Wlk. **214 A2**
Holles St. **216 C2**
Hop Gdns. **217 F1**
Hopkins St. **217 E2**

Hopton St. **221 E3**
Horbura Cr. **214 A4**
Hornton Pl. **214 B2**
Horriton St. **214 A3**
Horriton St. **214 B2**
Horse Guards **219 F5**
Horse Ride **219 E5**
Horseferry Rd. **219 E3**
Horseguards Av. **220 A2**
Horselydown La. **222 C2**
Hosier La. **221 D5**
Houndsditch **222 B5**
Howick Pl. **219 E3**
Howland St. **217 D3**
Hungerford Bridge **220 B3**
Hungerford La. **220 A3**
Huntley St. **217 E3**
Huntsworth M. **216 A4**
Hyde Park Corner **218 B4**
Hyde Park Cr. **215 E5**
Hyde Park Gate **214 C2**
Hyde Park Gdns. Ms. **215 E5**
Hyde Park Gdns. **215 E5**
Hyde Park Sq. **215 E5**
Hyde Park St. **215 E5**

I/J
Ilchester Gdns. **214 B4**
Imperial College Rd. **215 D1**
Ingestre Pl. **217 E2**
Inner Circle **216 B4**
Inver. Pl. **214 C4**
Inverness Ter. **214 C5**
Ironmonger La. **221 F4**
Irving St. **217 F1**
Iverna Ct. **214 B2**
Iverna Gdns. **214 B2**
Ivybridge Lane **220 B3**
J. Prince's St. **217 D2**
J.Carpenter St. **221 D4**
James St. **216 B2**
Jameson St. **214 A3**
Jay Ms. **215 D2**
Jermyn St. **217 D1**
Jewry St. **222 C4**
Joan St. **221 D2**
Jockey's Fields **220 B5**
John Adam St. **220 A3**
John Islip St. **219 F2**
Johnson's Pl. **219 D1**

K
Kean St. **220 B4**
Keeley St. **220 B5**
Kelso Pl. **214 B1**
Kemble St. **220 B4**
Kendal St. **215 F5**
Kennington Rd. **220 C1**
Kens Ch. Wlk. **214 B2**
Kensington Church St. **214 B3**
Kensington Court **214 C2**
Kensington Ct. **214 B2**
Kensington Gate **214 C2**
Kensington Gdns. Sq. **214 B5**
Kensington Gore **215 D2**
Kensington High St. **214 A2**
Kensington Palace Gdns. **214 B3**
Kensington Pl. **214 A3**
Kensington Rd. **214 C2**
Kepple Row **221 E2**
Keyworth St. **221 D1**
Kildare Gdns. **214 B5**
Kildare Ter. **214 B5**
King Charles St. **219 F4**
King Edward St. **221 E5**
King Edward Wlk. **220 C1**
King James St. **221 E1**
King St. **219 E5**
King William St. **222 A4**
Kingly St. **217 D2**
Kings Arms Yd. **222 A5**
King's Bench St. **221 E2**
King's Bench Wlk. **220 C4**
Kings Head **222 A2**
King's Rd. **218 A2**
King's Scholar's Pass. **219 D3**
Kinnerton St. **218 B4**
Kipling St. **222 A2**
Knightsbridge **218 A4**
Knox St. **216 A3**
Kynance Ms. **214 C1**

L
Lafone St. **222 C2**
Lamb Wlk. **222 B1**
Lambeth Palace Rd. **220 B1**
Lancaster Gate **215 D4**
Lancaster Ms. **215 D4**
Lancaster Pl. **220 B4**
Lancaster St. **221 D1**
Lancaster Ter. **215 D4**

Lancaster Wlk. **215 D3**
Lancelot Pl. **215 F2**
Langham Pl. **217 D3**
Langham St. **217 D3**
Langley St. **217 F2**
Lansdowne Row **216 C1**
Lant St. **221 E2**
Launceston Pl. **214 C1**
Laurence Pountney La. **222 A4**
Lavington St. **221 E2**
Law St. **222 A1**
Leadenhall St. **222 B4**
Leake St. **220 B2**
Leathermarket St. **222 B1**
Ledbury Rd. **214 A5**
Lees Pl. **216 B1**
Leicester Court **217 F1**
Leicester Pl. **217 F1**
Leicester Sq. **217 F1**
Leicester St. **217 F1**
Leinster Gdns. **214 C5**
Leinster Ms. **214 C4**
Leinster Pl. **214 C5**
Leinster Sq. **214 B5**
Leinster Ter. **214 C4**
Lennox Gdns. **215 F1**
Lewisham St. **219 F4**
Lexham Gdns. **214 B1**
Lexham M. **214 B1**
Lexington St. **217 E2**
Leyden St. **222 C5**
Lime St. **222 B4**
Lincoln's Inn Fields **220 B5**
Linden Gdns. **214 A4**
Linden Palace **214 A4**
Lindsey St. **221 E5**
Lion Hill **221 E4**
Lisle St. **217 F1**
Little Britain **221 E5**
Little Chester St. **218 C4**
Little Dorrit Ct. **221 F2**
Little George St. **219 F4**
Little New St. **221 D5**
Little Portland St. **217 D3**
Little Russell St. **220 A5**
Little Sanctuary **219 F4**
Liverpool St. **222 B5**
Livonia St. **217 E2**
Lloyd's Av. **222 C4**
Lodson St. **221 D1**

New Ride 215 F2
New Row 220 A4
New Sq. 220 C5
New St. 221 D5
New St. 222 B5
New Union St. 222 A5
Newcombe St. 214 B4
Newcomen St. 222 A2
Newgate St. 221 E5
Newham Row 222 B1
Newham Ter. 220 C1
Newington Causeway 221 E1
Newman St. 217 E3
Newport Court 217 F2
Newton Rd. 214 B5
Newton St. 220 A5
Nicholson St. 221 D2
Noble St. 221 E5
Noel St. 217 E2
Norfolk Crescent 215 F5
Norfolk Pl. 215 E5
Norfolk Sq. 215 E5
North Audley St. 216 B2
North Crescent 217 E3
North Gower St. 217 D5
North Ride 215 E4
North Row 216 B2
North Tenter St. 222 C4
North Wlk. 215 D4
Northumberland Avenue 220 A3
Northumberland Pl. 214 A5
Northumberland St. 220 A3
Norwich St. 220 C5
Notting Hill 214 A4
Nottingham Pl. 216 B4
Nottingham St. 216 B3
Nutford Pl. 215 F5
Observ. Gdns. 214 A3

O

Old Bailey 221 D4
Old Bond St. 217 D1
Old B 993Rd. St. 222 A4
Old Burlington St. 217 D1
Old Castle St. 222 C5
Old Cavendish St. 216 C2
Old Compton St. 217 E2
Old Jewry 221 F4
Old Palace Yd. 220 A1
Old Park La. 218 C5

Old Quebec St. 216 B2
Oldbury Pl. 216 B4
Orange St. 217 F1
Orchard St. 216 B2
Orme Ct. 214 B4
Orme La. 214 B4
Ormonde Gate 218 A1
Orsett Ms. 214 C5
Orsett Ter. 214 C5
Ossington St. 214 B4
Ossulston St. 217 F5
Osten Ms. 214 C1
Outer Circle 216 B4
Ovington Gdns. 215 F1
Ovington Sq. 215 F1
Ovington St. 215 F1
Oxendon St. 217 E1
Oxford Circus 217 D2
Oxford Sq. 215 F5
Oxford St. 216 B2

P

Paddington St. 216 B3
Page St. 219 F2
Palace Avenue 214 B3
Palace Court 214 B4
Palace Gate 214 C2
Palace Gdns. Ms. 214 B4
Palace Green 214 B3
Palace St. 219 D3
Palace 219 D4
Pall Mall East 217 F1
Pall Mall 219 E5
Palmer St. 219 E3
Pan-Ton St. 217 E1
Paradise Wlk. 218 A1
Pardoner St. 222 A1
Paris Gdn. 221 D3
Park Cr. Ms. East 216 C4
Park Crescent 216 C4
Park Lane 216 A1
Park Lane 218 B5
Park Rd. 214 B5
Park Rd. 216 A4
Park Sq. E. 216 C4
Park Sq. W. 216 C4
Park St. 216 B1
Park St. 221 E3
Park St. 221 F3
Park West Pl. 215 F5
Parker St. 220 A5

Parliament Sq. 220 A1
Parliament St. 220 A2
Passmore St. 218 B2
Pater St. 214 A1
Paternoster Sq. 221 E5
Paul's Wlk. 221 E4
Pavilion Rd. 218 A3
Peabody Av. 218 C1
Peabody Bldgs. 221 E3
Peak Pl. 219 D5
Pearman St. 220 C1
Peel St. 214 A3
Pelham St. 215 E1
Pembridge Cr. 214 A4
Pembridge Ms. 214 A4
Pembridge Pl. 214 A4
Pembridge Rd. 214 A4
Pembridge Sq. 214 A4
Pembridge Villas 214 A5
Pembroke Close 218 B4
Pembroke Gdns. Clo. 214 A1
Pembroke Gdns. 214 A1
Pembroke Rd. 214 A1
Pembroke Sq. 214 A1
Pembroke Wlk. 214 A1
Pepys St. 222 C4
Percy St. 217 E3
Peter St. 217 E2
Petersburgh Ms. 214 B4
Petersham La. 214 C1
Petersham M. 214 C1
Petersham Pl. 214 C1
Peto Pl. 216 C4
Petty France Broadw. 219 E4
Phil-Gdns. Clo. 214 A2
Phillimore Gdns. 214 A2
Phillimore Pl. 214 A2
Phillimore Wlk. 214 A2
Philpot La. 222 B4
Phoenix Rd. 217 E5
Piccadilly Circus 217 E1
Piccadilly 217 D1
Picton Pl. 216 B2
Pilgrim St. 221 D4
Pilgrimage St. 222 A1
Pimlico Rd. 218 B2
Pitt St. 214 A2
Pitt's Head Ms. 218 C5
Plumtree Ct. 221 D5
Pocock St. 221 D2
Poland St. 217 E2

Policeman's Wlk. **215 F4**
Pollen St. **217 D2**
Ponsonby Pl. **219 F2**
Ponsonby Ter. **219 F2**
Pont St. **218 A3**
Pope St. **222 C1**
Poplar Pl. **214 B4**
Porchester Gdns. **214 B5**
Porchester Pl. **215 F5**
Porchester Rd. **214 B5**
Porchester Sq. **214 C5**
Porchester St. **215 E5**
Porchester Ter. N. **214 C5**
Porchester Ter. **214 C4**
Porlock St. **222 A2**
Porter St. **216 A3**
Portland Pl. **216 C3**
Portman Clo. **216 B2**
Portman Ms. **216 B2**
Portman Sq. **216 B2**
Portman St. **216 B2**
Portsea Pl. **215 F5**
Portsoken St. **222 C4**
Portugal St. **220 B4**
Potier St. **222 A1**
Praed St. **215 E5**
Prescot St. **222 C4**
Prince Consort Rd. **215 D2**
Prince of Wales Ter. **214 C2**
Prince's Gdns. **215 E2**
Prince's Ms. **214 B4**
Princes St. **217 D2**
Prince's St. **222 A4**
Prince's Ter. Pl. **214 B4**
Princeton St. **220 B5**
Printer Sq. **221 D5**
Providence Court **216 B2**
Puddle Dock **221 D4**
Purbrook St. **222 C1**

Q
Queen Anne St. **216 C3**
Queen Anne's Gate **219 E4**
Queen Elizabeth St. **222 C2**
Queen St. Pl. **221 F4**
Queen St. **218 C5**
Queen St. **221 F4**
Queen Victoria St. **221 E4**
Queen's Garden **214 C5**
Queen's Gate Gdns. **214 C1**
Queen's Gate Gds. **215 D1**

Queen's Gate Ms. **214 C2**
Queen's Gate Ms. **215 D2**
Queen's Gate Pl. M. **215 D1**
Queen's Gate Pl. **215 D1**
Queen's Gate Ter. **215 D2**
Queen's Gate **215 D2**
Queen's Mews **214 B4**
Queen's Wlk. **219 D5**
Queensborough Ter. **214 C4**
Queensway **214 C5**

R
R. Adam St. **216 B3**
Radnor Pl. **215 E5**
Railway App. **222 A3**
Ralston St. **218 A1**
Ramillies St. **217 D2**
Rampayne St. **219 E2**
Ranelagh Gro. **218 B2**
Raphael St. **215 F2**
Rathbone Pl. **217 E3**
Rathbone St. **217 E3**
Rawlings St. **215 F1**
Rd. Chepstow **214 A5**
Red Lion Sq. **220 B5**
Red Lion St. **220 B5**
Red Pl. **216 B2**
Redan Pl. **214 B5**
Redcross Way **221 F2**
Rede Pl. **214 B5**
Redfield La. **214 B1**
Redhill St. **217 D5**
Reeves Ms. **216 B1**
Regency St. **219 E2**
Regent St. **217 D2**
Remnant St. **220 B5**
Rennie St. **221 D3**
Rephidim St. **222 B1**
Rex Pl. **216 B1**
Richmond Mews **217 E2**
Richmond Ter. **220 A2**
Ridgmount Gdns. **217 E4**
Ridgmount St. **217 E3**
Riding House St. **217 D3**
Riley Rd. **222 C1**
Robert St. **217 D5**
Robert St. **220 B3**
Rochester Row **219 E3**
Rodmarton St. **216 B3**
Romilly St. **217 F2**
Romney St. **219 F3**

Rood La. **222 B4**
Ropemaker St. **222 A5**
Rose All. **221 E3**
Rotary St. **221 D1**
Rothsay St. **222 B1**
Rotten Row **215 F3**
Rotten Row **218 A4**
Roupell St. **220 C2**
Row Kingsway **220 B5**
Royal Avenue **218 A1**
Royal Hospital Rd. **218 A1**
Royal St. **220 B1**
Rupert St. **217 E2**
Rushworth St. **221 E2**
Russel St. **220 B4**
Russell Sq. **217 F4**
Russia Row **221 F5**
Rutherford St. **219 E2**
Rutland Gate **215 F2**
Ryder St. **219 D5**

S
S. Edwardes Sq. **214 A1**
Sackville St. **217 D1**
Saffron Hill **221 D5**
Salisbury Dorset Rise Ct. **221 D4**
Salisbury Sq. **221 D4**
Sandwich St. **217 F5**
Sardinia St. **220 B5**
Savile Row **217 D1**
Savoy Hill **220 B3**
Savoy Pl. **220 B3**
Savoy St. **220 B3**
Sawyer St. **221 E2**
Scala St. **217 E3**
Scarborough St. **222 C4**
Scarsdale Pl. **214 B1**
Scarsdale Vs. **214 A1**
Scoresby St. **221 D2**
Scovell Rd. **221 E1**
Seacoal La. **221 D4**
Sedley Pl. **216 C2**
Seething La. **222 B4**
Semley Pl. **218 C2**
Serle St. **220 C5**
Serpentine Rd. **215 E3**
Serpentine Rd. **218 B5**
Seymour Ms. **216 B2**
Seymour Pl. **216 A3**
Seymour St. **215 F5**

Tachbrook St. 219 E2
Talbot Rd. 214 A5
Tallis St. 221 D4
Tanner St. 222 B1
Tavistock Pl. 217 F4
Tavistock St. 220 B4
Taviton St. 217 E4
Tedworth Sq. 218 A1
Temple Av. 221 D4
Temple La. 221 D4
Temple Pl. 220 C4
Tennis St. 222 A2
Tension Way 220 C2
Ter. Craven 215 D4
Terminus Pl. 219 D3
Thackeray St. 214 B2
Thanet St. 217 F5
Thayer St. 216 B3
The Brd. Wlk. 214 C3
The Cut 221 D2
The Dial Wlk. 214 C3
The Flower Wlk. 215 D2
The Grange 222 C1
The Mall 219 E5
The Queen's Wlk. 221 D3
The Ring (West Carriage Dr.) 215 E4
Theed St. 220 C2
Thirleby Rd. 219 E3
Thomas-Doyle St. 221 E1
Thornton Pl. 216 A3
Thrale St. 221 E2
Thraw St. 222 C5
Threadneedle St. 222 A4
Three Barrels Wlk. 221 E4
Three King's Yd. 216 C1
Three Oak La. 222 C2
Throgmorton Av. 222 A5
Throgmorton St. 222 A5
Thurloe Pl. 215 E1
Tilney St. 218 B5
Tite St. 218 A1
Tooley St. 222 A3
Tor Gdns. 214 A3
Toria Gro. 214 C1
Torrington Pl. 217 E4
Torrington Sq. 217 F4
Tothill St. 219 F4
Tottenham Court Rd. 217 E4
Tottenham St. 217 E3
Toulmin St. 221 E2

Tower Bridge App. 222 C3
Tower Bridge Rd. 222 C2
Tower Hill 222 C3
Toynbee St. 222 C5
Trafalgar Sq. 217 F1
Travistock Sq. 217 F4
Trebeck St. 218 C5
Trevor Pl. 215 F2
Trevor Sq. 215 F2
Trinity Sq. 221 F1
Trinity St. 221 F1
Tudor St. 221 D4
Tufton St. 219 F3
Turks Row 218 B1
Turpentine La. 218 C1
Tyers Gate 222 B2

U/V
Ufford St. 221 D2
Underpass Piccadilly 218 C5
Union St. 221 D2
University St. 217 E4
Upbrook Ms. 215 D5
Upper Belgrave St. 218 B4
Upper Berkeley St. 216 A2
Upper Brook St. 216 B1
Upper Grosvenor St. 216 B1
Upper Ground 220 C3, 221 D3
Upper Harley St. 216 C4
Upper Marsh 220 B1
Upper Montagu St. 216 A3
Upper Phillimore Gdns. 214 A2
Upper Thames St. 221 E4
Upper Wimpole St. 216 C3
Upper Woburn Pl. 217 F4
Uxbridge St. 214 A3
Valentine Pl. 221 D2
Varndell St. 217 D5
Vauxhall Bridge Rd. 219 D3
Vauxhall Bridge 219 F1
Vere St. 216 C2
Vernon Pl. 220 A5
Vicarage Gate 214 B3
Vicarage Gdns. 214 B3
Victoria Embankment 220 A2
Victoria Gdns. 214 A4
Victoria Gro. 214 C2
Victoria Rd. 214 C2
Villiers St. 220 A3

Vincent Sq. 219 E2
Vincent St. 219 F2
Vine St. 222 C4

W
Walpole St. 218 A1
Walton St. 215 F1
Wardour Ms. 217 E2
Wardour St. 217 E2
Warren Mews 217 D4
Warren St. 217 D4
Warwick House St. 219 F5
Warwick La. 221 E5
Warwick Row 219 D4
Warwick Sq. 219 D2
Warwick St. 217 D1
Warwick Way 218 C2
Waterloo Bridge 220 B3
Waterloo Pl. 219 E5
Waterloo Rd. 220 C2
Watling St. 221 F4
Waverton St. 216 C1
Webber Row 221 D1
Webber St. 221 D2
Weighhouse St. 216 C2
Welbeck St. 216 C2
Welbeck Way 216 C3
Weller St. 221 E2
Wellington St. 220 B4
Wells St. 217 D3
Well's Way 215 D2
Wentworth St. 222 C5
West Eaton Pl. 218 B3
West Halkin St. 218 B3
West Ms. 216 C4
West Rd. 218 A1
West Smithfield 221 E5
West St. 217 F2
West Tenter St. 222 C4
Westbourne Cres. 215 D5
Westbourne Gdns. 214 B5
Westbourne Grove 214 B5
Westbourne St. 215 D4
Westbourne Ter. 215 D5
Westminster Bridge 220 B1
Westmoreland Pl. 219 D1
Westmoreland St. 216 C3
Westmoreland Ter. 218 C1
Weston St. 222 A1
Weymouth Mews 216 C3
Weymouth St. 216 C3

Whetstone Park **220 B5**
Whitcomb St. **217 F1**
White Horse St. **218 C5**
White Lion Hill **221 E4**
Whitechapel High St. **222 C5**
Whitefriars St. **221 D4**
Whitehall Ct. **220 A2**
Whitehall Pl. **220 A2**
Whitehall **219 F5**
White's Grounds **222 B2**
White's Row **222 C5**
Whitfield St. **217 E3**
Whittlesey St. **220 C2**
Wigmore Pl. **216 C3**
Wigmore St. **216 B2**
Wild Ct. **220 B5**
Wild St. **220 B5**
Wild's Rents **222 B1**
Wilfred St. **219 D4**
William IV St. **220 A3**
William Ms. **218 A4**
William Rd. **217 D5**
Wilton Cres. **218 B4**
Wilton Ms. **218 C4**
Wilton Pl. **218 B4**

Wilton Rd. **219 D3**
Wilton Row **218 B4**
Wilton St. **218 C4**
Wilton Ter. **218 B4**
Wimpole Ms. **216 C3**
Wimpole St. **216 C3**
Winchester St. **219 D2**
Winchester Wlk. **221 F3**
Windmill St. **217 E3**
Windmill Wlk. **220 C2**
Wine Office Ct. **221 D5**
Winsland Ms. **215 D5**
Winsland St. **215 D5**
Winsley St. **217 D2**
Woburn Pl. **217 F4**
Woburn Sq. **217 F4**
Wood St. **221 E5**
Woodfall St. **218 A1**
Woods Ms. **216 B1**
Woodstock St. **216 C2**
Wootton St. **220 C2**
Wormwood St. **222 B5**
Wright's Lane **214 B2**
Wyndham St. **216 A3**
Wythburn Pl. **216 A2**

Y/Z
Yeoman's Row **215 F1**
York Bdgs. **220 A3**
York Gate **216 B4**
York Rd. **220 B2**
York St. **216 A3**
York Ter. E. **216 B4**
York Ter. W. **216 B4**
Young St. **214 B2**
Zoar St. **221 E3**

Register

AA: J. Tims 23, 47, 53 o. 53 u., 85, 108, 111 und 6 (3), 162, 174; N. Setchfield 15, 141, 190; Montgomery 26 u., 27, 43, 103, 104, 187, 194; R Turpin 114

DuMont Bildarchiv, Ostfildern: Georg Knoll 5 o., 5 u., 11 o, 11 u., 14, 18/19, 19, 20, 21, 22, 24, 29, 31 l.o., 31 r.o., 31 u., 32/33, 37 u., 37 o., 38 u. und 6 (2), 42, 44 und 6 (7), 49, 57, 65 o., 65 u., 66, 68/69 o., 69, 74/75 und 6 (10), 79 o. li., 79 o. re., 80, 82 o., 82 u., 88/89, 93 o., 93 u., 94, 94/95 u., 95 r., 96, 98 und 6 (1), 102, 109, 115, 117, 125 o., 125 u., 126, 126/127, 127, 130, 131 und 6 (8), 132, 134, 137, 138, 143, 151 o., 152, 153, 154/155, 156, 157, 159, 161, 163, 166, 170, 175, 176/177, 179, 180, 181, 182/183, 188, 196/197, 203, 210, 212; Martin Sasse 9, 17 o., 20/21, 28, 38/39, 39, 40/41, 51, 55, 58, 59, 68, 68/69 u., 94/95 o., 96/97, 100/101, 120/121, 144, 152/153 o., 154/155, 158 und 6 (9), 164, 168

Getty Images, München: English School 26/27; Robert Maynard 60/61; SuperStock 46; traveler1116 25

Glow Images, München: 139

Huber Images, Garmisch-Partenkirchen: Colin Dutton 118; Foulkes Justin 71 und 6 (5); Maurizio Rellini 67; Saffano 154 und 6 (4); Susanne Kremer 110, 146/147

laif, Köln: Andrea Artz 195; Christian Heeb 17 u.; Dagmar Schwelle 87; Ian Jones 105; Pawel Libera 133; Rii Schroer/evevine 152/153 u.; Thomas Linke 41

Lookphotos: age fotostock 129 und 6 (6)

Mauritius Images, Mittenwald: Alamy/Jeremy Hoare S. 167; imagebroker/Heiner Heine 151 u.; United Archives 45, 165

picture-alliance, Frankfurt a. M.: empics/ Philip Toscano 173; Food and Drink Photos 172; Photononstop 38 o.; zumapress.com/ Vickie Flores 64 u.

Shutterstock, Amsterdam (NL): alice-photo 12/12; Dignity100 135; Everett Collection 26 l.; rm 113

Titelbilder
Cover oben und unten: Lookphotos, München/age fotostock
Umschlag hinten: laif, Köln/Michael Amme

IMPRESSUM

© MAIRDUMONT, Ostfildern

4., aktualisierte Auflage 2023

Text: Birgit Weber, Elizabeth Carter, Fiona Dunlop, Lesley Reader
Übersetzung: Kathleen Becker, Dorothea Raspe
Redaktion: Eszter Kalmár. Text, Bild, Satz.

Kartografie: © MAIRDUMONT
3D-Illustrationen: jangled nerves, Stuttgart

Printed in Poland

Trotz aller Sorgfalt von Autoren, Autorinnen und Redaktion sind Fehler und Änderungen nach Drucklegung leider nicht auszuschließen. Dafür kann der Verlag keine Haftung übernehmen. Berichtigungen, Kritik und Verbesserungsvorschläge sind uns jederzeit willkommen, bitte informieren Sie uns unter:

Baedeker Redaktion
Postfach 3162
D-73751 Ostfildern
Tel. 0711 45 02-262
smart@baedeker.com
www.baedeker.com

Meine Notizen